집합건물 관리단집회

성공법칙

집합건물 관리단집회
성공법칙

법령, 판례, 서식까지 올인원 집회 솔루션

법무법인 제이앤(한재범 · 김건호 · 조정규 · 정경준 변호사) 지음

집합건물 10년 경력 변호사의 집회 성공 노하우
이 책 한 권이면 여러분도 관리단집회 전문가

좋은땅

머리말

화타와 두 형제

화타는 한나라 말기의 의사로 중국 주나라의 전설적인 의사 편작과 더불어 명의를 상징하는 인물인데 그 당시에 창자를 잘라 씻어 내고 수술을 하는 등 중국 최초의 외과의사로 알려져 있습니다. 우리에게는 익히 아는 삼국지에서 화타가 독화살을 맞은 관우를 치료할 때 관우가 마취도 하지 않은 상태에서 바둑을 두면서 수술을 받았다는 이야기가 널리 알려져 있습니다. 그런데 이렇게 유명한 화타에게 두 형이 있었는데 모두 의사였다는 사실을 아는 사람은 많지 않습니다.

어느 날 황제가 화타의 명성을 듣고 직접 불러 칭찬을 하였는데 화타는 황제에게 자신보다 두 형의 의술이 더 뛰어났다고 하였습니다. "제 둘째 형님은 약간 아픈 정도의 병의 조짐이 보이면 미리 알고 조절해 줘서 큰 병으로 발전하지 않게 해 줍니다."

"제 큰형님은 얼굴의 안색만 보고 병이 생기기 전에 미리 조절해 줘서 형님은 사람이 병에 걸리지 않고 무병장수할 수 있게 해 줍니다."

"저는 그런 안목이 없기 때문에 사람이 큰 병에 걸린 뒤에 환자가 죽느냐 사느냐 할 때에 치료를 합니다. 그래서 큰 병에서 회복된 사람들은 제가 대단한 줄 알지만, 사실 병이 생기지 않도록 예방해 주고, 또 큰 병으로 발전하기 전에 치유하는 형님들의 능력에 비하면 저의 능력은 '새 발의 피'라고 할 수 있습니다. 이것이 제가 형님들보다 유명해진 이유입니다."

일단 큰 병이 생겨 고통을 받을 때 이를 고쳐 준 의사는 환자의 고마움이 극에 달하면서 명의로 기억되는 경우가 많습니다. 그러나 병의 조짐을 미리 알고 이를 예방하도록 유도해 병이 들지 않도록 도와주면 고맙기는 하지만 큰일이 터지지 않고 별일 없이 넘어갔다는 점에서 환자가 느끼는 고마움의 정도가 약해질 것입니다. 그런데 만약 여러분이라면 어떤 의사한테 진료를 맡기고 싶을까요?

송무와 자문

법률 분야도 이와 유사합니다. 법률 분야는 크게 송무와 자문 영역으로 나뉘는데 송무는 잘 알려진 것처럼 사건이 소송화된 단계입니다. 자문은 주로 소송의 이전 단계에서 계약서 검토, 의견서 작성, 컨설팅 등으로 이루어집니다.

송무는 급하고 중한 수술과 비슷합니다. 아이러니하게도 의뢰인 입장에서는 사전에 예방하는 것이 비용도 적게 들고, 정신적으로, 육체적으로 편함에도 더 큰 비용을 지불하며 심적, 육적인 스트레스를 겪어 가며 소송에서 이겼을 때 더욱더 고마워합니다.

앞으로의 사회는 복잡다단해지는 사회 속에서 분쟁을 예방하고 그 피해를 최소화하기 위해서는 전문가 집단의 사전 점검을 미리미리 받아서 리스크를 회피해야 할 필요가 있습니다. 사전에 집합건물분쟁연구소에 관리단집회 대행을 의뢰하여 성공적으로 관리단을 구성한 현장에서는 큰 분쟁 없이 관리단이 운영되어 많은 기쁨과 보람을 느꼈습니다. 반면 이런저런 이유로 전문가의 조력을 받지 못하고 집회를 개최하였으나, 집회결의 하자로 인하여 후속 소송으로 건물 전체와 입주자들이 큰 혼란과 고통을 받는 현장을 보면서 안타까움을 금할 수 없었습니다. 이 책은 보다 많은 집합건물 관련자에게 중한 병으로 번져 급한 수술대에 이르지 않도록 하고자 하는 마음에서 집필되었습니다.

관리단의 대표인 관리인 선출을 비롯하여 중요 의사결정은 관리단집회를 통하여 이루어집니다. 따라서 관리단집회는 관리단의 자치 운영을 위한 기본이자 매우 중요한 의사결정 시스템입니다. 그런데 관리단집회 규정은 9개 조문에 불과하여 실제 집회를 개최할 때에 집회 규정의 해석이나, 규정이 없는 사항의 처리에 대하여 다툼이 끊이지 않습니다. 관리단집회와 관련한 분쟁은 주로 집회소집통지(임기만료된 관리인의 지위, 소집동의자 명단 등), 관리단집회 절차(임시의장, 후보등록절차, 선거관리위원회), 위임장의 효력(사본, 사전 위임, 신분증 요구, 수임인 특정 등)에 집중하여 발생합니다.

이에 지난 10년간 수백 건이 넘는 관리단집회 자문과 대행, 집회결의 관련 소송 업무를 진행하면서 얻는 판례와 서식 등 축적된 자료들을 책으로 정리하여 집합건물 관계자(관리인 등 관리단 임원, 관리소장 등 관리회사 관계자, 구분소유자 등 일반인)분들의 집회 개최와 진행에 도움이 되고자 하였습니다.

집합건물법 분야는 계속해서 발전하고 정립되어 가는 과정이기 때문에 본서에서 소개한 하급심 판결들과 다른 내용의 판결들이 있을 수 있고, 법리 또한 정립되지 않은 부분들이 있습니다. 저희 법무법인 제이앤 집합건물분쟁연구소는 계속하여 관련 자료와 최신 판례들을 업데이트할 예정입니다.

책 발간에 대한 구상은 몇 년 전부터 있었으나, 주어진 소송 등 현업에 밀려 미루어지다가 올해 초 출간을 목표로 하여 집합건물분쟁연구소 팀원 간의 배려와 협력으로 빛을 보게 되었습니다. 마지막으로 이 책이 나오기까지 서초동에서 늦게까지 사무실 불을 밝힐 수 있도록 묵묵히 격려와 사랑을 보내 준 가족에게 고마움을 전합니다.

How great thou art!

목차

제1장

관리단집회 개관

1.

집합건물 관리의 시작!
관리단집회가 중요한 이유

아파트 등 공동주택은 1960년대 후반부터 경제발전과 인구의 도시집중으로 급격히 증가하였다. 1981년 말 공동주택은 약 65만 3천 호로 이는 전국 주택 총 호수의 11.7%였으며, 이와 같은 현상은 계속 확대되었다. 이에 수반하여 고층 건물의 형태는 종래와 달리 구분소유와 공동이용이라는 새로운 형태로 발전하였다. 이에 반하여 이러한 새로운 생활관계를 규율할 규정은 마련되지 못하였으며, 등기 방법도 매우 복잡하였다. 이에 이러한 문제를 개선하기 위하여 집합건물법이 제정되었다. 이에 따라 집합건물법은 1984. 4. 10. 법률 제3725호로 제정되고 1년 뒤인 1985년 4월 11일에 시행되었다.

집합건물은 1동의 건물 중 구조상 구분된 여러 개의 부분이 독립한 건물로서 구분소유권의 목적이 될 수 있는 건물이다(법 1조). 주택법상 사업계획승인을 얻어 건설한 공동주택에 대하여만 적용되는 주택법과 달리, 집합건물법은 집합건물의 유형과 관계없이 모든 집합건물에 적용된다. 구분소유건물인 이상 주택, 준주택, 아파트, 상가, 주상복합건물, 공장형 아파트, 오피스텔, 콘도미니엄 등을 불문하고 집합건물법이 적용된다.

집합건물의 경우 건물에 대하여 구분소유관계가 성립되면 구분소유자 전원을 구성원으로 하여 관리단이 당연 설립된다(법 23조 1항). 관리단은 별도의 조직행위를 거칠 필요 없이 구분소유관계가 성립하는 건물이 있는 경우, 구분소유자 전원이 구성원이 되어 당연 설립되는 단체이다(**대법원 94다49687 판결**).

집합건물법은 총 4장, 66조로 제1장 건물의 구분소유, 제2장 단지, 제2장의2 집합건물분쟁조정위원회, 제3장 구분건물의 건축물대장, 제4장 벌칙으로 구성되어 있다. 이 중 관리와 관련된 주요 사항은 제1장 제2절 공용부분, 제1장 제4절 관리단 및 관리단의 기관, 제1장 제5절 규약 및 집회, 제4장 벌칙이다. 동법 시행령은 총 23조로 구성되어 있다.

〈표 1—1〉 집합건물법의 구조

장	제목	절	제목	조문
1	건물의 구분소유	1	총칙	1~9의3
		2	**공용부분**	**10~19**
		3	대지사용권	20~22
		4	**관리단 및 관리단의 기관**	**23~27**
		5	**규약 및 집회**	**28~42의 2**
		6	의무위반자에 대한 조치	43~46
		7	재건축 및 복구	47~50

2	단지			51~52
2의2	집합건물분쟁조정위원회			52의 2~10
3	구분건물의 건축물대장			53~64
4	**벌칙**			**65~66**

〈표 1―2〉 집합건물법 관리 관련 주요 내용

조문	내용	
23조	관리단 구성원	구분소유자만이 구성원
24조	관리인 선임	점유자의 보충적 의결권
26조의2	관리위원회	관리위원회 설치는 임의적
26조의3	관리위원회 피선거권	구분소유자만이 피선거권 있음
29조	규약 설정·변경·폐지	구분소유자만이 가능
33조	임시집회 소집청구권	구분소유자만이 가능
41조	서면결의권	구분소유자만이 가능
42조의2	결의취소의 소	구분소유자만이 제기 가능
52조의2	집합건물분쟁조정위원회	사실상 구속력 없음
17조의2	수선적립금	관리규약, 관리단집회 결의 시만 가능

　1동의 건물에 많은 입주자가 있을 경우 건물의 하자나 건물 관리 및 유지 보수 등 여러 문제에 대해 대응을 하려면 적법한 절차를 통해 관리인을 선임하는 등 실질적으로 관리단을 구성하여 건물 관리에 대한 다양한 권한을 관리단에 위임해야 한다. 그래서 관리단의 역할이 중요하지만, 이로 인해 관리단의 비리 등 문제가 불거지는 경우도 있으며, 구분소유자들 간의 의견 충돌 등으로 인해 관리단에 대한 분쟁이 발생할 수 있다.

집합건물은 공동주택에 비하여 행정의 개입이 적고 사적자치의 원리에 맡겨져 운영된다. 관리단의 자치 운영을 위한 가장 기본이자 중요한 사항은 관리단의 대표인 관리인 선출이다. 관리인이 선출되지 않으면 대외적으로 관리단 명의로 계약을 체결할 수도 없고, 소송에서는 대표자 자격 흠결로 소 각하될 운명이어서 법원의 실체 판단을 받을 수도 없다. 집합건물법이 2020. 2. 4. 개정되어 관리인 선임 신고제(법 24조 6항)가 신설되었으나, 이는 집합건물의 관리 투명성 및 행정청의 감독 가능성을 제고하기 위함이다(집합건물법 일부개정이유 2020. 2. 4.). 관리인 선임이 신고된 사실만으로 관리인의 지위 내지 집회결의의 효력이 인정되는 것은 아니다.

수원지방법원 2021카합10170 결정은 "관리단과 관리인 사이의 선임·해임 등을 둘러싼 법률관계가 공법상 법률관계에 해당한다거나 관리인의 지위를 다투는 소송이 공법상 당사자소송에 해당한다고 볼 수는 없고, 집합건물법의 규정들이 관리단과 관리인과의 관계를 특별히 공법상의 근무관계로 설정하고 있다고 볼 수도 없으므로, 관리단과 관리인 사이의 선임·해임 등을 둘러싼 법률관계는 사법상의 법률관계로서 관리인의 지위를 다투는 소송은 민사소송에 의하여 할 것이다."라고 판시하였다.

대표자 선출 등을 위한 관리단집회에 관한 규정은 9개 조문(법 33~41조)에 불과하여 실제 집회를 개최할 경우 관리단집회 소집절차·방법, 결의 효력 등에 대하여 해석상 다툼이 있다. 집회를 한 번 개최하기 위해서는 상당한 시간, 노력과 비용이 투입된다. 또한, 대립하는 이해 당사자가 많으므로 결의 효력을 두고 직무집행정지가처분, 집회결의무효확인소송, 관리행위중지가처분 등의 형태로 법률적 다툼이 이어진다. 신속을 요하는 가처분이라 할지라도 가처분 결정이 선고되기까지는 상당한 시일이 소요되기 때문에 법원의 결정이 있기 전까지의 해당 관리단과 입주민의 혼란은 지속된다.

위와 같은 이유 때문에 집회를 개최할 때에는 집회에 절차적, 실체적 무효사유가 없도록 하여야 하는데 동일한 사안에 대하여 법원이 엇갈린 판단을 하거나 판단의 기초가 되는 사안에 따라 다른 판단을 내리는 경우가 있어 구분소유자들이 유효한 집회결의를 하는 데에 상당한 어려움이 있다. 법원에 의하여 정립된 법리도 다른 집합건물의 구성원들에게 제대로 교육이 되지 않아 각 건물마다 동일한 쟁점의 분쟁이 반복되어 그 혼란은 해소되지 않고 있다. 현행 관리단집회 제도와 관련하여 관리단집회 소집통지, 집회 절차, 위임장의 효력이 문제된다.

〈표 1—3〉 관리단집회 규정의 미비

분류	내용	집합건물법
집회소집	임기만료된 관리인의 지위	33조 2항, 4항
	소집동의자 명단	33조 4항
	소집통지서 발송 누락	34조 1항
	소집통지서 발송(전유부분)	34조 3항
	소집통지서 발송 vs 도달	34조 1항, 3항
	소집통지 첨부서류	38조 3항, 시행령 14조 1항
	집회 일시, 장소 변경	34조 1항
집회 절차	임시의장(연장자, 의결정족수)	39조 1항
	후보등록절차	—
	선거관리위원회	—
위임장	사본	38조 2항, 시행령 15조 1항
	사전 위임	35조 1항, 시행령 14조 1항, 15조 1항
	신분증 요구	시행령 15조 1항
	재위임, 재사용	—
	수임인 특정, 특정 위임장 양식	—
	사전투표, 대리인 서면결의	시행령 15조 1항
	수 개의 안건·일괄 의사표시	—
	신탁자의 의결권	—

2.

관리단의 통제 구조

관리단의 통제와 관련하여 관리인, 관리위원회, 규약, 감독청, 관리회사의 관계에 관하여 살펴본다. 건물에 대하여 구분소유관계가 성립되면 별도의 설립행위 없이 구분소유자 전원을 구성원으로 하여 관리단이 당연 설립된다. 관리단은 건물의 관리 및 사용에 관한 공동이익을 위하여 필요한 구분소유자의 권리와 의무를 선량한 관리자의 주의로 행사하거나 이행하여야 한다. 관리인은 관리단을 대표하고 공용부분 보존행위, 관리비 청구·징수, 각종 계약 체결, 재판 행위 등 관리단의 대부분의 사무를 집행한다(법 23~25조).

관리단에는 규약으로 정하는 바에 따라 관리위원회를 둘 수 있다. 관리위원회는 집합건물 또는 규약에서 규정한 관리인의 사무 집행을 감독한다. 규약에 따라 관리위원회를 둔 경우 관리인은 집합건물법 25조 1항에 규정된 행위를 하기 위해서는 관리위원회의 결의를 거쳐야 한다. 다만 규약으로 달리 정한 사항은 예외이다(법 26조의3). 이는 감독기관인 관리위원회로 하여금 집행기관인 관리인의 사무 집행을 감독하게 하여 집행기관과 감독기관 사이의 견제와 균형에 의한 민주주의 원리가 작동하게 하기 위함이다.

집합건물법은 집합건물의 소유와 관리에 관한 최소한의 사항만을 규율하기 때문에 집합건물법에 규정이 없는 사항에 대하여는 규약으로써 정할 수 있다(법 28조 1항). 집합건물법에는 규약으로 정할 수 있는 사항을 규정하고 있는데, 이에는 관리인의 권한과 의무(법 25조 1항 4호), 관리단이 관리인에게 위임하는 관리단 사무(법 31조)도 포함된다. 규정상 "규약으로써 정할 수 있다"고 규정되어 있고, 관리단은 당연 설립되기 때문에, 규약이 없더라도 관리단은 설립된다. 이와 같이 규약 제정은 강제되지 않지만 규약이 제정되면 관리단의 자치법규로 기능한다.

규약은 구분소유자 전원에게 효력이 미치며 구분소유자 외의 자의 권리를 침해하지 못한다(법 28조 3항). 또한 규약은 구분소유자의 특별승계인에게도 효력이 있으며, 점유자는 규약이나 관리단집회 결의에 따라 구분소유자가 부담하는 의무와 동일한 의무를 진다(법 42조).

법무부장관은 집합건물법을 적용받는 건물과 대지 및 부속시설의 효율적이고 공정한 관리를 위하여 표준규약을 마련하여야 한다. 시·도지사는 법무부장관이 마련한 표준규약을 참고하여 대통령령으로 정하는 바에 따라 지역별 표준규약을 마련하여 보급하여야 한다(법 28조 3~4항).

전유부분이 50개 이상인 건물(공동주택관리법에 따른 의무관리대상 공동주택 및 임대주택과 유통산업발전법에 따라 신고한 대규모점포등 관리자가 있는 대규모점포 및 준대규모점포는 제외한다)의 관리인으로 선임된 자는 대통령령으로 정하는 바에 따라 선임된 사실을 소관청에게 신고하여야 한다(법 24조 6항).

감독청의 관리·감독과 관련하여, 감독청은 전유부분이 50개 이상 되는 집합건물의 관리인에게 회계장부 관련 자료의 보고·자료 제출을 명할 수 있다. 수선적립금의 징수·적립·사용, 관리인의 선임·해임, 사무보고와 중요 거래 서류, 회계감사, 정기 관리단집회의 소집 등이 이에 해당한다. 이와 관련한 명령 절차 등에 대한 필요한 사항은 해당 지방자치단체의 조례로 정한다(법 26조의5). 소관청은 대통령령으로 정하는 바에 따라 집합건물법 66조 1항부터 제3항까지의 규정에 따른 과태료를 부과·징수한다(법 66조 4항).

관리단은 위탁관리를 하는 경우 관리회사와 관리계약을 체결하고 양자 사이의 법률관계는 사적자치의 원칙에 따라 관리계약의 내용에 따른다. 계약의 법적 성질은 당사자가 붙인 계약서의 명칭이나 형식, 용어 등에 구애될 것이 아니라 그 계약 내용의 실질에 따라 판단한다. 판례는 통상적으로 관리단과 관리회사 사이의 관리계약을 당사자 쌍방의 신뢰 관계를 기초로 하는 위임계약으로 보고 있다(창원지방법원 2016가합52876 판결, 서울중앙지방법원 2017나11574 판결). 이상 설명한 집합건물법상 통제의 구조 및 관계를 그림으로 나타내면 (그림 1—1)과 같다.

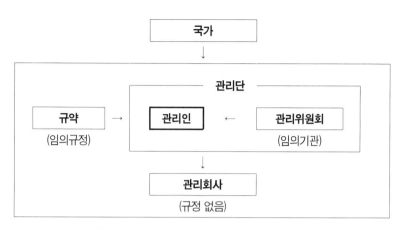

(그림 1—1) 집합건물법상 관리단의 통제 구조

■ 창원지방법원 2016. 12. 1. 선고 2016가합52876 판결 [계약해지무효확인]

1) 주택법 관련규정과 이 사건 계약의 내용을 종합하여 보면, 이 사건 계약은 피고가 원고에게 이 사건 아파트의 경비용역업무를 위탁하고 원고가 이를 승낙한 계약으로써 당사자 쌍방의 특별한 대인적 신뢰관계를 기초로 하는 민법상의 위임계약의 성질을 가진다고 봄이 상당하다.

원고는, 이 사건 계약이 도급계약임을 전제로 계약해지에 따른 손해배상도 청구하고 있으나, 도급계약은 일의 완성을 목적으로 하여 일이 완성되지 않는 한 보수를 받을 수 없는 반면 이 사건 계약은 일의 완성을 목적으로 하지 않을 뿐 아니라 그 목적달성 여부를 불문하고 일을 수행하면 그 보수를 받을 수 있으므로, 위임계약에 해당한다고 보아야 할 것이다. 따라서 이와 다른 전제에 선 원고의 주장은 이유 없다.

■ **서울중앙지방법원 2017. 9. 26. 선고 2017나11574 판결 [부당이득금반환]**

3. 판단

가. 이 사건 계약의 성질

이 사건 계약의 법적 성질은 당사자가 붙인 계약서의 명칭이나 형식, 용어 등에 구애될 것이 아니라 그 계약 내용의 실질에 따라 판단하여야 할 것이다.

갑 제1 내지 12호증의 각 기재에 의하여 알 수 있는 다음과 같은 사정, 즉 ① 이 사건 계약 제5조에 정해져 있는 원고의 업무 내용에 비추어 이 사건 계약은 '일의 완성'이라는 도급적 요소보다는 '일정한 사무처리의 위탁'이라는 위임적 요소가 더 강한 점, ② 민법 제681조에 '수임인은 위임의 본지에 따라 선량한 관리자의 주의로써 위임사무를 처리하여야 한다.'고 정하고 있고, 민법 제682조 제1항에 '수임인은 위임인의 승낙이나 부득이한 사유 없이 제3자로 하여금 자기에 갈음하여 위임사무를 처리하게 하지 못한다.'고 정하고 있는데, 이 사건 계약 앞부분과 제21조에 같은 취지의 내용이 있는 점, ③ 이 사건 계약 제1조 제1항에서 위탁수수료는 별도의 정액으로 기재되어 있고, 제2조 제1항에서 위 위탁수수료와 관리 인원에 대한 급여 등을 합한 용역비도 일응 정액으로 기재되어 있으나, 관리인원 및 급여는 피고가 정하는 것으로 되어 있는 점, ④ 원고는 실제로 2015. 12.부터 2016. 7.까지 피고에게 매월 이 사건 계약에서 약정된 용역비 정액의 지급을 구한 것이 아니라 관리인원의 직급별, 항목별 급여 및 관련 간접비용의 산출내역에 따라 그 합계 금액의 지급을 구하였던 점 등을 종합하여 보면, 이 사건 계약은 위임계약의 성질을 가진다고 봄이 상당하다.

3.

관리단집회 결의사항 및 의결정족수

　한 동의 건물에 대하여 구분소유관계가 성립되면 구분소유자 전원을 구성원으로 하여 관리단이 당연 설립된다(법 23조 1항, 대법원 2006다 33340 판결). 관리단집회는 관리단의 구성원인 구분소유자들이 관리단 의 주요 사안에 관하여 결정을 하는 의사결정기구이다. 이에 따라 관리 단의 사무는 집합건물법 또는 규약으로 관리인에게 위임한 사항 외에는 관리단집회의 결의에 따라 수행한다(법 31조).

■ 대법원 2006. 12. 8. 선고 2006다33340 판결 [관리비등]

1. 집합건물의 소유 및 관리에 관한 법률(이하 '집합건물법'이라 한다) 제23조 제 1항의 관리단은 어떠한 조직행위를 거쳐야 비로소 성립되는 단체가 아니라 구분 소유관계가 성립하는 건물이 있는 경우 당연히 그 구분소유자 전원을 구성원으 로 하여 성립되는 단체라 할 것이므로, 집합건물의 분양이 개시되고 입주가 이루 어져서 공동관리의 필요가 생긴 때에는 그 당시의 미분양된 전유부분의 구분소 유자를 포함한 구분소유자 전원을 구성원으로 하는 관리단이 설립된다(대법원 2005. 11. 10. 선고 2003다45496 판결 등 참조).

집합건물법이 관리인에게 위임한 사항은 집합건물법 25조 1항에 규정되어 있다. 이에는 공용부분의 보존행위, 공용부분의 관리 및 변경에 관한 관리단집회 결의를 집행하는 행위, 공용부분의 관리비용 등 관리단의 사무 집행을 위한 비용과 분담금을 각 구분소유자에게 청구·수령하는 행위 및 그 금원을 관리하는 행위, 관리단의 사업 시행과 관련하여 관리단을 대표하여 하는 재판상 또는 재판 외의 행위, 소음·진동·악취 등을 유발하여 공동생활의 평온을 해치는 행위의 중지 요청 또는 분쟁 조정절차 권고 등 필요한 조치를 하는 행위, 그 밖에 규약에 정하여진 행위가 있다.

집합건물법에 규정된 관리단집회 결의사항에는 공용부분 변경(법 15조), 권리변동 있는 공용부분 변경(법 15조의2), 공용부분 관리(법 16조), 수선적립금(법 17조의2), 관리인 선임(법 24조), 회계감사 면제(26조의2), 관리위원회 선출(법 26조의4), 규약의 설정·변경·폐지(법 29조), 공공의 이익에 어긋나는 행위의 정지청구 등(법 43조), 전유부분 사용금지 청구(법 44조), 구분소유권 법원 경매 청구(법 45조), 전유부분 점유자에 대한 인도청구(법 46조), 재건축 결의(법 47조), 건물 일부 멸실 복구(법 50조)가 있다.

공공의 이익에 어긋나는 행위의 정지청구 등(법 43조), 전유부분 사용금지 청구(법 44조), 구분소유권 법원 경매 청구(법 45조), 전유부분의 점유자에 대한 인도청구(법 46조)는 그 활용례가 많지 않다. 실무상 주로 문제되는 것은 관리인·관리위원 선임(법 24조, 26조의4), 규약의 설정·변경·폐지(법 29조), 재건축 결의(법 47조), 기타 일반 결의(법 38조)이다.

조문상 구분소유자만이 의결권자로 되어 있는 조문은 법 14~15조의 2, 29조, 41~47조, 50~51조이다. 점유자의 의결권 행사에 대하여 규정한 조문은 법 16조, 24조, 24조의2, 26조의2, 26조의4이다.

〈표 1—4〉 조문상 구분소유자 및 점유자의 의결권 규정

집합건물법	구분소유자의 의결권	점유자의 의결권
14조	• 일부공용부분의 관리	
15조	• 공용부분의 변경	
15조의2	• 권리변동 있는 공용부분의 변동	
16조	• 공용부분의 관리	○
24조	• 관리인의 선임 등	○
26조의2	• 회계감사	○
26조의4	• 관리위원회의 구성 및 운영	○
29조	• 규약의 설정·변경·폐지	
41조	• 서면 또는 전자적 방법에 의한 결의 등	
44조	• 사용금지의 청구	
45조	• 구분소유권의 경매	
46조	• 전유부분의 점유자에 대한 인도청구	
47조	• 재건축 결의	
50조	• 건물이 일부 멸실된 경우의 복구	
51조	• 단지관리단	

4.

관리단집회 절차

　관리단집회에는 정기집회와 임시집회가 있다. 관리인은 매년 회계연도 종료 후 3개월 이내에 정기 관리단집회를 소집하여야 한다(법 32조). 관리인은 필요하다고 인정할 때에는 관리단집회를 소집할 수 있다(법 33조 1항). 구분소유자의 5분의 1 이상이 회의의 목적사항을 구체적으로 밝혀 관리단집회의 소집을 청구하면 관리인은 관리단집회를 소집하여야 한다(법 33조 2항).

　구분소유자의 청구가 있은 후 1주일 내에 관리인이 청구일부터 2주일 이내의 날을 관리단집회일로 하는 소집통지 절차를 밟지 아니하면 소집을 청구한 구분소유자는 법원의 허가를 받아 관리단집회를 소집할 수 있다(법 33조 3항). 관리인이 없는 경우에는 구분소유자의 5분의 1 이상은 관리단집회를 소집할 수 있다(법 33조 4항). 관리단집회를 소집하려면 규약에 달리 규정이 없는 한 관리단집회일 1주일 전에 회의의 목적사항을 구체적으로 밝혀 각 구분소유자에게 통지하여야 한다(법 34조 1

항). 집회소집통지는 통상적으로 도달할 시기에 도달한 것으로 본다(법 34조 3항).

  전유부분을 여럿이 공유하는 경우에는 법 37조 2항에 따라 정하여진 의결권을 행사할 자(그가 없을 때에는 공유자 중 1인)에게 통지하여야 한다. 소집통지는 구분소유자가 따로 통지장소를 제출한 경우에는 그 장소로, 제출하지 아니한 경우에는 전유부분으로 발송한다. 이 경우 소집통지는 통상적으로 도달할 시기에 도달한 것으로 본다(법 34조 2~3항). 구분소유자 전원이 동의하면 소집절차를 생략할 수 있다(법 35조).

5.

서면의결권 제도

집합건물법 또는 규약상 관리단집회 결의사항에 관하여 구분소유자 및 의결권의 각 4분의 3 이상이 서면이나 전자적 방법 또는 서면과 전자적 방법으로 합의하면 관리단집회에서 결의한 것으로 본다(법 41조 1항 본문). 서면에 의한 의결권 행사 제도는 1984. 4. 10. 집합건물법 제정 시 도입된 제도이다.

집회 개최를 위해서는 집회소집권자, 집회소집통지 등의 절차(법 34~35조)를 거쳐야 한다. 집합건물법이나 규약에 특별한 규정이 없으면 구분소유 및 의결권의 각 과반수로 의결한다(법 38조 1항). 서면결의를 거칠 경우에는 집회소집절차가 생략되는 대신 그 정족수가 구분소유 및 의결권의 각 4분의 3 이상으로 가중된다. 서면결의는 관리단집회를 개최하지 않아도 관리단집회 결의를 거친 것으로 동일하게 취급하고자 하는 것이어서 서면결의 시에는 관리단집회를 소집하여 개최할 필요가 없다(**대법원 2006다33340 판결**).

전자투표제는 집회 참석의 불편 제거, 관리단집회 활성화, 다수 주민의 충분한 의사 반영을 위하여 전자적 투표방식으로도 관리단집회의 결의가 가능하도록 2012년 법 개정 시에 도입된 제도이다(집합건물법 개정이유 2012. 12. 18.). 코로나19로 확산된 비대면 일상과 과학기술의 발달로 전자투표제의 적극적 활용이 요망된다.

6.

점유자의 의결권 행사 제도

점유자의 의결권 행사 제도는 2012. 12. 18. 집합건물 개정 시에 도입된 제도이다. 도입 취지는 점유자도 관리단집회에 참석하여 의결권을 행사할 수 있도록 하여 집합건물 관리에 실거주자의 참여 기회를 확대하기 위함이다(집합건물법 개정이유 2012. 12. 18.). 점유자의 의결권 행사 제도 도입 전에는 점유자는 구분소유건물의 공동생활 규율을 지켜야 하는 수범자에 불과하였다(집합건물법 제정이유 1984. 4. 10.). 이 때문에 점유자는 집합건물 관리에 필요한 의결권이 없어 집합건물의 관리가 부실해지는 원인이 되었다. 이에 실제 거주자의 권익 증진 및 건물 관리의 건실화를 위하여 공용부분의 관리, 관리인·관리위원 선임을 위한 관리단집회에 한하여 점유자에게 보충적으로 의결권을 행사할 수 있도록 개정하였다(집합건물법 개정이유 2012. 12. 18.).

집합건물의 공용부분 관리와 관련하여 점유자는 관리단집회에 참석하여 그 구분소유자의 의결권을 행사할 수 있다. 다만, 구분소유자와 점유자가 달리 정하여 관리단에 통지한 경우에는 그러하지 아니하다. 구분소유자의 권리·의무에 특별한 영향을 미치는 사항을 결정하기 위한 집회인 경우에는 점유자는 사전에 구분소유자에게 의결권 행사에 대한 동의를 받아야 한다(법 16조 2항).

관리인 선임과 관련하여 점유자는 관리인 선임을 위한 관리단집회에 참석하여 그 구분소유자의 의결권을 행사할 수 있다. 다만, 구분소유자와 점유자가 달리 정하여 관리단에 통지하거나 구분소유자가 집회 이전에 직접 의결권을 행사할 것을 관리단에 통지한 경우에는 그러하지 아니하다(법 24조 4항).

회계감사 및 관리위원회 선출과 관련하여 점유자는 관리단집회에 참석하여 그 구분소유자의 의결권을 행사할 수 있다. 다만, 구분소유자와 점유자가 달리 정하여 관리단에 통지하거나 구분소유자가 집회 이전에 직접 의결권을 행사할 것을 관리단에 통지한 경우에는 그러하지 아니하다(법 26조의2 2항, 26조의4 5항).

제2장

관리단 구성

1동의 건물 기준

집합건물법

제1조(건물의 구분소유) 1동의 건물 중 구조상 구분된 여러 개의 부분이 독립한 건물로서 사용될 수 있을 때에는 그 각 부분은 이 법에서 정하는 바에 따라 각각 소유권의 목적으로 할 수 있다.

제23조(관리단의 당연 설립 등) ① 건물에 대하여 구분소유관계가 성립되면 구분소유자 전원을 구성원으로 하여 건물과 그 대지 및 부속시설의 관리에 관한 사업의 시행을 목적으로 하는 관리단이 설립된다.
② 일부공용부분이 있는 경우 그 일부의 구분소유자는 제28조제2항의 규약에 따라 그 공용부분의 관리에 관한 사업의 시행을 목적으로 하는 관리단을 구성할 수 있다.

제51조(단지관리단) ① 한 단지에 여러 동의 건물이 있고 그 단지 내의 토지 또는 부속시설(이들에 관한 권리를 포함한다)이 그 건물 소유자(전유부분이 있는 건물에서는 구분소유자를 말한다)의 공동소유에 속하는 경우에는 이들 소유자는 그

단지 내의 토지 또는 부속시설을 관리하기 위한 단체를 구성하여 이 법에서 정하는 바에 따라 집회를 개최하고 규약을 정하며 관리인을 둘 수 있다.

② 한 단지에 여러 동의 건물이 있고 단지 내의 토지 또는 부속시설(이들에 관한 권리를 포함한다)이 그 건물 소유자(전유부분이 있는 건물에서는 구분소유자를 말한다) 중 일부의 공동소유에 속하는 경우에는 이들 소유자는 그 단지 내의 토지 또는 부속시설을 관리하기 위한 단체를 구성하여 이 법에서 정하는 바에 따라 집회를 개최하고 규약을 정하며 관리인을 둘 수 있다.

③ 제1항의 단지관리단은 단지관리단의 구성원이 속하는 각 관리단의 사업의 전부 또는 일부를 그 사업 목적으로 할 수 있다. 이 경우 각 관리단의 구성원의 4분의 3 이상 및 의결권의 4분의 3 이상에 의한 관리단집회의 결의가 있어야 한다.

민법은 하나의 물권의 객체는 하나의 독립된 물건이어야 한다는 일물일권주의를 원칙으로 한다. 다만 수인이 한 채의 건물을 구분하여 각각 그 일부분을 소유한 때에는 건물과 그 부속물 중 공용하는 부분은 그의 공유로 추정한다(민법 215조 1항). 나아가 집합건물법 1조에 건물의 구분소유를 규정하여 일물일권주의의 예외인 건물의 구분소유를 인정하고 있다(**대법원 2010다71578 전원합의체 판결**).

집합건물이라는 것은 쉽게 말해 상가, 아파트, 오피스텔과 같이 여러 입주자가 있는 건물을 뜻한다. 이를 좀 더 자세히 설명하면, 1동의 건물 중 구조상 구분된 여러 개의 부분이 독립한 건물로서 사용될 수 있을 때에는 그 각 부분을 각각 소유권의 목적으로 할 수 있다(법 1조). 구분소유권이란 1동의 건물 중 독립한 건물로서 사용될 수 있는 전유부분을 목적으로 하는 소유권을 말한다(법 2조 1호, 3호). 이와 같이 구분소유권이 성립하는 1동의 건물을 집합건물이라고 하고 1동의 건물 중 구분된 건물부분을 구분건물이라고 한다(**대법원 2010다71578 전원합의체 판결**).

(1) 관리단집회 결의 정족수는 1동의 건물을 기준으로 판단

1동의 건물에 관하여 구분소유관계가 성립하면 관리단이 당연 설립된다. 따라서 1동의 건물을 기준으로 관리단집회 결의를 해야 하기 때문에 관리단집회를 하기에 앞서 해당 건물의 1동의 건물인지를 판단해야 한다. 최근에는 오피스, 오피스텔, 아파트, 상가 등이 주차장이나 복도를 공동으로 사용하는 등 복합적으로 건축되거나 동일한 대지 위에 수직적으로 건축되어 해당 건물이 1동의 건물인지에 대한 판단이 더욱 중요해졌다.

건물의 개수는 사회통념 내지 거래관념에 따라 객관적 사정과 주관적 사정을 참작하여 결정된다. 객관적인 사정에는 물리적 구조, 거래 또는 이용상 건물의 상태 등이 있고, 주관적 사정에는 건축한 자 또는 소유자의 의사 등이 있다(**대법원 96다36517 판결**).

> ■ 대법원 1997. 7. 8. 선고 96다36517 판결 [건물경계확정]
>
> 건물은 일정한 면적, 공간의 이용을 위하여 지상, 지하에 건설된 구조물을 말하는 것으로서, 건물의 개수는 토지와 달리 공부상의 등록에 의하여 결정되는 것이 아니라 사회통념 또는 거래관념에 따라 물리적 구조, 거래 또는 이용의 목적물로서 관찰한 건물의 상태 등 객관적 사정과 건축한 자 또는 소유자의 의사 등 주관적 사정을 참작하여 결정되는 것이고,

① 1동의 건물을 판단하는 기준

판례는 동일 대지 위 건축, 건축물대장상 별개 등록, 건축물대장상 용도, 건물의 외형, 관리사무실 개수, 관리회사의 통합 관리 여부, 출입문의 통한 자유로운 이동, 건물 용동 따른 구분소유자들의 의사 및 일체로서의 관리의사를 종합적으로 고려하여 1동의 건물을 판단하고 있다.

〈표 2—1〉 1동의 건물 판단 기준

기준	판례
▶ 동일 대지 위 건축	판례 1
▶ 건축물대장상 별개 등록	
▶ 건축물대장상 용도	
▶ 건물의 외형	
▶ 건물의 용도에 따른 사용자 및 유지·관리의 방법	
▶ 관리사무실 개수	판례 2
▶ 관리회사가 상가와 오피스텔을 모두 관리	
▶ 어느 출입문을 이용하더라도 오피스텔과 상가로 이동	
▶ 다른 독립된 건물의 일부로 볼 수 있는 기둥, 주벽	
▶ 구분소유자들의 인식 및 일체로서의 관리의사	판례 3
▶ A동과 B동이 건물 구조적으로 연결되어 있어 외부를 통하지 아니하고 상호 간 어느 층에서나 가능	
▶ 건물 이용하는 소비자들도 단일한 하나의 상가로 인 식	
▶ 물리적 구조와 용도, 위치가 현저히 구별	판례 4
▶ 각 건물에 대한 건물별 집합건축물 대장이 작성	
▶ 일부 시설이 연결되어 있는 것은 이용상의 편의성을 높여 건물 가치를 높이기 위한 것으로 보일 뿐, 하나의 건물로 건축하기 위한 것으로 보기 어려운 점	
▶ 관리업체의 통합 관리에 대하여만 동의를 하였고, 그 기간이 훨씬 경과한 점	

■ 판례 1—서울남부지방법원 2021. 5. 21. 선고 2020가합111254 판결 [집회결의 무효확인의소]

○ 사실관계

아파트 2개동, 오피스텔 1개동, 상가 1개동으로 구성된 건물들이 있다. 일명 '관리단 정상화를 위한 준비위원회'는 분양자로부터 관리인을 선임하기 위한 관리단집회 소집업무 일체를 위임받았다. 준비위원회는 오피스텔 및 상가건물의 구분소유자들에게, 관리단집회 소집안내문을 발송하였고, 동시에 관리인 후보자 F의 약력과 함께 '관리단집회 소집동의' 및 '관리인(F) 선임동의'에 관한 서면동의서 양식도 함께 첨부하였다. 준비위원회는 관리단집회를 개최하고, 참석자 ○○명, 서면동의서 제출자 ○○○명의 표결을 합산하여 F를 관리인으로 선임하기로 의결하고, 공고하였다. 이 사건에서 오피스텔과 상가건물이 각각 별도의 집합건물인지, 아니면 하나의 집합건물인지가 문제되었다.

○ 판단

재판부는 오피스텔과 상가가 동일한 대지 위에 건축된 건물이기는 하나, 건축물대장상 별개의 건물로 등록되어 있을 뿐만 아니라 그 용도도 다른 점, 오피스텔은 지하 1층, 지상 36층으로 이루어져 있는 반면 상가는 지하 1층, 지상 3층으로 이루어져 있어 외형에서도 뚜렷이 구분되는 점, 이 사건 J동과 이 사건 상가건물의 용도에 따라 사용자 및 유지·관리의 방법이 다를 수밖에 없는 점 등을 근거로 오피스텔과 상가를 각각 독립된 건물로 보았다. 이에 따라 오피스텔과 상가 별로 그 구분소유자 전원을 구성원으로 한 관리단이 성립한다고 보았다.

F를 관리인으로 선출한 관리단은 오피스텔 및 상가 전체의 구분소유자를 상대로 하여 설립된 관리단이다. 따라서 집합건물법상 당연히 성립되는 관리단으로 볼 수 없고, 오피스텔과 상가건물이 속해 있는 단지의 관리를 위한 집합건물법 제51조 소정의 단지관리단에 해당할 수 있을 뿐이다.

■ 판례 2—서울남부지방법원 2020. 1. 9.자 2019카합20404 [관리행위중지등가처분]

○ 사실관계

이 사건 건물은 지하 5층, 지상 39층으로 이루어진 주상복합건물이다(지하 1층~지상 2층은 상가 72개, 지상 3~39층은 오피스텔 960세대). 건물 지하 1~5층에는 주차장이 있고, 건물 입주자들이 구역을 나누어 사용하고 있다. 건물 지상 1층에 방재실과 엠디에프실이 각각 2개 설치되어 있으며 각각 오피스텔과 상가 몫을 분리되어 있다.

오피스텔의 구분소유자들은 관리단집회를 개최하여 관리인 ○○○을 선임하였다. ○○○은 당연 설립된 오피스텔 관리단임을 전제로 자신의 관리인 선출로 관리단 업무를 개시하였으므로 분양사와 관리회사를 상대로 오피스텔과 지하 5층~지상 2층의 일부 공간(지하주차장, 기계실, 전기실, 로비, 방재실 관리사무실, MDF실 등)에 대한 관리행위중지가처분 신청을 하였다.

○ 판단

건물의 1동성 여부는 건축구조상의 일체성, 외관상의 일체성, 건물기능의 공통성, 용도 내지 이용상의 일체성 등을 종합적으로 고려하여 사회통념에 따라 1동의 건물인지 여부를 판단하여야 한다.

이 사건 건물의 건축구조상 건물 내에 독립한 2개의 건물이 서로 접하고 있다고 보이지 않는다. 이 사건 건물의 관리사무실은 1개이고, 관리회사는 오피스텔과 상가를 모두 관리하고 있다. 건물 1층에 출입문이 여러 개가 있는데 어느 출입문을 통하여 들어오더라도 오피스텔 또는 상가로 이동할 수 있다.

오피스텔과 지하 5층~지상 2층의 일부 공간(지하주차장, 기계실, 전기실, 로비,

방재실 관리사무실, MDF실 등)은 이 사건 건물의 일부일 뿐 다른 독립된 건물의 일부로서 볼 수 있는 기둥이나 주벽이 존재하지 아니한다.

이 사건 건물은 1동의 건물이고 오피스텔과 지하 5층~지상 2층의 일부 공간(지하주차장, 기계실, 전기실, 로비, 방재실 관리사무실, MDF실 등)은 건물의 일부에 불과하다. 신청인은 오피스텔 구분소유자들로 구성된 임의단체에 불과할 뿐 집합건물법상 관리단에 해당한다고 볼 수 없다.

■ **판례 3—의정부지방법원 고양지원 2018. 6. 7.자 2018카합5014 결정 [업무방행금지등가처분]**

○ 사실관계

이 사건 건물은 집합건축물대장상 2개의 집합건물로 표시(A동, B동)되어 있는 집합건물이다. A동, B동의 구분소유자들은 관리단집회를 개최하여 관리인을 선임하고 시행사로부터 관리업무를 위탁받은 관리회사 등을 상대로 업무방해금지 등 가처분을 신청하였다. 이 사건에서 A, B동이 1동의 집합건물인지, 별개의 집합건물인지가 문제되었다.

○ 판단

가. A동과 B동이 별개의 집합건물에 해당하는지 여부에 관한 판단

이 사건 기록 및 심문 전체의 취지에 의하여 인정되는 다음과 같은 사정, 즉 이 사건 총회개최 이전인 위 2009. 4. 11.자 총회에서도 <u>A동과 B동 구분소유자들은 스스로를 1동의 집합건물로 인식하고 일체로서 이 사건 건물을 관리할 의사로 단일한 창립총회를 개최한 것으로 보이는 점, A동과 B동이 건물 구조적으로 연결되어 있어 외부를 통하지 아니하고 상호 간에 이동이 가능하며 이러한 이동은 단순히 특정층에서만 가능한 것이 아니라 어느 층에서나 가능한 점, 이 사건 건물을 이용하는 소비자들 또한 이 사건 건물을 단일한 하나의 상가 건물로 인식하고</u>

있는 것으로 보이는 점, 비록 A동과 B동이 집합건축물관리대장상 각각의 건물로 등재되어 있고 사용승인에 관한 각종 필증이 각 동별로 따로이 제작되어 교부된 것으로 보이기는 하나 위와 같은 구분소유자들의 의사, 건축물의 구조 및 이용 현황 등을 종합적으로 고려할 때 그와 같은 공법관계적 사정만으로 이 사건 건물이 집합건물법상 별개의 집합건물에 해당한다고 보는 것은 구분소유건물의 권리관계를 명확히 함은 물론 구분소유자들의 공용부분의 이용에 관한 법률관계를 합리적으로 규율하고자 하는 집합건물법의 입법취지에 맞지 않는 해석인 점 등을 종합하여 보면, 이 사건 건물은 집합건물법상 1동의 집합건물에 해당한다고 판단되므로, 이에 대한 채무자들의 주장은 이유 없다.

■ 판례 4—창원지방법원 2021. 9. 27.자 2021카합10259 결정 [관리업무인계및 방해금지가처분신청]

2) 이 사건 기록 및 심문 전체의 취지를 종합하여 인정되는 다음과 같은 사정들, 즉 ① 이 사건 오피스동은 판매시설동, 오피스텔 3개동과 면적, 층수 등 물리적 구조와 그 용도, 위치가 현저히 구분되는 점, ② 이 사건 A 각 건물에 대한 건물별 집합건축물 대장이 작성된 점, ③ 건물의 물리적 구조, 용도 등을 고려할 때 건축주가 이 사건 오피스동과 이 사건 판매시설동에 일부시설이 연결되어 있는 것은 이용상의 편의성을 높여 각 건물의 가치를 높이기 위한 것으로 보일 뿐, 오피스동과 판매시설동을 하나의 건물로 건축하기 위한 것으로 보기는 어려운 점, ④ 건축주가 분양 당시 이 사건 오피스동의 수분양자들로부터 '건물 사용승인 후 1년간 분양자 또는 분양자가 정하는 관리업체가 이 사건 A를 통합 관리하는 것'에 대하여만 동의를 받았는바(동의된 기간의 종료시점은 2020. 12. 31.이다), 현재 그 기간이 훨씬 경과한 점 등을 종합해 보면, 이 사건 오피스동은 이 사건 판매시설동, 오피스텔 3개동과 독립된 별개의 건물로 봄이 타당하다. 따라서 이 사건 오피스동의 구분소유자들로 구성된 채권자는 집합건물의 소유 및 관리에 관한 법률 제23조 제1항에 따른 이 사건 오피스동의 관리단에 해당한다.

2.

일부공용부분 관리단

집합건물법

제10조(공용부분의 귀속 등) ① 공용부분은 구분소유자 전원의 공유에 속한다. 다만, 일부의 구분소유자만이 공용하도록 제공되는 것임이 명백한 공용부분(이하 "일부공용부분"이라 한다)은 그들 구분소유자의 공유에 속한다.

② 제1항의 공유에 관하여는 제11조부터 제18조까지의 규정에 따른다. 다만, 제12조, 제17조에 규정한 사항에 관하여는 규약으로써 달리 정할 수 있다.

제14조(일부공용부분의 관리) 일부공용부분의 관리에 관한 사항 중 구분소유자 전원에게 이해관계가 있는 사항과 제29조제2항의 규약으로써 정한 사항은 구분소유자 전원의 집회결의로써 결정하고, 그 밖의 사항은 그것을 공용하는 구분소유자만의 집회결의로써 결정한다.

제23조(관리단의 당연 설립 등) ① 건물에 대하여 구분소유관계가 성립되면 구분소유자 전원을 구성원으로 하여 건물과 그 대지 및 부속시설의 관리에 관한 사업의 시행을 목적으로 하는 관리단이 설립된다.

② 일부공용부분이 있는 경우 그 일부의 구분소유자는 제28조제2항의 규약에 따라 그 공용부분의 관리에 관한 사업의 시행을 목적으로 하는 관리단을 구성할 수 있다.

제28조(규약) ① 건물과 대지 또는 부속시설의 관리 또는 사용에 관한 구분소유자들 사이의 사항 중 이 법에서 규정하지 아니한 사항은 규약으로써 정할 수 있다.
② 일부공용부분에 관한 사항으로써 구분소유자 전원에게 이해관계가 있지 아니한 사항은 구분소유자 전원의 규약에 따로 정하지 아니하면 일부공용부분을 공용하는 구분소유자의 규약으로써 정할 수 있다.

제29조(규약의 설정·변경·폐지) ① 규약의 설정·변경 및 폐지는 관리단집회에서 구분소유자의 4분의 3 이상 및 의결권의 4분의 3 이상의 찬성을 얻어서 한다. 이 경우 규약의 설정·변경 및 폐지가 일부 구분소유자의 권리에 특별한 영향을 미칠 때에는 그 구분소유자의 승낙을 받아야 한다.
② 제28조제2항에 규정한 사항에 관한 구분소유자 전원의 규약의 설정·변경 또는 폐지는 그 일부공용부분을 공용하는 구분소유자의 4분의 1을 초과하는 자 또는 의결권의 4분의 1을 초과하는 의결권을 가진 자가 반대할 때에는 할 수 없다.

일부의 구분소유자만이 공용하도록 제공되는 것임이 명백한 공용부분을 일부공용부분이라 하는데 일부공용부분은 그들 구분소유자의 공유에 속한다.

(1) 그렇다면 어떤 부분이 일부공용부분에 해당될까?

일부공용부분의 판단에 관하여 판례는 3가지를 제시하고 있다. 첫째, 일부공용부분이라는 취지가 등기되어 있거나 소유자의 합의가 있다면 그에 따른다. 둘째, 등기나 소유자 합의가 없다면 구분소유가 성립될 당시 건물의 구조에 따른 객관적인 용도에 따라 판단한다. 객관적인 용도는 건물의 구조·용도·이용상황, 설계도면, 분양계약서나 건축물대장의 공용부분 기재 내용 등을 종합하여 판단한다. 셋째, 여러 동의 집합건물로 이루어진 단지의 경우에도 마찬가지로 적용된다.

판례가 일부공용부분으로 판단한 구체적인 예는 다음과 같다.

— 아파트와 오피스텔은 상가건물 위에 얹혀 있는 구조
— 주거시설(아파트), 비주거시설(오피스텔, 상가) 구분
— 아파트 분양계약서상 기재
— 공동주택관리규약 신고 시 관리대상물 기재
— 사업계획: 주차장의 층간 동선이 분리되도록 계획
— 차량 진출입구: 주거시설과 비주거시설 구별 설계
— 설계도면: 층별 주거·비주거시설 주차장 구별
— 층간 이동경사로 연결 여부
— 건축 의사: 건축 당시부터 주택동과 비주택동 분리 의도
— 전용 출입구의 존재
— 승강기 설치 현황, 이용실태
— 지하주차장 분리
— 관리 주체의 상이
— 발전기 및 수배전시설 분리

이처럼 일부공용부분에 해당하는지는 종합적인 판단을 요하므로 구분소유자들이 일부공용부분에 해당하는지를 판단하는 것은 쉬운 일이 아니다. 실무상 주상복합아파트, 상가·오피스텔 등으로 이루어진 복합건물의 경우(아파트, 오피스텔 등이 상가건물 위에 얹혀 있는 구조) 일부공용관리단의 구성과 관련하여 일부공용부분의 판단이 매우 중요하다.

집합건물법상의 일부공용부분 관리단에 해당하기 위해서는 첫째, 일부공용부분이 일부의 구분소유자만이 공용하도록 제공되는 것임이 명백하여야 하고, 둘째, 구분소유자 전원에게 이해관계가 있지 않고, 구분소유자 전원의 규약에 따라 정하지 않은 사항에 관하여 그 일부의 구분소유자가 그 일부의 공용부분의 관리에 관한 사업의 시행을 목적으로 하는 관리단이어야 하며, 셋째, 집합건물법 제28조 제2항의 규약에 따라 일부공용부분 구분소유자들의 명시적인 결의로 관리단을 구성하여야 한다(**대법원 2012다34399, 2012다34382 판결**).

■ **대법원 2007. 7. 12. 선고 2006다56565 판결 [유체동산인도]**

집합건물의 어느 부분이 전유부분인지 공용부분인지의 여부는 구분소유가 성립한 시점, 즉 원칙적으로 건물 전체가 완성되어 당해 건물에 관한 건축물대장에 집합건물로 등록된 시점을 기준으로 판단하여야 하고, 그 후의 건물 개조나 이용상황의 변화 등은 전유부분인지 공용부분인지 여부에 영향을 미칠 수 없으며, 집합건물의 어느 부분이 구분소유자의 전원 또는 일부의 공용에 제공되는지의 여부는 소유자들 간에 특단의 합의가 없는 한 그 건물의 구조에 따른 객관적인 용도에 의하여 결정되어야 한다.

■ 서울고등법원 2022. 9. 23. 선고 2021나2020376 판결 [집회결의무효확인의소]

이 사건 103동과 이 사건 상가건물은 비주거시설용 지하주차장을 '일부공용부분'으로 사용하고 있다고 판단된다.

① 이 사건 101동 및 102동은 아파트로서 주거시설이고, 이 사건 103동은 오피스텔, 이 사건 상가건물은 판매시설 및 근린생활시설로서 비주거시설이다.

② 주거시설인 이 사건 101동 및 102동은 비주거시설인 이 사건 103동 및 상가건물과 별도로 2019. 11. 28. 공동주택관리규약을 제정하고 'L J 아파트 입주자대표회의'를 구성하여 공동주택 관리업무를 수행하고 있다.

③ J의 건축물대장 총괄표제부와 이 사건 101동 및 102동, 이 사건 103동 및 상가건물의 집합건축물대장 표제부에서는 부속건축물로 지하주차장 1동(총 지하 6층) 30,837,1955㎡ 전체를 각 표시하고 있다. 즉, 부속건축물 지하주차장(총 지하 6층)은 이 사건 101동 및 102동, 이 사건 103동 및 상가건물의 공용부분이다. 그런데 이 사건 101동 및 102동에 관한 아파트 분양계약서에는 지하주차장에 관하여 "아파트 지하 4층~지하 6층 447대"로 기재하여 비주거용인 이 사건 103동 "214대(지하 2층~지하 4층)" 및 상가건물 "133대(지하 2층)"과 주차장의 위치 및 주차대수를 분리하여 기재하고 있다. 한편, 'L J 아파트 입주자대표회의'는 공동주택관리규약 신고시 관리대상물 중 주차장 부분에 관하여 "449대(지하) 16,988.9983㎡(지하 4층~지하 6층으로 보인다)"으로 하여 입주자대표회의 구성신고를 하였다.

④ J는 사업계획단계에서부터 주거시설과 비주거시설에 대하여 주차장의 층간 동선이 분리되도록 계획하였고, 주상복합 신축공사 평면도 등 설계도면에 의하면 이 사건 101동 및 102동을 위한 주거시설 차량 진출입구(서편)와 이 사건 103동 및 상가건물을 위한 비주거시설 차량 진출입구(동편)를 구별하여 설계되었으며, 지하 2, 3층(주거시설 차량이 지하 4층 이하로 내려가기 위한 램프의 내부 부분은 제외)은 비주거시설 지하주차장으로, 지하 4층~지하 6층은 주거시설 지하주차장으로 설계되어 시공되었다. 이 사건 101동 및 102동을 위한 주거시설 차량 진출입구(서편)로 진입하는 경우 지하 4층~지하 6층까지 층간 이동경사로가

모두 연결되나, 이 사건 103동 및 상가건물을 위한 비주거시설 차량 진출입구(동편)로 진입하는 경우 층간 이동경사로는 지하 3층에서 끝나는 구조이다.

⑤ 한편, …중략… 적어도 주거시설 차량의 주차장과 비주거시설 차량의 주차장은 분리하여 설계·건축되고, 독립적으로 이용·관리하는 관계에 있다고 보아야 하므로, 이 사건 101동 및 102동 구분소유자와 이 사건 103동 및 상가건물 구분소유자는 각각 자신들에게 배정된 지하주차장(원칙적으로는 지하 2층~지하 3층과 지하 4층~지하 6층, 구체적으로는 합의나 구조 등에 따라 달라질 수 있다)을 이용할 수 있을 뿐이다. 따라서 위 지하주차장 중 이 사건 103동 및 상가건물 구분소유자에게 배정된 비주거시설용 부분은 위 각 구분소유자만의 공용에 제공되는 것임이 명백한 일부공용부분에 해당한다고 보아야 한다.

■ **서울남부지방법원 2023. 2. 1. 선고 2019가단274480판결 [채무부존재확인]**

1) 먼저, 이 사건 집합건물 중 피고가 관리하고 있는 부분, 즉 이 사건 집합건물 중 업무동 등의 공용부분을 일부공용부분으로 볼 수 있는지에 관하여 살펴본다. 집합건물의 소유 및 관리에 관한 법률 제10조 제1항은 집합건물의 공용부분은 구분소유자 전원의 공유에 속하되, 다만, 일부의 구분소유자만의 공용에 제공되는 것임이 명백한 공용부분(이하 '일부공용부분'이라고 한다)은 그들 구분소유자의 공유에 속한다고 규정하고 있는바, 집합건물의 어

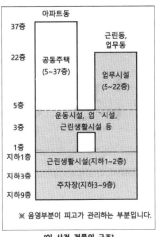

[이 사건 건물의 구조]

느 부분이 구분소유자의 전원 또는 일부의 공용에 제공되는지의 여부는 소유자들 간에 특단의 합의가 없는 한 그 건물의 구조에 따른 객관적인 용도에 의하여 결정되어야 할 것이다(대법원 2008. 8. 21. 선고 2008다16394 판결 등 참조). 이 사건

에 관하여 보건대, 을나 제13 내지 21호증의 각 기재, 이 법원의 현장검증결과 및 변론 전체의 취지에 의하여 인정할 수 있는 다음과 같은 사정, 즉 ① 이 사건 집합건물은 건축 당시부터 그 구조상 주택동과 비주택동(업무동, 상가시설 등)의 위치를 정하고 쉽게 구조적으로 분리할 의도로 건축된 것으로 보이는 점, ② 이 사건 집합건물에는 업무동 및 주택동 전용 출입구가 각각 존재하고, 승강기 설치 현황과 이용실태 및 설계 당시의 건축개요상의 승강기 배분도 이와 같은 주택동 및 업무동의 분리이용사실에 부합하는 점, ③ 지하주차장도 층을 나누어 지하 4~5층은 주택동 전용 시설로, 지하 3층 및 지하 6 내지 9층은 업무동 전용 시설로 나누어져 있고, 그 관리 주체도 달리하고 있는 점, ④ 발전기 및 수배전시설도 주택동과 업무동이 분리되어 설치되어 있고, 관리도 별도로 이루어지고 있는 점 등을 종합하여 보면, 피고가 관리하고 있는 이 사건 집합건물 중 주택동을 제외한 업무동 등의 공용부분은 업무동 등에 속한 구분소유자들의 일부공용부분으로 봄이 타당하다.

- **서울고등법원 2017. 3. 7. 선고, 2016나2071004 판결 [관리단지위확인등청구의소]**

3) 원고가 집합건물법 제23조 제2항의 일부공용부분 관리단인지 여부

살피건대, 집합건물법 제23조 제2항의 일부공용부분 관리단은 우선 일부공용부분이 특정되어야 하고, 일부공용부분을 공용하는 구분소유자들이 집합건물법 제28조 제2항의 규약을 설정하는 별도의 조직행위를 거쳐야만 설립된다고 할 것인바, 이 사건 집합건물의 상가 부분 출입구, 복도, 엘리베이터, 계단실, 상가 화장실 및 상가 부분 발코니(2, 3층) 부분은 아파트 부분과 분리되어 상가 부분 구분소유자들이 공용하도록 설치되어 있는 사실은 당사자 사이에 다툼이 없으나, 위 인정사실 및 원고가 제출한 증거들만으로는 이 사건 집합건물 중 주차장 등 상가의 구분소유자들만의 공용에만 제공되는 일부공용부분이 구체적으로 명확히 특정되었다고 할 수 없고, 피고의 관리규약 외에 일부공용부분의 관리를 위한 별도의 규약이나 정

관을 설정하였음을 인정하기에도 부족하고, 달리 이를 인정할 만한 증거가 없다.

4) 소결

그렇다면 원고는 '집합건물법상 이 사건 집합건물 중 상가 부분 관리단'이 아닌 '이 사건 집합건물의 상가 구분소유자들로 구성된 임의의 단체'에 불과하다고 할 것이므로, 원고가 집합건물법상 이 사건 집합건물 중 상가 부분 관리단임을 전제로 한 원고의 주위적 청구와 예비적 청구는 더 나아가 살필 필요 없이 이유 없다.

■ **서울서부지방법원 2019. 11. 8. 선고, 2018나39437 판결[관리비]**

(2) 원고가 주장하는 관리단 규약(갑 제4호증)과 상가관리 규정(갑 제5호증)이 적법한 절차에 따라 만들어졌다고 볼 만한 자료가 없고, 상가관리 규정의 경우 "공용부분"에 관하여 '전유부분 이외의 건물부분과 부속물을 말한다'라고 규정하고 있을 뿐이고 규약 대상물을 정하면서 주차장, 전기·기계시설, 방재 시스템 등 아파트 부분의 공용부분에도 해당하는 부분에 관하여 구별 없이 규정하고 있어 상가관리 규정상 공용부분이 상가 구분소유자들만이 공용하도록 제공된 부분이라고 보기 어려운 점 등의 사정을 종합하여 보면, 일부의 구분소유자가 그 일부의 공용부분의 관리에 관한 사업의 시행을 목적으로 구성한 일부공용부분 관리단이라고 볼 수 없고, 집합건물법상 관리단이 아닌 임의의 단체에 불과하다. 따라서 권한 없는 관리인과 이 사건 관리용역계약을 체결한 원고는 상가 부분 및 주차장의 적법한 관리업체가 아니므로, 피고들에게 상가 부분의 정당한 관리자로서 관리비를 청구할 수 없다.

3.

단지관리단

집합건물법

제51조(단지관리단) ① 한 단지에 여러 동의 건물이 있고 그 단지 내의 토지 또는 부속시설(이들에 관한 권리를 포함한다)이 그 건물 소유자(전유부분이 있는 건물에서는 구분소유자를 말한다)의 공동소유에 속하는 경우에는 이들 소유자는 그 단지 내의 토지 또는 부속시설을 관리하기 위한 단체를 구성하여 이 법에서 정하는 바에 따라 집회를 개최하고 규약을 정하며 관리인을 둘 수 있다.

② 한 단지에 여러 동의 건물이 있고 단지 내의 토지 또는 부속시설(이들에 관한 권리를 포함한다)이 그 건물 소유자(전유부분이 있는 건물에서는 구분소유자를 말한다) 중 일부의 공동소유에 속하는 경우에는 이들 소유자는 그 단지 내의 토지 또는 부속시설을 관리하기 위한 단체를 구성하여 이 법에서 정하는 바에 따라 집회를 개최하고 규약을 정하며 관리인을 둘 수 있다.

③ 제1항의 단지관리단은 단지관리단의 구성원이 속하는 각 관리단의 사업의 전부 또는 일부를 그 사업 목적으로 할 수 있다. 이 경우 각 관리단의 구성원의 4분의 3 이상 및 의결권의 4분의 3 이상에 의한 관리단집회의 결의가 있어야 한다.

한 단지에 여러 동의 건물이 있고 그 단지 내의 토지 또는 부속시설이 그 건물 소유자의 공동소유에 속하는 경우에 이들 소유자는 그 단지 내의 토지 또는 부속시설을 관리하기 위하여 동별관리단과는 별도로 단지관리단을 구성하여 집합건물법에서 정하는 바에 따라 집회를 개최하고 규약을 정하며 관리인을 둘 수 있다.

다만, 동별관리단과 단지관리단이 중첩적으로 존재하여 건물의 관리에 관한 사항에 대해서는 동별관리단이, 단지 내의 토지나 부속시설에 대한 관리는 단지관리단이 담당하는 것이 비효율적일 수 있다. 이 때문에 집합건물법은 단지관리단의 구성원이 속하는 각 동별관리단의 구성원 및 의결권의 각 3/4 이상의 관리단집회의 결의가 있는 경우 각 동별관리단의 사업의 전부 또는 일부를 단지관리단이 수행할 수 있도록 하고 있다(**인천지방법원 2018가합64510 판결**).

집합건물법은 단지관리단에 동별관리단에 관한 규정들을 준용한다. 이에 따라 단지관리단의 규약의 설정·변경 및 폐지는 관리단집회에서 구분소유자 및 의결권의 각 3/4 이상의 찬성이 있어야 하고, 이 법 또는 규약에 따라 관리단집회에서 결의할 것으로 정한 사항에 관하여 구분소유자 및 의결권의 각 4/5 이상이 서면이나 전자적 방법 또는 서면과 전자적 방법으로 합의하면 관리단집회에서 결의한 것으로 본다.

(1) 단지관리단이 필요한 경우

집합건물의 관리단은 원래 1동의 건물을 단위로 하여 설립된다. 그러나 여러 동이 한 개의 브랜드나 영업 목표를 가지고 설립되어 있는 경우에는 이들을 통합하여 관리하기 위해 단지관리단을 설립하기도 한다. 집합건물법은 위와 같은 필요에 의해 일정 요건을 갖춘다면 단지관리단의 구성을 인정하고 있다.

단지관리단은 먼저 한 필지의 대지 위에 여러 개의 집합건물이 있고 그 여러 동의 건물 구분소유자들이 대지를 공유하고 있는 경우에 설립할 수 있다. 그리고 각각 독립된 대지 위에 건물이 있다 하더라도 도로나 특정 부속시설을 공유하고 있는 경우에도 단지관리단을 설립할 수 있다.

원래 개별관리단이 수행해야 하는 업무들을 단지관리단이 통합하여 관리할 수도 있는데, 이때에는 관리단집회를 개최하여 개별관리단의 구분소유자와 의결권의 3/4 이상의 찬성을 얻어야 한다. 물론 일부는 단지관리단이 업무를 수행하고 일부는 개별관리단이 수행하는 방식으로도 정할 수 있다.

단지 단위로 관리단이 구성된 경우에는 건물 노후화로 재건축이 논의될 때 크고 작은 문제를 불러일으킨다. 여러 동의 건물이 모인 단지 건물은 각자 재건축을 진행할 수도 있고 전체 단위로 진행을 할 수도 있다.

(2) 단지관리단은 당연 설립되는가

어떤 단체가 비법인사단으로서의 실체를 가지려면 규약, 조직(규약에 근거한 의사결정기관 및 집행기관인 대표자), 다수결의 원칙(기관의 의결이나 업무집행방법), 단체 자체의 존속(구성원의 가입, 탈퇴 등으로 인한 변경을 받지 않음), 단체로서의 주요 사항 확정(대표의 방법, 총회나 이사회 등의 운영, 자본의 구성, 재산의 관리 등) 등을 요한다(**대법원 99다4504 판결**).

따라서 집합건물법상의 관리단과 같이 특별한 조직행위 없이도 자연적으로 성립하는 예외적인 사단이 아닌 한, 법인 아닌 사단이 성립하려면 사단으로서의 실체를 갖추는 조직행위가 있어야 한다(**대법원 97다20908 판결**).

집합건물법 제52조가 단지관리단에 대해 동별관리단의 당연 설립에 관한 제23조 제1항을 준용하지 않고 있는 점에 비추어 보면, 단지관리단이 설립하기 위해서는 단지관리단으로서 실체를 갖추는 별도의 조직행위가 있어야 할 것이다(**인천지방법원 2018가합64510 판결**).

(3) 단지관리단의 정족수 계산

일반적으로 단지 차원에서 집회를 개최하는 경우에는 개별 동이 아닌 전체를 기준으로 정족수를 계산한다. 즉, A동과 B동으로 되어있는 단지에서 A동에 100명, B동에 100명의 구분소유자가 있다고 하면 단지관리단집회에서 과반수 결의는 A동에서 30명만 찬성한다고 하더라도 B동에서 80명이 찬성하면 되는 것이다.

그러나 재건축을 위한 결의에서는 구분소유자 수와 면적 모두 4/5 이상의 결의를 거쳐야 하는데, 여기에서의 4/5 이상은 전체 단지를 기준으로 한 것이 아니라 개별 동의 구분소유자 및 면적의 4/5 결의를 거쳐야 한다는 의미이다. 위와 같은 요건을 갖추기 전에는 매도청구 등 집합건물법이 마련한 재건축 규정이 적용되지 않는다.

인천지방법원 2018가합64510 판결은 단지관리단이 설립하기 위해서는 단지관리단으로서 실체를 갖추는 별도의 조직행위가 있어야 한다고 보았다. 이에 따라 구분소유자 1/5 이상이 임시 관리단집회 소집에 동의하여 관리인과 관리위원을 선임하고, 추가 서면결의를 받아 관리규약을 제정하였다면 단지관리단이 설립되었다고 보았다. 재판부는 관리규약 제정이 있기 전에 관리인선임결의가 먼저 있었다 하더라도 유효하다고 보았다. 또한 집합건물법 제51조에 3항의 각 관리단의 구성원 및 의결권의 각 3/4 이상에 의한 관리단집회의 결의는 단지관리단이 단지관리단의 구성원이 속하는 각 동별관리단의 사업의 전부 또는 일부를 그 사업 목적으로 하기 위한 요건일 뿐이고, 단지관리단의 설립 요건이라거나 단지관리단의 관리인 선임요건은 아니라고 판단하였다.

서울남부지방법원 2020가합111254 판결은 단지관리단집회 소집동의의 근거로 제시된 233명의 서면동의서의 경우 실제 구분소유자의 것은 십여 개에 불과하여 전체 구분소유자 총수 453명의 1/5에 크게 못 미치므로, 단지관리단의 설치 및 그 관리인 선임을 위한 집회의 소집이 적법하게 이루어졌다고 볼 수 없다고 보았다.

인천지방법원 부천지원 2018가합104688 판결은 단지관리단집회 소집 당시 구분소유자들에게 미회신 시 찬성으로 간주하겠다는 취지가 고지되었다고 하더라도, 서면결의서 미회신을 찬성으로 간주하는 것은 무효라고 보았다. 단지관리규약 변경은 구분소유자의 4분의 3 이상 및 의결권의 4분의 3 이상의 찬성을 필요로 한다. 따라서 관리규약 변경 안건은 미회신 찬성 간주 252세대를 제외하면 141세대로 전체 445세대의 31.7%에 불과하여 의결정족수에 미달한 중대·명백한 하자가 있어 각 무효라고 판단하였다.

■ 인천지방법원 2019. 11. 22. 선고 2018가합64510 판결 [단지관리단관리인선임결의무효확인등]

한편, 어떤 단체가 고유의 목적을 가지고 사단적 성격을 가지는 규약을 만들어 이에 근거하여 의사결정기관 및 집행기관인 대표자를 두는 등의 조직을 갖추고 있고, 기관의 의결이나 업무집행방법이 다수결의 원칙에 의하여 행하여지며, 구성원의 가입, 탈퇴 등으로 인한 변경에 관계없이 단체 그 자체가 존속되고, 그 조직에 의하여 대표의 방법, 총회나 이사회 등의 운영, 자본의 구성, 재산의 관리 기타 단체로서의 주요 사항이 확정되어 있는 경우에는 비법인사단으로서의 실체를 가진다(대법원 1999. 4. 23. 선고 99다4504 판결 등 참조). 그리고 집합건물법 제23조 제1항 소정의 관리단과 같이 특별한 조직행위 없이도 자연적으로 성립하는 예외적인 사단이 아닌 한, 법인 아닌 사단이 성립하려면 사단으로서의 실체를 갖추는 조직행위가 있어야 한다(대법원 1997. 9. 12. 선고 97다20908 판결 등 참조).

나) 구체적 판단

살피건대, 집합건물법 제52조가 단지관리단에 대해 동별관리단의 당연 설립에 관한 제23조 제1항을 준용하지 않고 있는 점에 비추어 보면, 단지관리단이 설립하기 위해서는 단지관리단으로서 실체를 갖추는 별도의 조직행위가 있어야 할 것인데, 앞서 든 각 증거, 변론 전체의 취지에 의하여 인정되는 다음과 같은 사실 및 사정을 종합하여 보면, 피고는 단지관리단으로서 적법하게 설립되었다.

① 이 사건 B단지 O, P동 건물은 다른 V, X, Z단지와 구별하여 동일한 대지 위에 있고, 구분소유자들이 B단지 내의 지하주차장, 기계실, 지상층에 O동과 P동을 연결하는 통로 등을 공유하고 있어 집합건물법 제51조 소정의 '한 단지에 여러 동의 건물이 있고 그 단지 내의 토지 또는 부속시설이 그 건물 소유자의 공동소유에 속하는 경우'에 해당한다.

② O동 및 P동의 구분소유자들은 단지관리단인 피고의 구성을 위하여 관리단집회추진위원회를 구성하고, **구분소유자 259세대 중 1/5 이상인 64명이 임시 관리단집회 소집에 동의하여** 2018. 6. 17. 관리단집회를 개최하였으며, 위 관리단집회에서 총 259세대(251명) 중 137명(구분소유자의 54.58%, 의결권의 65.23%)의 찬성으로 피고를 대표할 관리인으로 C를, 관리위원으로 AD, AC을 각 선임하였다.

③ 같은 날 의결정족수의 부족으로 피고의 관리규약의 제정이 이루어지지 못하였으나 추후 서면동의를 받아 관리규약을 제정하기로 하였고, 이후 2019. 5.경 O

동 및 P동의 구분소유자 및 의결권의 각 4/5 이상이 서면동의함에 따라 피고의 관리규약이 제정되었다.

④ 단지관리단의 경우 통상의 비법인사단과는 달리 집합건물법 제51조에서 규정하고 있는 단체로 법에 그 목적, 구성원의 범위가 정해져 있고, 같은 법 제52조에서 동별관리단에 관한 규정들을 준용하도록 하고 있어, 관리인 선임, 업무집행방법, 관리단집회의 운영·의결 방법 등 단지관리단으로서의 주요사항이 법에 정해져 있다. 따라서 같은 법 제51조에서 규정하는 단지관리단 설립을 목적으로 2019. 5.경 이 사건 B단지 구분소유자 및 의결권의 각 4/5 이상이 서면동의를 통하여 피고의 관리규약을 제정하였다면 단지관리단으로 피고가 설립되었다고 할 것이고, 피고 관리규약 제정이 있기 전에 이 사건 관리인선임결의가 먼저 있었다는 사정만으로 위 관리인선임결의가 무효라고는 볼 수 없다.

⑤ 집합건물법 제51조에 의하면 각 관리단의 구성원 및 의결권의 각 3/4 이상에 의한 관리단집회의 결의는 단지관리단이 단지관리단의 구성원이 속하는 각 동별관리단의 사업의 전부 또는 일부를 그 사업 목적으로 하기 위한 요건일 뿐이고, 단지관리단의 설립 요건이라거나 단지관리단의 관리인 선임요건은 아니다. 더욱이 피고의 관리규약에 따르면 피고는 이 사건 B단지 공동소유에 속하는 토지 및 부속시설뿐만 아니라 B단지 내 건물에 대한 관리권한까지 가지는 것으로 되어 있어 동별관리단의 사업까지도 그 사업 목적으로 하고 있는데, 피고가 위 관리규약의 제정에 대하여 이 사건 B 단지를 구성하는 이동 및 P동의 구성원 및 의결권의 각 4/5 이상의 서면동의를 얻은 이상, 피고는 집합건물법 **제51조 제3항의 요건**도 갖추었다고 할 것이다.

■ **서울남부지방법원 2021. 5. 21. 선고 2020가합111254 판결 [집회결의무효확인의소]**

1. 기초사실

가. 서울 금천구 G에 소재한 'E'(이하 'E'라 한다)는 2개동의 공동주택(아파트, H동

및 I동), 1개동의 업무시설(오피스텔, J동, 이하 '이 사건 J동'이라 한다), 1개동의 판매시설 및 근린생활시설(이하 '이 사건 상가건물'이라 한다) 등으로 구성되어 있다. 이 사건 J동은 총 427호실로, 이 사건 상가건물은 81호실로 이루어져 있고, 원고들은 이 사건 J동의 구분소유자들이다.

나. 피고 관리단의 지위 및 이 사건 집회 및 결의의 하자

2) 이 사건 집회 및 결의의 하자
나) 앞서 본 인정사실이나 피고 관리단의 주장에 의하면, 피고 관리단은 이 사건 J동 및 이 사건 상가건물의 관리단의 사업의 전부를 그 사업 목적으로 하는 것을 전제로 이 사건 집회를 개최하여 이 사건 결의를 한 것이다.

그러나 갑 제13 내지 17호증, 을 제4, 6호증(가지번호 있는 것은 가지번호 포함, 이하 같다)의 각 기재 및 변론 전체의 취지에 의하면, 피고 관리단이 관리단집회 소집동의의 근거로 제시하고 있는 233명의 서면동의서의 경우 이 사건 J동의 구분소유자의 것은 십여 개에 불과하여 이 사건 상가건물의 소유자로 제출된 서면동의서 작성자 11명이 모두 실제 구분소유자라고 하더라도 피고 관리단이 주장하는 이 사건 집회 당시 구분소유자 총수 453명의 1/5에 크게 못 미치므로, 단지 관리단의 설치 및 그 관리인 선임을 위한 집회의 소집이 적법하게 이루어졌다고 볼 수 없고, 나아가 **이 사건 J동 및 이 사건 상가건물의 각 관리단에서 피고 관리단으로 하여금 이 사건 J동 및 이 사건 상가건물의 관리단 사업을 맡아서 하도록 하는 내용의 결의가 이루어졌다고 볼 자료도 전혀 없다.**

다) 위와 같은 이유로 피고 관리단은 적법하게 설립되었다고 볼 수 없을 뿐만 아니라 이 사건 집회의 소집절차에 중대한 하자가 존재하므로, 결국 이 사건 결의는 무효이다.

■ **인천지방법원 부천지원 2019. 12. 13. 선고 2018가합104688 판결 [관리단집**
   회결의무효등확인의소]

나. 1) 이 사건 1안건은 관리단 규약을 변경하는 내용이므로 집합건물법 제29조 제1항에 따라 그 결의에 구분소유자의 4분의 3 이상 및 의결권의 4분의 3 이상의 찬성을 필요로 한다. 그런데 이 사건 1안건에 대한 찬성세대 141세대는 G, H, I동 전체 445세대의 약 31.7%에 불과하다. G, H, I동 중 어느 한 동만은 위 의결정족 수를 충족하였을 가능성이 산술적으로 없지는 아니하나(예를 들어, G, H동의 찬 성세대수 합계는 30세대에 불과하지만, I동의 찬성세대수는 유독 총 148세대의 4분의 3인 111세대에 이른 경우), G, H, I동 중 유독 한 동만이 다른 두 동과 달리 이 사건 1안건에 대해 극히 편중되는 찬성의사를 표시할 만한 합리적인 사정이 드러난 바 없는 점, 피고들은 이 사건 소송 중 이 사건 미회신 세대 찬성 간주가 유효하다는 등의 주장들을 하며 다투었을 뿐 위와 같은 취지의 주장은 전혀 한 바 없는 점, 피고들은 위 찬성 141세대의 구체적인 세대내역(G, H, I동의 어느 세대 인지 내지 G, H, I동별 찬성세대수)에 대해서 전혀 알지 못하고 그를 확인할 자료 도 가지고 있지 않은 것으로 보이는 점 등을 종합하여 고려하면, 이 사건 1안건에 대한 찬성세대는 G, H, I동 각 동별 세대수를 기준으로도 4분의 3 이상(G동 112 세대 이상, H, I동 각 111세대 이상)에 이르지 못하였던 것으로 보는 것이 상당하 다. 따라서 이 사건 집회에서 이 사건 1안건에 대하여 이루어진 피고들의 각 결의 는 집합건물법에서 요구하는 의결정족수에 미달한 중대·명백한 하자가 있어 각 무효이다.

제3장

소집권자

집합건물법상 집회를 소집할 수 있는 자는 관리인, 구분소유자의 1/5 이상, 법원의 소집허가에 따른 구분소유자의 1/5, 분양자가 있다. 이에 대해서 하나씩 살펴본다.

1.

구분소유자의 1/5 이상

집합건물법

제33조(임시 관리단집회) ④ 관리인이 없는 경우에는 구분소유자의 5분의 1 이상은 관리단집회를 소집할 수 있다. 이 정수는 규약으로 감경할 수 있다.

제34조(집회소집통지) ① 관리단집회를 소집하려면 관리단집회일 1주일 전에 회의의 목적사항을 구체적으로 밝혀 각 구분소유자에게 통지하여야 한다. 다만, 이 기간은 규약으로 달리 정할 수 있다.

관리인이 없는 경우에는 구분소유자의 5분의 1 이상은 관리단집회를 소집할 수 있으며, 이 정수는 규약으로 감경할 수 있다. 이 경우 구분소유자의 1/5 이상은 관리단집회일 1주일 전에 회의의 목적사항을 구체적으로 밝혀 각 구분소유자에게 통지하여야 하며 이 기간은 규약으로 달리 정할 수 있다.

(1) 소집동의자 명단을 모두 적어야 할까?

이처럼 관리인이 없어 구분소유자 5분의 1 이상이 관리단집회 소집통지를 할 경우 소집동의자 명단을 모두 적어야 하는지 문제된다.

통상 관리단집회는 집회를 주도하는 자가 구분소유자들로부터 집회 소집동의서를 소집통지서에 '○○○ 외 ○○명', 혹은 '○○ 추진위원회'라고 적어 소집통지서를 발송한다. 이와 같이 '○○○ 외 ○○명', 혹은 '○○ 추진위원회'라고만 적어도 적법한 소집통지인지 아니면 소집통지서에 집회소집동의자 전원의 이름을 적어야만 적법한 소집통지가 되는지 문제된다.

이에 대하여 소집동의자 명단을 모두 적어야 한다는 판례와 소집동의자 명단을 모두 적을 필요가 없다는 판례가 있다. 판례는 선거의 중립과 공정이 현저히 훼손된 사정이 있는지 기준으로 판단하는 것으로 보인다. 집회를 주관하는 입장에서는 이러한 판례의 입장을 숙지하되 안전하게 소집동의자 명단을 모두 적어 통지하는 것이 좋을 것이다.

(2) 소집동의자 명단을 모두 적어야 한다는 판례

소집동의자 명단을 모두 적어야 한다는 판례는 구분소유자들이 구분소유자 5분의 1 이상의 동의로 관리단집회가 소집되는 사정을 알 수 있어야 하기 때문에 소집동의자 명단을 모두 적어야 한다는 입장이다. 소집동의자 명단을 모두 적어야 한다는 판례는 다음과 같다.

청주지방법원 2017카합209 결정은 집회소집에 동의한 5분의 1 이상의 구분소유자 전부의 명의로 통지하거나 구분소유자로부터 소집의 위임을 받았다면 위임자 명단을 첨부하는 방식으로 소집요청자를 특정하여 표시하여야 한다고 보았다.

서울고등법원 2018라21380 결정은 소집통지서에 ○○ 추진위원회라고만 기재된 경우에는 구분소유자들이 구분소유자의 5분의 1 이상의 동의로 관리단집회가 소집된다는 사정을 알 수 없어 적법한 소집통지가 아니라고 판단하였다. 다만 이와 같은 사유는 결의취소 사유가 될 뿐 나아가 결의 무효의 사유라고까지 보기 어려워 결의취소의 소에 의하여 취소되기 전까지는 일응 유효하다는 입장이다.

서울남부지방법원 2018카합20326 결정은 통지를 받은 구분소유자들이 집회가 적법하게 소집된 것임을 알 수 있도록 집회소집에 동의한 5분의 1 이상의 구분소유자 전부의 명의로 소집통지를 하거나, 구분소유자로부터 소집의 위임을 받았다면 최소한 위임자의 명단을 첨부하여 각 구분소유자들에게 개별적으로 통지하여야 한다고 하였다. 따라서 위와 같은 소집통지가 이루어지지 않을 경우 관리단집회의 소집통지를 받은 구분소유자들은 5분의 1 이상의 구분소유자들의 동의에 따라 관리단집회가 소집된다는 사정을 알 수 없으므로 적법한 소집통지라고 볼 수 없다고 판단하였다.

■ 청주지방법원 2018. 3. 15.자 2017카합209 결정 [관리행위중지등가처분]

1) 채권자 측에서 구분소유자들에게 우편으로 통지한 '임시 관리단집회 소집통지문' 하단에는 소집요청자가 '오피스텔 집회소집요청 대표자 B 외 116명'으로 기재되어 있다.

그런데, 집합건물의 소유 및 관리에 관한 법률(이하, '집합건물법'이라고 한다) 제33조 제4항에 관리인이 없는 경우 구분소유자의 1/5 이상은 관리단집회를 소집할 수 있다고 규정되어 있으므로, 구분소유자들이 관리단집회 소집을 통지할 때에는 소집통지를 받은 구분소유자들이 관리단집회가 적법하게 소집요청되었음을 알 수 있도록 집회소집에 동의한 1/5 이상의 '구분소유자 전부의 명의'로 통지를 하거나 구분소유자로부터 소집의 위임을 받았다면 '위임자들 명단'을 첨부하는 방식으로 소집요청자들을 특정하여 표시하여야 한다. 따라서 단지 소집요청자들을 'B 외 116명'이라고만 기재하여 관리단집회 소집을 통지한 것은 적법한 소집통지 절차를 지켰다고 보기 어렵다.

■ 서울고등법원 2019. 3. 29.자 2018라21380 결정 [관리행위중지등가처분신청서]

마) 집회소집에 동의하였거나 이를 위임한 각 구분소유자의 명의를 밝히지 아니하고 이 사건 집회의 소집을 통지하였는지에 관하여 본다.

집합건물법 제33조 제4항은 "관리인이 없는 경우에는 구분소유자의 5분의 1이상은 관리단집회를 소집할 수 있다."라고 정하고 있다. 그런데 위 규정에 의하여 관리단집회의 소집통지를 하기 위해서는 통지를 받은 구분소유자들이 그 집회가 적법하게 소집된 것임을 알 수 있도록 집회소집에 동의한 5분의 1 이상의 구분소유자 전부의 명의로 소집통지를 하거나, 구분소유자로부터 소집의 위임을 받았다면 최소한 위임자의 명단을 첨부하여 각 구분소유자들에게 개별적으로 통지하여야 할 것이고, 위와 같은 소집통지가 이루어지지 않을 경우 관리단집회의 소집통지를 받은 구분소유자들은 5분의 1 이상의 구분소유자들의 동의에 따라 관리단집회가 소집된다는 사정을 알 수 없으므로 이를 적법한 소집통지라고 볼 수 없다.

살피건대, 이 사건 기록 및 심문 전체의 취지를 종합하여 소명되는 다음과 같은 사실 및 사정, 즉 이 사건 건물의 구분소유자들에게 발송된 소집안내문(소갑 제10호증의 1)에는 'A건물 관리단 조직구성 추진위원회'라는 명의로 이 사건 집회를 소집한다는 취지의 내용만이 기재되어 있을 뿐, 위 소집안내문에 이 사건 집회의 소집에 동의한 구분소유자들의 명단(소갑 제9호증)은 첨부되어 있지 아니한 점, 이 사건 건물의 내부에 부착된 소집공고문(소갑 제10호증의 3) 역시 'A건물 관리단 조직구성 추진위원회'의 명의만이 기재되어 있을 뿐이므로, 이 사건 건물의 구분소유자들은 이 사건 집회가 이 사건 건물의 구분소유자 5분의 1 이상의 동의에 따라 소집된다는 사실을 인식하기 어려웠을 것인 점 등을 위 법리에 비추어 보면, 이 사건 집회의 소집절차에는 이 사건 집회소집에 동의하였거나 이를 위임한 각 구분소유자의 명의를 밝히지 아니하고 이 사건 집회의 소집을 통지한 하자가 있다고 봄이 상당하다. 따라서 이를 지적하는 채무자의 위 주장은 이유 있다.

■ 서울남부지방법원 2018. 11. 8.자 2018카합20326 결정 [관리행위중지등가처분신청서]

2. 이 사건 신청의 적법 여부에 관한 판단

가. 채무자들의 주장 요지

이 사건 결의에는 그 효력을 인정하기 어려운 소집통지절차상 하자가 존재하므로, D가 채권자의 관리인이라고 보기 어렵다. 따라서 D가 채권자의 관리인 지위에서 제기한 이 사건 신청은 대표권 없는 자에 의하여 제기된 것으로서 부적법하다.

나. 판단

집합건물법 제33조 제4항은 관리인이 없는 경우에는 구분소유자의 5분의 1 이상은 관리단집회를 소집할 수 있다고 정하고 있다.

그런데 위 규정에 의하여 관리단집회의 소집통지를 하기 위해서는 통지를 받은 구분소유자들이 그 집회가 적법하게 소집된 것임을 알 수 있도록 집회소집에 동의한 **5분의 1 이상의 구분소유자 전부의 명의**로 소집통지를 하거나, 구분소유자로부터 소집의 위임을 받았다면 최소한 **위임자의 명단을 첨부**하여 각 구분소유자들에게 개별적으로 통지하여야 할 것이고, 위와 같은 소집통지가 이루어지지 않을 경우 관리단집회의 소집통지를 받은 구분소유자들은 5분의 1 이상의 구분소유자들의 동의에 따라 관리단집회가 소집된다는 사정을 알 수 없으므로 이를 적법한 소집통지라고 볼 수 없다(즉 관리인이 없는 경우에 관리단집회를 소집하기 위하여 요구되는 구분소유자 5분의 1 이상의 동의는 관리단집회를 소집하기 위한 정족수일 뿐만 아니라 실제로 이들 전원의 명의 또는 이들로부터 위임받은 사실을 표시하여 소집통지가 이루어져야 할 것이다).

위와 같은 법리를 토대로 이 사건에 관하여 보건대, 설령 이 사건 건물에 관하여 집합건물법상의 관리인이 적법하게 선임된 적이 없을 뿐만 아니라 이 사건 집회의 소집에 이 사건 건물의 구분소유자 5분의 1 이상이 동의하였다고 하더라도, 이 사건 기록 및 심문 전체의 취지를 종합하여 인정되는 다음과 같은 사정, 즉 ① 이 사건 건물의 구분소유자들에게 발송된 소집안내문(소갑 제10호증의1)에는 'A 관리단 조직구성 추진위원회'라는 명의로 이 사건 관리단집회를 개최한다는 취지의 내용만이 기재되어 있을 뿐, 위 소집안내문에 이 사건 **집회의 소집에 동의한 구분소유자들의 명단(소갑 제9호증)은 첨부되어 있지 아니**한 것으로 보이는 점, ② 이 사건 건물의 내부에 부착된 소집공고문(소갑 제10호증의3) 역시 'A 관리단 조직구성 추진위원회'의 명의만이 기재되어 있을 뿐이므로, 이 사건 건물의 구분소유자들은 이 사건 집회가 이 사건 건물의 구분소유자 5분의 1 이상의 동의에 따라 소집된다는 사실을 인식하기 어려웠을 것으로 보이는 점 등에 비추어, 이 사건 결의에는 그 효력을 인정하기 어려운 소집통지절차에서의 하자가 있다고 보인다.

따라서 D가 적법하게 소집된 관리단집회에서 채권자의 관리인으로 선임되었다고 보기 어려운 이상, D가 채권자의 관리인의 지위에서 제기한 이 사건 신청은 대표권 없는 자에 의하여 제기된 것으로서 부적법하다.

(3) 소집동의자 명단을 모두 적을 필요가 없다는 판례

소집동의자 명단을 모두 적을 필요가 없다는 판례는 집합건물법에는 구분소유자의 5분의 1 이상이 소집청구할 수 있다고 규정되어 있을 뿐, 소집요구권자가 누구인지 전원을 명시할 것을 요구하고 있지 않기 때문에 소집동의자 명단을 모두 적을 필요가 없다는 입장이다.

소집동의자 명단을 모두 적을 필요가 없다는 판례는 다음과 같다. **서울남부지방법원 2017카합20242 결정**은 이 사건 관리단집회의 소집통지서에는 작성명의자가 '관리단집회 소집동의 구분소유자 일동'이라고 기재되어 있어 소집에 동의한 인원이 총 구분소유자의 5분의 1 이상인지 알기 어려우므로 적법한 소집통지가 있었다고 보기 어렵다는 주장에 대하여, 실제 구분소유자 5분의 1 이상이 소집요청에 동의하였다고 볼 수 있는 이상 소집통지서에 그 구체적인 인원 등을 기재하지 아니하였다고 하여 중대한 하자가 있다고 보기 어렵다고 판시하였다.

수원지방법원 성남지원 2018카합50328 결정은 집합건물법 33조 4항은 '구분소유자 5분의 1 이상은 관리단집회를 소집할 수 있다'라고 규정하고 있을 뿐, 집회소집통지서에 집회를 소집하는 구분소유자 전원을 특정하여 밝혀야 한다고 규정하고 있지 않고, 집회소집통지 절차 규정인 집합건물법 34조에도 그러한 규정은 없는 점 등을 근거로 한다. 이에 따라 '건물 □□호 구분소유자 ○○○ 외 58명'의 명의로 소집통지가 이루어진 것이 집회의 절차상 하자라 보기 어렵다고 판시하였다.

서울중앙지방법원 2017카합81725 결정은 구분소유자 5분의 1 이상이 소집동의서를 작성하여 추진위원회에 교부하고, 추진위원회 명의로 소집통지를 한 것을 적법한 통지로 보았다. **인천지방법원 부천지원 2018가합10435 결정**은 구분소유자의 5분의 1 이상이 집회소집에 동의한 이상, 소집에 동의한 구체적인 구분소유자들의 이름이나 인원수를 소집통지서에 기재하지 않았다고 하여 집회결의를 무효로 할 중대한 하자라고 볼 수 없다고 판단하였다.

서울동부지방법원 2017카합10365 결정은 선거관리위원회 명의로 집회소집통지가 이루어졌으나 5분의 1 이상의 구분소유자들로부터 임시 관리단집회 소집, 진행에 관한 위임을 받아 소집통지를 하였다고 볼 여지가 있어 소집통지에 하자가 있다고 단정하기 어렵다고 판시하였다. **대구고등법원 2020나24305 판결**은 '임시 관리단집회 공동 소집요구자 ○○○ 외 103명'으로만 기재하고 소집통지서에 동의자들의 명단을 첨부하지 않더라도 소집통지서를 수령한 자들은 위 동의자들이 공동으로 소집통지를 하는 것임을 알 수 있다고 보았다.

서울중앙지방법원 2018가합562204 판결은 집합건물법에 소집요구자가 누구인지 명시할 것을 요구하고 있지 않은 점, 구분소유자들 사이에서 실명이 명시된다고 하여 그 소집요구의 적법성을 쉽사리 인식할 수 있다고 보기 어려운 점을 고려하면, 구분소유자의 실명을 명시하지 않은 채, 'ㅇㅇㅇ 및 76명 구분소유자'라고만 표시하였다고 하여 위법하다고 평가할 수 없다고 판단하였다.

명문의 규정에 따르면 구분소유자의 5분의 1 이상이 소집청구할 수 있다고 규정되어 있을 뿐, 소집요구권자가 누구인지 전원을 명시할 것을 요구하고 있지 않기 때문에 소집동의자 명단을 모두 적을 필요가 없다. 그러나 실무상 집회 주최자가 관리단집회 소집통지 시에 구분소유자 5분의 1의 실체 없이 ㅇㅇㅇ외 ㅇㅇ명으로 기재하여 소집통지 한 후에 소집동의자를 추가로 보충, 교체하거나 소집동의서 하자를 보완하는 경우가 있다. 이러한 문제 근절을 위해서는 소집통지 시에 소집동의자의 명단을 명시하여 소집통지를 하게 할 필요가 있다.

2012년 집합건물 개정 전 임시 관리단집회 소집권자는 구분소유자의 5분의 1 이상 및 의결권의 5분의 1 이상이었다. 2012년 집합건물법은 구분소유자의 관리참여 확대를 위하여 의결권의 5분의 1 이상 규정을 삭제하여 관리단집회 소집요구권 요건을 크게 완화하였다. 임시 관리단집회 소집권자는 관리인과 구분소유자의 5분의 1 이상으로서 구분소유자의 5분의 1 이상은 집회소집을 위한 최소 요건이다. 따라서 관리단집회의 소집통지를 받은 구분소유자들은 5분의 1 이상의 구분소유자의 의사에 따라 관리단집회가 소집된다는 사정을 알 수 있어야 한다.

■ 서울남부지방법원 2018. 1. 11.자 2017카합20242 결정 [직무집행정지가처분]

3) 소집통지의 하자 존재 여부

이 사건 관리단집회가 개최되기 1주일 전에 구분소유자들에게 소집통지가 이루어진 것으로 보이고, 앞서 본 바와 같이 이 사건 건물의 총 구분소유자 중 1/5 이상이 소집요청에 동의하였다고 볼 수 있는 이상 소집통지서에 그 구체적인 인원 등을 기재하지 아니하였다고 하여 중대한 하자가 있다고 보기 어렵다.

■ 수원지방법원 성남지원 2018. 11. 5.자 2018카합50328 결정 [관리행위중지 등가처분]

4) 소집통지절차상 하자 주장

가) 채무자의 주장 요지

(1) 이 사건 집회의 소집통지는 '이 사건 건물 I호 구분소유자 F 외 58명'의 명의로 이루어졌을 뿐, 소집에 동의한 구분소유자 전원의 명의에 의하여 이루어지지 않았고, 소집통지서에 그 전원이 특정하여 표시되지도 않았는데, 이는 위법하다.

(2) 이 사건 집회의 소집통지서에는 서면으로 의결권을 행사할 수 있는 구체적인 방법과 구체적인 안건 내용이 기재되어 있지 않다. 이로 인하여 서면에 의하여 의결권을 행사할 기회가 보장되지 않았으므로 집합건물법 제38조 제3항을 위반하여 위법하다.

나) 판단

(1) 이 사건 건물의 구분소유자들 중 50여 명이 이 사건 집회의 소집에 동의하였

음은 앞서 본 바와 같고, 이 사건 기록 및 심문 전체의 취지에 의하면, F가 'A 관리단구성추진위원회, 발기인: A건물 I호 구분소유주 F 외 58명'의 명의로 이 사건 집회소집통지를 한 사실이 소명된다.

살피건대, ① 집합건물법 제33조 제4항은 '구분소유자의 5분의 1 이상은 관리단집회를 소집할 수 있다.'라고 규정하고 있을 뿐, 이에 따른 집회소집통지서에 집회를 소집하는 구분소유자 전원을 특정하여 밝혀야 한다고 규정하고 있지 않고, 집회소집통지의 절차에 관하여 규정한 집합건물법 제34조에도 그러한 규정은 없는 점, ② 집회소집통지에 관하여 목적사항을 구체적으로 밝히도록 하는 등 절차상 요건을 규정한 취지는 구분소유자가 집회에의 참석 여부나 결의사항에 대한 찬반 의사를 미리 준비하게 하는 등 의결권 행사 기회를 보장하기 위한 것인데, 집합건물법 제33조 제4항에 따라 임시 관리단집회를 소집하는 경우 구분소유자의 5분의 1 이상에 의한 소집임을 명시하여 소집통지를 하였음에도 그 구분소유자 전원을 특정하지 않았다는 이유만으로 다른 구분소유자의 의결권 행사 기회가 침해되었다고 보기 어려운 점 등에 비추어 볼 때, '이 사건 건물 I호 구분소유자 F 외 58명'의 명의로 이 사건 집회의 소집통지가 이루어진 것이 이 사건 집회의 절차상 하자라 보기 어렵다.

■ **서울중앙지방법원 2018. 8. 14.자 2017카합81725 결정 [관리행위중등가처분]**

다. 이 사건 집합건물의 구분소유자인 E 등은 관리인 선임, 건물 관리방법 설정 등을 위한 관리단집회를 개최하기 위하여 이 사건 집합건물 관리단구성추진위원회(이하 '추진위원회'라 한다)를 구성한 다음 2017. 8.경 이 사건 집합건물의 구분소유자들 5분의 1 이상으로부터 임시 관리단집회 소집에 동의한다는 내용의 소집동의서를 받았다.

■ **인천지방법원 부천지원 2019. 5. 10.자 2018카합10435 결정 [관리행위중지등가처분]**

(가) 앞서 본 바와 같이, 이 사건 건물의 총 구분소유자들의 1/5을 훨씬 넘는 수의 구분소유자들이 이 사건 집회소집에 동의한 이상, 소집에 동의한 구체적인 구분소유자들의 이름이나 인원수를 그 소집통지서에 기재하지 않았다고 하여, 이를 이 사건 집회에서 이루어진 결의의 무효로 할 중대한 하자라고 볼 수는 없다. 채무자들의 위 (가) 주장은 이유 없다.

■ **서울동부지방법원 2017. 12. 22.자 2017카합10365 결정 [직무집행정지가처분]**

① '임시 관리단집회 소집요구 구분소유자'의 명의로 2017. 5. 29. '임시 관리단집회 업무 주관 및 관리인 선출을 위하여 선거관리위원회를 구성한다'라는 내용의 안내문을 게시한 후 선거관리위원회가 구성된 점, ② 이 사건 건물의 구분소유자들 중 5분의 1 이상이 임시관리인집회의 소집을 요청한 점에 비추어 보면, 비록 선거관리위원회의 명의로 이 사건 집회의 소집통지가 이루어졌으나 5분의 1 이상의 구분소유자들로부터 임시 관리단집회 소집·진행에 관한 위임을 받아 소집통지를 행하였다고 볼 여지가 있어 위와 같은 소집통지에 하자가 있다고 단정하기 어렵다.

■ **서울중앙지방법원 2019. 11. 28. 선고 2018가합562204 판결 [관리인선임결의무효확인]**

(나) 소집요청자의 실명을 특정하지 않은 이 사건 소집통지의 위법 여부
을 제4호증의 1의 기재에 변론 전체의 취지를 종합하면, 이 사건 소집통지서에는 그 소집요구한 자가 '피고 및 76명 구분소유자'로 기재되어 있는 사실을 인정할 수 있으나, ① 집합건물법은 제33조 제4항에서 임시 관리단집회 소집에 관하여 구분소유자 1/5 이상의 동의가 필요함을 규정하고 있을 뿐 그 소집통지절차에 관한 제34조에서 소집요구자가 누구인지를 명시할 것을 요구하고 있지는 않은 점, ② 구분소유자들 사이에서 실명이 명시된다고 하여 그 소집요구의 적법성을

쉽사리 인식할 수 있다고 보기는 어려운 점 등을 고려하면, 이 사건 소집통지서에서 집합건물법 제33조 제4항에 따른 임시 관리단집회의 소집통지를 하는 과정에서 그 집회를 요구한 구분소유자들의 실명을 명시하지 않은 채 '피고 및 76명 구분소유자라고만 표시하였다고 하여 이를 위법하다고 평가할 수는 없으므로, 이 부분 주장도 받아들일 수 없다.

■ 대구고등법원 2021. 5. 26. 선고 2020나24305 판결 [결의무효확인등]

② 이 사건 소집통지서에는, 이 사건 집회가 '집합건물법 제33조 제4항에 따라 구분소유자 5분의 1 이상으로부터 임시 관리단집회 소집동의를 받은 것'이라고 기재되어 있는 점, 이 사건 소집통지서의 작성명의자는 '임시 관리단집회 공동 소집요구자 P 외 103명'인 점, 이 사건 소집통지서에 위 동의자들의 명단을 첨부하지 않더라도 이 사건 소집통지서를 수령한 자들은 위 동의자들이 공동으로 소집통지를 하는 것임을 알 수 있는 점 등을 종합하면, 이 사건 소집통지서의 작성명의자는 위 동의자 101명을 의미한다고 보아야 한다.

(4) 소집동의의 방법

집합건물법에는 '구분소유자의 5분의 1 이상이 회의의 목적사항을 구체적으로 밝혀 관리단집회의 소집을 청구하면 관리인은 관리단집회를 소집하여야 한다', '관리인이 없는 경우에는 구분소유자의 5분의 1 이상은 관리단집회를 소집할 수 있다'라고만 규정되어 있다. 통상은 구분소유자로부터 관리단집회 소집동의서라는 양식의 서면을 받는 형태로 진행된다.

⑸ 소집동의서를 받는 방식 이외에 다른 방법

① 네이버밴드 댓글

소집동의서 대신에 카카오톡이나 네이버밴드에 댓글의 형식으로 소집동의의 의사표시를 한 것도 소집행위로 볼 수 있는지 문제된다.

'○○ 소유자모임'이라는 네이버밴드에 '과반수의 위임장이 확보되어 있으니 댓글로 구분소유자들이 응원 및 동의의 글을 남겨 주면 이를 총회 소집요구의 의미로 받아들여 다음 준비를 이행하겠다'는 취지의 글을 게시하자, 외관상 구분소유자 1/5 이상의 댓글이 달린 사례가 있었다. **부산지방법원 동부지원 2016가합101708 판결**은 건물 구분소유자들로 구성된 네이버밴드에서 댓글의 형식으로 소집동의의 의사표시를 한 것도 집합건물법 33조 4항의 소집행위에 해당한다고 보았다. 그 근거로 댓글을 단 구분소유자들이 관리인 등 선출을 위한 관리단집회를 개최하려 한다는 것을 분명하게 인식한 상태에서 관리단집회 소집에 대하여 동의의 의사표시를 하였다고 보았고, 집합건물법 33조 4항에 따라 관리단집회를 소집할 때의 절차, 형식 및 방법 등에 관하여 아무런 제한을 두고 있지 않음을 들었다.

② 위임장의 소집동의 의사 확인

서울남부지방법원 2021비합142 결정은 소집요구서 하단에 소집동의자의 호실과 이름이 기재되어 있고, 소집동의자들이 작성한 관리단집회 위임장에 의해 소집동의자들의 소집동의 및 소집요구 업무 위임의 의사가 확인된다면 이는 소집요구 및 소집동의에 해당한다고 보았다.

③ 연명부에 소집 의사 확인되면 가능

서울중앙지방법원 2018가합582963 판결은 건물 관리단 정상화 비상대책위원회 명의로 임시 관리단집회를 소집하려고 한다는 내용의 건물 관리단 정상화 비상대책위원회 참가의사 확인서가 작성되었고, 위 확인서에 구분소유자들 중 52명이 서명 또는 날인한 참가자 연명부가 첨부되었다면 소집행위에 해당한다고 보았다.

④ 문자, 팩스

서울중앙지방법원 2016가합512212 판결은 관리단집회 소집의 동의 방법에는 아무런 제한이 없으므로 문자나 팩스 등에 의한 동의가 위법하다고 볼 수 없으며, 구분소유자들의 동의의 의사만 표시된다면 동의서를 누구의 명의로 징구하였는지 여부가 동의의 효력에 영향을 미친다고 볼 수도 없다고 하였다.

> ■ **부산지방법원 동부지원 2016. 10. 20. 선고 2016가합101708 판결 [관리단집회결의취소청구의소]**
>
> ③ 2016. 2.경까지 구분소유자 과반수로부터 위임장이 회신되자 E은 2016. 3.

14. 'C소유자모임'이라는 네이버밴드에 '과반수의 위임장이 확보되었으니 댓글로 100명의 구분소유자들이 응원 및 동의의 글을 남겨주면 이를 총회 소집요구의 의미로 받아들여 다음 준비를 이행하겠다'는 취지의 글을 게시한 사실, ④ 이에 2016. 3. 30.까지 총 156개의 댓글이 달린 사실이 인정된다.

위 인정사실에 의하면 E의 글에 댓글을 단 구분소유자들은 2015. 12.경 받은 호소문을 통하여 관리인을 포함한 관리단 임원 선출을 위한 관리단집회를 개최하려 한다는 것을 분명하게 인식한 상태에서 관리단집회 소집에 대하여 동의의 의사표시를 하였다고 보이고, 집합건물법은 구분소유자들이 집합건물법 제33조 제4항에 따라 관리단집회를 소집할 때의 절차, 형식 및 방법 등에 관하여 아무런 제한을 두고 있지 않으므로 이 사건 건물 구분소유자들로 구성된 네이버밴드에서 댓글의 형식으로 소집동의의 의사표시를 한 것도 집합건물법 제33조 제4항의 소집행위에 해당한다고 봄이 상당하다.

■ **서울남부지방법원 2021. 11. 25.자 2021비합142 결정 [임시관리단집회소집 허가신청서]**

나. 기록에 의하면, 사건본인은 서울 강서구 BL오피스텔(이하 '이 사건 건물'이라 한다, 등기부상 명칭: BM오피스텔)의 구분소유자들로 구성된 관리단인 사실, 이 사건 건물의 구분소유자는 240명인 사실, 신청인 A는 2021. 8. 2. 건본인에게 별지 목록 기재 사항을 회의목적으로 하는 관리단집회 소집요구서(이하 '이 사건 소집요구서'라 한다)를 내용증명 우편으로 발송하였고, 사건본인은 그 무렵 위 내용증명 우편을 수령한 사실, 이 사건 소집요구서에는 신청인 A 외에 84명〈각주1〉의 소집동의자 명단이 기재되어 있는 사실, 위 소집동의자 중 63명이 이 사건 신청을 하였고, 그중 실제 구분소유 여부 및 소집동의 의사가 확인되는 사람은 신청인 H, S, T, BF를 제외한 59명으로서 총 구분소유자의 1/5을 초과하는 사실이 소명되고, 위 소집요구 시로부터 약 3개월 이상 경과한 현재까지 사건본인이 관리

단집회 소집절차를 밟고 있다는 점을 확인할 자료를 찾을 수 없으므로, 이 사건 임시 관리단집회의 소집을 허가할 필요성도 인정된다.

따라서 신청인 H, S, T, BF를 제외한 나머지 신청인들의 이 사건 소집허가신청은 이유 있다.

다. 한편, 이 사건 소집요구서 하단에 소집동의자들의 호실과 이름이 기재되어 있고, 아래 제2항 기재 신청인들을 제외한 나머지 소집동의자들이 작성한 관리단집회 위임장에 의해 신청인 A에 대한 위 소집동의자들의 소집동의 및 소집요구 업무 위임의 의사도 확인되며, 위 위임장의 '기타 관리단집회시 상정되는 공용부분 관련 안건'에 의하여 관리단집회에서 구체적으로 논의할 수 있는 안건을 개방적으로 설정한 것으로 보이는 이상 이와 다른 전제에서의 사건본인 내지 그 관리인의 주장은 받아들일 수 없다.

■ 서울중앙지방법원 2019. 7. 11. 선고 2018가합582963 판결 [집회결의무효확인]

(가) 먼저, 소집요구 관련 하자 주장에 관하여 보건대, 을 제14호증의 기재에 변론 전체의 취지를 더하여 보면, 이 사건 구분소유자들 중 1/5 이상의 참가자들이 모여 가칭 J건물 관리단 정상화 비상대책위원회를 구성하였고, 위 위원회 명의로 임시 관리단집회를 소집하려고 한다는 내용의 J건물 관리단 정상화 비상대책위원회 참가의사 확인서가 2018. 9. 20.자로 작성되었는데, 위 확인서에는 N, O을 포함하여 이 사건 구분소유자들 중 52명이 서명 또는 날인한 참가자 연명부가 첨부된 사실을 인정할 수 있다. 여기에다가 앞에서 인정한 사실관계와 기록에 의하여 알 수 있는 다음과 같은 사정, 즉 ① 위 참가자 연명부에 기재된 글씨, 서명 또는 날인 등을 살펴보면, 위 참가자 연명부가 위조되었다거나 이 사건 관리단집회 이후에 작성된 것으로 보이지는 않는 점(위 참가의사 확인서의 4쪽에 팩스 송수신 일자가 2018. 9. 21.로 기재되어 있어 그 무렵 작성된 것임을 뒷받침하고 있다), ② 위 참가자 연명부에 기재된 구분소유자들과 이 사건 관리단집회 소집통지서(갑 제6호증)에 공동 소집인으로 기재된 구분소유자들이 일치하는 점, ③ 이

사건 관리단집회 안건에 찬성하는 N 위임자들, O 위임자들이 이 사건 구분소유자들의 과반수를 넘는 상황에서 이 사건 관리단집회 소집을 위해 위 52명의 구분소유자 동의 없이 위 참가자 연명부를 허위로 작성할 필요는 없었던 것으로 보이는 점 등을 더하여 보면, 이 사건 구분소유자들 중 1/5 이상이 이 사건 관리단집회를 소집한 것으로 충분히 인정할 수 있다. 원고들의 이 부분 주장은 받아들일 수 없다[원고들은 피고가 제1회 변론기일에서 '이 사건 관리단집회의 개최와 관련한 소집동의서는 작성된 바가 없다'는 사실을 자인하였으므로, 위 사실에 관해서는 재판상 자백이 성립되었다는 취지로 주장하고 있으나, 위 자인 사실은 이 사건 구분소유자들 중 5분의 1 이상이 이 사건 관리단집회를 소집한 적이 없다'는 주요사실을 뒷받침하는 간접사실에 불과하여 재판상 자백의 대상이 되지 아니하므로(대법원 2000. 1. 28. 선고 99다35737 판결 등 참조), 위 주장도 받아들일 수 없다].

■ 서울중앙지방법원 2016. 9. 29. 선고 2016가합512212 판결 [임시집회무효확인]

살피건대, 앞서 기초사실에서 본 바와 같이 이 사건 상가 구분소유자 109명이 이 사건 관리단집회의 소집에 동의함으로써 집합건물법 제33조 제4항에서 정하는 요건을 충족하였고, 관리단집회의 의결 방법에 관하여 집합건물법 제38조 등에서 제한하는 것과 달리 관리단집회 소집의 동의방법에는 아무런 제한이 없으므로 문자나 팩스 등에 의한 동의가 위법하다고 볼 수 없으며, 을 제10호증의 기재에 의하면, 피고 관리단 명의로 소집동의서를 징구한 사실은 인정되나, 구분소유자들의 동의의 의사만 표시된다면 동의서를 누구의 명의로 징구하였는지 여부가 동의의 효력에 영향을 미친다고 볼 수도 없다.
따라서 원고들의 위 주장도 이유 없다.

2.

분양자의 소집 제한

집합건물법

제9조의3(분양자의 관리의무 등) ① 분양자는 제24조제3항에 따라 선임(選任)된 관리인이 사무를 개시(開始)할 때까지 선량한 관리자의 주의로 건물과 대지 및 부속시설을 관리하여야 한다.

② 분양자는 제28조제4항에 따른 표준규약 및 같은 조 제5항에 따른 지역별 표준규약을 참고하여 공정증서로써 규약에 상응하는 것을 정하여 분양계약을 체결하기 전에 분양을 받을 자에게 주어야 한다.

③ 분양자는 예정된 매수인의 2분의 1 이상이 이전등기를 한 때에는 규약 설정 및 관리인 선임을 위한 관리단집회(제23조에 따른 관리단의 집회를 말한다. 이하 같다)를 소집할 것을 대통령령으로 정하는 바에 따라 구분소유자에게 통지하여야 한다. 이 경우 통지받은 날부터 3개월 이내에 관리단집회를 소집할 것을 명시하여야 한다.

④ 분양자는 구분소유자가 제3항의 통지를 받은 날부터 3개월 이내에 관리단집회를 소집하지 아니하는 경우에는 지체 없이 관리단집회를 소집하여야 한다.

제66조(과태료) ③ 다음 각 호의 어느 하나에 해당하는 자에게는 200만 원 이하의 과태료를 부과한다.

1. 제9조의3제3항을 위반하여 통지를 하지 아니한 자

2. 제9조의3제4항을 위반하여 관리단집회를 소집하지 아니한 자

집합건물법 시행령

제5조의2(분양자의 관리단집회 소집통지 등) ① 법 제9조제1항에 따른 분양자(이하 "분양자"라 한다)는 법 제9조의3제3항에 따라 구분소유자에게 규약 설정 및 관리인 선임을 위한 관리단집회(법 제23조에 따른 관리단의 집회를 말한다. 이하 같다)를 소집할 것을 다음 각 호의 사항을 기재한 서면으로 통지해야 한다.

1. 예정된 매수인 중 이전등기를 마친 매수인의 비율

2. 법 제33조제4항에 따른 관리단집회의 소집청구에 필요한 구분소유자의 정수(定數)

3. 구분소유자는 해당 통지를 받은 날부터 3개월 이내에 관리단집회를 소집해야 하고 그렇지 않은 경우에는 분양자가 법 제9조의3제4항에 따라 지체 없이 관리단집회를 소집한다는 뜻

② 제1항의 통지는 구분소유자가 분양자에게 따로 통지장소를 알린 경우에는 그 장소로 발송하고, 알리지 않은 경우에는 구분소유자가 소유하는 전유부분이 있는 장소로 발송해야 한다. 이 경우 제1항의 통지는 통상적으로 도달할 시기에 도달한 것으로 본다.

③ 분양자는 제1항의 통지내용을 건물 내의 적당한 장소에 게시함으로써 건물 내에 주소를 가지는 구분소유자 또는 제2항의 통지장소를 알리지 않은 구분소유자에 대한 소집통지를 갈음할 수 있음을 법 제9조의3제2항에 따른 규약에 상응하는 것으로 정할 수 있다. 이 경우 제1항의 통지는 게시한 때에 도달한 것으로 본다.

(1) 분양자의 의무

관리단집회 개최를 위해서는 전체 구분소유자 및 점유자에게 소집통지를 하고 집회 개최를 위한 준비를 하여야 한다. 그러나 구분소유자들에게는 이러한 정보 및 인적, 물적 자원이 없어 시행사나 관리회사의 도움 없이는 최초 관리단집회를 개최하기 매우 어려우며, 한편으로는 구분소유자의 무관심으로 집회를 개최하기 어려운 경우도 있다. 이에 집합건물법은 분양자에게 관리단집회에서 선임된 관리인이 사무를 개시할 때까지 선량한 관리자의 주의로 건물과 대지 및 부속시설을 관리할 의무를 부여하면서, 관리단집회 소집통지 및 관리단집회 소집 의무를 부과하였다.

분양자는 예정된 매수인의 2분의 1 이상이 이전등기를 한 때에는 규약 설정 및 관리인 선임을 위한 관리단집회를 소집할 것을 대통령령으로 정하는 바에 따라 구분소유자에게 통지하여야 한다. 이 경우 통지받은 날부터 3개월 이내에 관리단집회를 소집할 것을 명시하여야 한다.

대통령령에 따라 서면 통지를 할 때에는 ① 예정된 매수인 중 이전등기를 마친 매수인의 비율 ② 관리단집회의 소집청구에 필요한 구분소유자의 정수. ③ 구분소유자는 해당 통지를 받은 날부터 3개월 이내에 관리단집회를 소집해야 하고 그렇지 않은 경우에는 분양자가 집합건물법 제9조의3제4항에 따라 지체 없이 관리단집회를 소집한다는 뜻을 반드시 기재해야 한다. 분양자는 구분소유자가 위 소집통지를 받은 날부터 3

개월 이내에 관리단집회를 소집하지 아니하는 경우에는 지체 없이 관리단집회를 소집하여야 한다.

(2) 과태료

개정 전 집합건물법에는 분양자가 관리단집회 소집 의무를 해태한 경우에 대한 제재 조항이 없었다. 그러나 개정된 현행법에는 분양자가 최초 관리단집회 소집통지를 하지 아니하거나, 구분소유자가 최초 관리단집회 소집통지를 받고도 집회를 소집하지 아니하는 경우 관리단집회를 소집하지 아니하는 경우에는 200만 원 이하의 과태료를 부과하는 규정을 신설하였다.

(3) 분양자가 관리단집회를 소집할 수 있는 경우

판례는 구 집합건물법 제9조의3 제3항 규정은 집합건물의 유지·관리를 위한 관리단의 조직 및 운영을 우선적으로 구분소유자의 자치에 맡기되, 관리단 운영이 장기간 방치되는 것을 방지하기 위하여 분양자로 하여금 일정 기간 이후 관리단의 조직 및 운영에 관여하도록 한 것이므로, 예정된 매수인의 2분의 1 이상이 이전등기를 한 날부터 3개월 이내에는 단독으로 관리단집회를 소집할 수 없다고 봄이 타당하다고 하였다.

이에 따라 각 전유부분의 2분의 1 이상이 소유권이전등기를 마친 시점으로부터 3개월이 경과하지 않은 시점에서 분양자가 집회를 소집한 경우, 이는 분양자가 단독으로 관리단집회를 소집할 수 없는 시기에 집회를 소집한 것으로 그 소집절차에 중대한 하자가 있다고 판단하였다(서울고등법원 2021나2020376 판결, 서울남부지방법원 2020가합111254 판결, 서울남부지방법원 2020가합108258 판결)

■ 서울고등법원 2022. 9. 23. 선고 2021나2020376 판결 [집회결의무효확인의소]

2) 관련 법리 등

구 집합건물법 제9조의3 제3항은 "분양자는 예정된 매수인의 2분의 1 이상이 이전등기를 한 날부터 3개월 이내에 구분소유자가 규약 설정 및 관리인 선임{제24조 제1항(구분소유자가 10인 이상일 때에는 관리단을 대표하고 관리단의 사무를 집행할 관리인을 선임하여야 한다)의 경우에만 해당한다}을 하기 위한 관리단집회를 소집하지 아니하는 경우에는 지체 없이 이를 위한 관리단집회를 소집하여야 한다"고 규정하고 있다. 위 규정은 분양자가 최초로 규약 설정 및 관리인 선임을 위한 관리단집회를 소집할 수 있도록 하면서 그 시기를 제한하고 있는데, 이는 집합건물의 유지·관리를 위한 관리단의 조직 및 운영을 우선적으로 구분소유자의 자치에 맡기되, 관리단 운영이 장기간 방치되는 것을 방지하기 위하여 분양자로 하여금 일정 기간 이후 관리단의 조직 및 운영에 관여하도록 한 것이므로, 예정된 매수인의 2분의 1 이상이 이전등기를 한 날부터 3개월 이내에는 단독으로 관리단집회를 소집할 수 없다고 봄이 타당하다.

3) 판단

갑 제14 내지 17호증, 을 제2호증, 변론 전체의 각 기재에 의하면, J의 분양자인 K이 2020. 3. 16. I에게 최초 관리단집회의 소집업무를 위임하여 이 사건 준비위원회가 이 사건 집회의 소집행위를 하고 2020. 4. 7. 이 사건 집회 및 결의가 있은 사실, 이 사건 103동 및 상가건물의 각 전유부분의 2분의 1 이상이 소유권이전등기를 마친 시점은 2020. 2.경인 사실이 인정되므로, 이 사건 집회가 있었던 2020. 4. 7.은 위 시점으로부터 3개월이 경과하지 않았음이 역수상 명백하다.

따라서 분양자인 K이 구 집합건물법 제9조의3 제3항에 따라 단독으로 관리단집회를 소집할 수 없는 시기에 이 사건 집회를 소집하였는바 소집절차에 중대한 하자가 있으므로, 다른 사유에 관하여 더 나아가 살필 필요 없이, 이 사건 결의는 무효라고 보아야 한다.

■ 서울남부지방법원 2021. 5. 21. 선고 2020가합111254 판결 [집회결의무효확인의소]

1) 구 집합건물법 제9조의3 제3항에 따른 관리단집회 소집의 경우

가) 구 집합건물법 제9조의3 제3항은 분양자는 예정된 매수인의 2분의 1 이상이 이전등기를 한 날부터 3개월 이내에 구분소유자가 규약 설정 및 관리인 선임(제24조 제1항의 경우에만 해당한다)을 하기 위한 관리단집회를 소집하지 아니하는 경우에는 지체 없이 이를 위한 관리단집회를 소집하여야 한다고 정하고 있는바, 이는 집합건물법 제33조 제4항의 예외규정으로, 분양자로서는 예정된 매수인의 2분의 1 이상이 이전등기를 한 날부터 3개월 이내에 최초 관리단집회가 소집되지 않을 경우 위 규정에 따라 직접 관리단집회를 소집할 수 있다.

나) 한편 구 집합건물법 제9조의3 제3항은 분양자가 최초 관리단집회를 소집함에 있어 그 시기를 제한하고 있는데, 이는 집합건물의 유리·관리를 위한 관리단의 조직 및 운영을 우선적으로 구분소유자들의 자치에 맡기되, 관리단 운영이 장기간 방치되는 것을 방지하기 위하여 분양자로 하여금 일정 기간 이후 관리단의 조직 및 운영에 관여하도록 한 것으로서, 분양자는 예정된 매수인의 2분의 1 이상이 이전등기를 한 날부터 3개월 이내에는 단독으로 관리단집회를 소집할 수 없다고 봄이 타당하다.

다) E의 분양자인 L이 K에게 최초 관리단집회의 소집업무를 위임하여 이 사건 준

비위원회가 이 사건 집회의 소집행위 등을 한 사실은 앞서 본 바와 같다. 그러나 갑 제14 내지 17호증의 각 기재 및 변론 전체의 취지에 의하면, 이 사건 J동 각 전유부분의 2분의 1 이상이 소유권이전등기를 마친 시점은 아무리 빨라도 2020년 2월 초인바, 이 사건 집회가 있었던 2020. 4. 7.은 위 시점으로부터 3개월이 경과하지 않음이 역수상 명백하다.

라) 결국 L은 단독으로 관리단집회를 소집할 수 없는 시기에 이 사건 집회를 소집하였는바, 그 소집절차에 중대한 하자가 있다.

■ **서울남부지방법원 2021. 11. 12. 선고 2020가합108258 판결 [관리인지위부존재등확인의소]**

3) 이에 대하여 피고는 구 집합건물법 제9조의3 제3항은 신속히 관리단을 구성하여 집합건물에 대한 관리가 표류되지 않도록 방지하기 위한 규정이므로 매수인의 2분의 1 이상이 이전등기를 한 때로부터 3개월이 지나기 전에도 분양자는 얼마든지 관리단집회를 소집할 수 있다고 주장하나, 위 규정의 취지는 집합건물의 관리를 위한 관리단의 조직 및 운영을 구분소유자들의 자치에 맡기되 관리단 운영이 장기간 방치되는 것을 방지하기 위하여 분양자로 하여금 일정 기간 이후에는 관리단의 조직 및 운영에 관여하도록 한 것으로서, 문언 해석상으로도 분양자에게는 매수인의 2분의 1 이상이 이전등기를 한 때로부터 3개월이 지났음에도 구분소유자들이 최초 관리단집회를 소집하지 아니하는 경우에만 관리단집회를 소집할 권한이 인정된다고 해석함이 상당하다.

3.

관리인—임기만료 · 위법 선출

집합건물법

제32조(정기 관리단집회) 관리인은 매년 회계연도 종료 후 3개월 이내에 정기 관리단집회를 소집하여야 한다.

제33조(임시 관리단집회) ① 관리인은 필요하다고 인정할 때에는 관리단집회를 소집할 수 있다.

② 구분소유자의 5분의 1 이상이 회의의 목적사항을 구체적으로 밝혀 관리단집회의 소집을 청구하면 관리인은 관리단집회를 소집하여야 한다. 이 정수(定數)는 규약으로 감경할 수 있다.

③ 제2항의 청구가 있은 후 1주일 내에 관리인이 청구일부터 2주일 이내의 날을 관리단집회일로 하는 소집통지 절차를 밟지 아니하면 소집을 청구한 구분소유자는 법원의 허가를 받아 관리단집회를 소집할 수 있다.

④ 관리인이 없는 경우에는 구분소유자의 5분의 1 이상은 관리단집회를 소집할 수 있다. 이 정수는 규약으로 감경할 수 있다.

관리인은 매년 회계연도 종료 후 3개월 이내에 정기 관리단집회를 소집하여야 하며 필요하다고 인정할 때에는 임시 관리단집회를 소집할 수 있다. 또한 구분소유자의 5분의 1 이상이 회의의 목적사항을 구체적으로 밝혀 관리단집회의 소집을 청구하면 관리인은 관리단집회를 소집하여야 한다.

임시 관리단집회 소집과 관련하여 적법하게 선임되었으나 임기만료된 관리인의 지위가 문제된다.

임기만료된 관리인은 관리인이 아니라고 한다면 이는 관리인이 없는 경우에 해당하여 구분소유자의 5분의 1 이상은 직접 관리단집회를 소집할 수 있다. 그러나 임기만료된 관리인도 관리인이라 보면 구분소유자의 5분의 1 이상은 먼저 임기만료된 관리인에게 소집청구를 하고 관리인이 집회 소집을 거부하는 경우 법원에 임시 관리단집회 소집허가청구를 하여 법원의 결정을 받은 후에 집회를 소집할 수 있다. 위와 같은 문제에 대하여는 임기만료된 관리인에게 소집청구를 해야 한다는 판례와 임기만료된 관리인에게 소집청구를 할 필요가 없다는 판례가 있다.

(1) 임기만료된 관리인에게 소집청구를 해야 한다는 판례

임기만료된 관리인에게 소집청구를 해야 한다는 판례는 후임 관리인 선임 여부와 관리인의 업무수행 부적합 사유에 따라 임기만료된 관리인의 지위를 판단하였다. **서울중앙지방법원 2015카합722 결정**은 관리인의 임기가 만료되었다 할지라도 후임 관리자가 선임되지 않았고, 관리인의 업무수행에 부적당하다고 인정할 특별한 사정이 없어 임기만료된 관리인이 직무를 계속 수행할 수 있다고 보았다. 이에 따라 집합건물법 33조 4항에서 정한 '관리인이 없는 경우'에 해당한다고 볼 수 없다고 보아 구분소유자들이 관리단집회를 소집하기 위해서는 집합건물법 33조 2~3항의 절차를 거쳐야 한다고 판단하였다.

(2) 임기만료된 관리인에게 소집청구를 할 필요가 없다는 판례

수원지방법원 성남지원 2017가합402290 판결은 관리인의 임기가 만료된 이후 소집절차가 개시된 것이므로 관리인이 없는 경우로서 구분소유자의 5분의 1 이상의 찬성에 의하여 소집되어야 할 것이라고 판시하였다. **서울고등법원 2019나2054499 판결**은 집합건물법 33조 4항에서 관리인이 없는 경우에 대비한 관리단집회 소집절차를 규정하고 있으므로, 관리단집회의 소집에 관한 관리인의 업무수행권을 인정하여야 할 급박한 사정이 있다고 볼 수도 없다고 판단하였다.

임기만료된 관리인에게 소집청구를 해야 한다는 판례는 다음과 같은 문제점이 있다. 임기만료된 관리인에게 소집청구를 해야 한다는 판례는 후임 관리인 선임과 관리인의 업무수행 부적합 사유에 따라 임기만료된 관리인의 임기가 2년을 초과하게 된다. 이는 관리인의 임기는 최대 2년을 넘을 수 없다는 집합건물법 24조 2항의 규정에도 반한다. 관리인의 임기는 후임 관리인 선임과 관리인의 업무수행 부적합 사유에 관계없이 명확하게 기간으로 판단해야 한다.

임기만료된 관리인의 지위가 문제되는 것은 임기만료된 관리인이 새로운 관리인 선임을 위한 집회를 개최하지 않고, 관리인의 업무를 계속 수행하기 때문이다. 임기만료된 관리인에게 임시 관리단집회 소집청구를 한다 하더라도 임기만료된 관리인은 관리인 소집청구에 응하지 않거나 방어 집회를 개최하여 새로운 관리인선임결의를 저지하려고 하기 때문에 문제 해결에 도움이 되지 않는다. 집합건물법 33조 4항에서 관리인이 없는 경우에 대비한 관리단집회 소집절차를 규정하고 있으므로 긴급사무처리권에 준하는 관리단집회 소집에 관한 관리인의 업무수행권을 인정할 필요는 없어 보인다.

■ **서울중앙지방법원 2015. 6. 5.자 2015카합722 결정 [임시관리단집회개최금지가처분]**

E의 관리인으로서 임기가 만료되었는지 여부에 다툼이 있으나, <u>설령 그 임기가 만료되었다고 하더라도, 후임 관리자가 선임되지 않았고, E로 하여금 관리인의 업무를 수행케 함이 부적당하다고 인정할 만한 특별한 사정이 있다고 볼 자료가 부족하므로, E는 관리인의 직무를 계속 수행할 수 있다고 봄이 상당하다.</u> 집합건물법 제33조 제4항에서 정한 '관리인이 없는 경우'에 해당한다고 볼 수 없으므로, 채무자 등 구분소유자들은 위 규정에 따라 관리단집회를 소집할 수 없다. 구분소유자들이 관리단집회를 소집하기 위해서는 집합건물법 제33조 제2, 3항에 정한 절차를 거쳐야 한다. 채무자가 집합건물법 제33조 제2, 3항에 정한 절차에 따라 관리단집회를 소집하고 있음을 소명할 자료가 없다.

■ 수원지방법원 성남지원 2017. 11. 14. 선고 2017가합402290 판결 [관리인선임결의무효확인]

가. 결의 절차상 하자에 관한 판단

이 사건 관리단집회가 적법한 소집권자에 의하여 소집되었는지 여부에 관하여 본다. 이 사건 집합건물에는 별도의 관리규약이 없으므로 집합건물법 관련 규정에 의하여 관리단집회를 소집하여야 할 것인바, 집합건물법 제33조 제4항은 '관리인이 없는 경우에는 구분소유자의 5분의 1 이상은 관리단집회를 소집할 수 있다'고 규정하고 있다. 이 사건 관리단집회는 관리인이던 피고보조참가인의 임기가 만료된 이후 소집절차가 개시된 것이므로 관리인이 없는 경우로서 구분소유자 5분의 1 이상의 찬성에 의하여 소집되어야 할 것인데, 피고보조참가인 또는 K이 이 사건 관리단집회를 소집함에 있어 이 사건 집합건물 구분소유자 5분의 1 이상의 찬성을 얻었다고 볼 아무런 증거가 없다. 따라서 이 사건 관리단집회는 적법한 소집권자에 의하여 소집되었다고 볼 수 없다.

■ 서울고등법원 2020. 5. 7. 선고 2019나2054499 판결 [업무방해금지등청구의소]

(2) 이 사건 관리단집회가 적법하게 소집되었는지 여부

(가) '집합건물의 소유 및 관리에 관한 법률'(다음부터 '집합건물법'이라 한다) 제33조 제4항에서는 "관리인이 없는 경우에는 구분소유자의 5분의 1 이상은 관리단집회를 소집할 수 있다. 이 정수는 규약으로 감경할 수 있다."고 규정하고 있다. 그런데 앞서 판단한 대로 피고는 이 사건 관리단집회가 소집될 당시 이미 관리인 임기가 만료된 상태에 있었고, 피고의 임기만료일부터 이 사건 관리단집회가 소집될 때까지 사이에 이 사건 건물의 관리인이 새로 선임된 사실이 없다는 점에 대해서는 당사자 사이에 다툼이 없다. 한편, 이 법원이 제1항에서 인정한 사실에 의하면, 이 사건 관리단집회는 이 사건 건물의 구분소유자 1/5 이상의 동의와 요구에

따라 소집되었음을 알 수 있다. 그렇다면 특별한 사정이 없는 한, 이 사건 관리단집회는 집합건물법 제33조 제4항에 따라 적법하게 소집되었다.

(나) 이에 대하여 피고는 다음과 같이 주장하면서 이 사건 관리단집회가 적법하게 소집되지 않았다고 다툰다. ① 피고의 관리인 임기가 만료되었더라도, 위임종료 시의 긴급사무처리에 관한 민법 제691조의 규정이 유추적용되어 새로운 관리인이 선임될 때까지는 피고에게 임시관리인으로서 업무수행권이 있다. ② 따라서 이 사건 관리단집회를 소집하고자 하는 구분소유자들로서는 일단 피고에게 관리단집회의 소집을 요청하였어야 함에도 불구하고 이러한 절차를 거친 사실이 없다.

그러나 임기가 만료된 비법인사단의 종전 대표자에게 후임자 선임 시까지 업무수행권을 인정할 필요가 있는 경우에 해당한다고 하더라도, 그 업무수행권은 급박한 사정을 해소하기 위하여 그로 하여금 업무를 수행하게 할 필요가 있는지를 개별적·구체적으로 가려서 인정할 수 있는 것이다. 단지 임기만료 후 후임자가 아직 선출되지 않았다는 사정만으로 당연히 또 포괄적으로 업무수행권이 부여되는 것은 아니다(대법원 2013. 5. 23. 선고 2012다102582 판결 등 참조). 그런데 이 법원이 제1항에서 인정한 사실에 의하면, 이 사건 관리단집회는 이 사건 건물의 관리인을 새로 선출함으로써 피고의 관리인 지위를 둘러싼 다툼을 해결하기 위하여 소집되었음을 알 수 있다. 또 집합건물법 제33조 제4항에서 관리인이 없는 경우에 대비한 관리단집회 소집절차를 규정하고 있는 이상, 관리단집회의 소집에 관한 피고의 업무수행권을 인정하여야 할 급박한 사정이나 필요가 있다고 볼 수도 없다. 이러한 사정들을 감안할 때, 피고가 제출한 증거만으로는 이 사건 관리단집회가 소집될 당시 피고에게 이 사건 관리단집회의 소집에 관한 업무수행권이 있었다고 단정하기 어렵고, 달리 이를 인정할 만한 증거가 없다. 따라서 이와 다른 전제에 선 피고의 주장은 받아들일 수 없다.

4.

법원의 집회소집허가

> ### 집합건물법
>
> **제33조(임시 관리단집회)** ② 구분소유자의 5분의 1 이상이 회의의 목적사항을 구체적으로 밝혀 관리단집회의 소집을 청구하면 관리인은 관리단집회를 소집하여야 한다. 이 정수(定數)는 규약으로 감경할 수 있다.
>
> ③ 제2항의 청구가 있은 후 1주일 내에 관리인이 청구일부터 2주일 이내의 날을 관리단집회일로 하는 소집통지 절차를 밟지 아니하면 소집을 청구한 구분소유자는 법원의 허가를 받아 관리단집회를 소집할 수 있다.

　관리인이 임시 관리단집회를 소집할 때에는 집합건물법상에 규정한 기본적인 절차만을 준수하면 된다. 그러나 구분소유자가 관리단집회소집요구를 하는 경우에는 구분소유자의 5분의 1 이상이 회의의 목적사항을 구체적으로 밝혀 관리인에게 관리단집회의 소집을 청구해야 한다. 즉 구분소유자 명의로 직접 집회를 개최하는 것이 아니라 관리인에게 집회를 개최해 달라고 요구하는 것이다.

관리인은 구분소유자 1/5 이상의 소집청구가 있은 후 1주일 내에 청구일부터 2주일 이내의 날을 관리단집회일로 하는 소집통지 절차를 밟아야 한다. 만약 집회 안건이 관리인 해임 등 관리인에게 불리하거나, 이해관계의 상충, 대표자와의 마찰 등이 있는 경우에는 관리인이 집회 개최에 소극적일 수밖에 없다. 이 경우 관리인이 집회 개최를 미룬다면 구분소유자의 1/5 이상은 관리인이 집회소집통지 절차를 밟지 않음을 이유로 법원에 임시 관리단집회 소집허가청구를 할 수 있다.

간혹 관리인이 존재함에도 관리인이 명백히 관리단집회를 개최하지 않는다는 이유로 법원의 소집허가절차를 생략한 채 관리단집회를 개최하는 사례가 있는데, 이 경우 법원의 허가 없이 관리단집회를 개최한다면 의결정족수를 충족한다 하더라도 추후 그 결의 자체가 무효로 판단될 가능성이 매우 높다.

법원은 구분소유자 1/5 이상이 관리단집회 소집을 청구하면 관리인은 관리단집회를 소집할 의무가 있다고 하여 원칙적으로 집합건물법이 정한 요건을 갖추면 소집허가신청을 인용한다. 그러나 임시 관리단집회 소집허가신청과 같은 비송사건인 경우에는 형식적 요건을 갖추었는지 여부만 심사하는 것은 아니고 후견자 입장에서 임시총회 소집의 필요성, 소집을 허가하였을 때와 허가하지 아니하였을 때에 사건본인에 미치는 영향을 비롯한 여러 사정을 종합 심리하여 기각 내지 각하 결정을 내리기도 한다.

(1) 소집허가를 인용한 판례

인천지방법원 부천지원 2018비합1016 결정은 관리인이 비리를 저지른 사실이 없고, 구분소유자들에게 관리인의 비리 의혹이 왜곡되어 전달된 상태이므로, 의혹이 해소되기 전까지는 임시 관리단집회를 개최하지 않은 것에 정당한 이유가 있다는 주장에 관하여, 관리인의 비리 의혹에 관하여는 임시 관리단집회에서 소명할 수 있는 점 등에 비추어 보면, 임시 관리단집회를 소집하지 아니한데 정당한 이유가 있다고 보기 어렵다고 판단하여 임시집회 소집허가 결정을 내렸다.

대전지방법원 천안지원 2023비합10028 결정은 구분소유자 1/5 이상이 임시 관리인에게 내용증명 우편을 통하여 임시 관리단집회 소집을 청구하였고, 그 우편에 폐문부재로 반송되자, 임시 관리인에게 내용증명 우편을 찍을 사진을 문자메시지로 전송하여 그 무렵 임시 관리단집회 소집요청서가 임시 관리인에게 도달한 경우, 임시 관리단집회 소집허가신청은 집합건물법 제33조 제2항, 제3항에서 정한 요건을 충족하였다고 판단하였다.

의정부지방법원 고양지원 2020비합5014 결정은 주식회사의 사내이사, 대표이사, 소유권을 신탁한 자는 구분소유자가 아니므로 이들의 임시 관리단집회 소집허가신청을 기각하였다. 한편 사건본인이 소집허가신청의 안건과 거의 동일한 안건으로 관리단집회를 개최할 예정이므로 임시 관리단집회를 소집할 필요성이 없다는 주장에 대하여 '임시의장 선임의 건'

이 포함되지 않은 점 등을 이유로 주장을 배척하고 허가 결정을 하였다.

■ 인천지방법원 부천지원 2018. 10. 1.자 2018비합1016 결정 [임시관리단집회 소집허가신청]

사건본인은 이에 대하여 관리인 V은 신청인들이 주장하는 바와 같이 비리를 저지른 사실이 없고, 관리인 V의 비리 의혹에 관하여 신청인들을 비롯한 이 사건 집합건물의 구분소유자들에 대하여 왜곡되어 전달된 상태이므로, 의혹이 해소되기 전까지는 임시 관리단집회를 개최하지 않은 것에 정당한 이유가 있다는 취지로 주장한다. 그러나 집합건물의 소유 및 관리에 관한 법률(이하 '집합건물법'이라 한다) 제33조 제2항은 '구분소유자의 5분의 1 이상이 회의의 목적사항을 구체적으로 밝혀 관리단집회의 소집을 청구하면 관리인은 관리단집회를 소집하여야 한다'고 규정하고 있고, 같은 조 제3항은 '제2항의 청구가 있은 후 1주일 내에 관리인이 청구일부터 2주일 이내의 날을 관리단집회일로 하는 소집통지 절차를 밟지 아니하면 소집을 청구한 구분소유자는 법원의 허가를 받아 관리단집회를 소집할 수 있다'고 규정하고 있다. 위 각 규정에 의하면 이 사건 집합건물의 구분소유자들 중 1/5 이상이 관리단집회의 소집을 청구하면 관리인은 관리단집회를 소집하여야 할 의무가 있고, 관리인 V의 비리 의혹에 관하여는 임시 관리단집회에서 소명할 수 있는 점 등에 비추어 보면, 사건본인이 주장하는 사유만으로는 임시 관리단집회를 소집하지 아니한데 정당한 이유가 있다고 보기 어렵다.
따라서 집합건물법 제33조 제3항, 제2항에 의하여 신청인들에 대하여 사건본인의 임시총회 소집을 허가하기로 하여, 주문과 같이 결정한다.

■ 대전지방법원 천안지원 2023. 9. 19.자 2023비합10028 결정 [임시관리단집회소집허가신청]

제1항에 의하여 당연 설립된 이 사건 건물의 관리단인 사실, 이 사건 건물의 구분

소유자 1/5 이상에 해당하는 신청인들은 2023. 6. 28. 사건본인의 임시 관리인인 ○○○에게 내용증명 우편을 통하여 관리인 선임(이하 '이 사건 안건'이라 한다)을 회의목적으로 하는 임시 관리단집회의 소집을 청구하였고, 그 우편이 폐문부재로 반송되자 같은 달 30. ○○○에게 위 내용증명). ○○○에게 위 내용증명 우편을 찍은 사진을 문자메시지로 전송하여 그 무렵 임시 관리단집회 소집요청서가 ○○○에게 도달한 사실, ○○○는 현재까지 관리인 선임을 위한 임시 관리단집회의 소집절차를 밟지 아니하고 있는 사실이 소명된다.

그렇다면 신청인들의 이 사건 임시 관리단집회 소집허가신청은 집합건물법 제33조 제2항, 제3항에서 정한 요건을 충족하였으므로, 신청인들에 대하여 이 사건 안건을 회의목적으로 하는 사건본인의 임시 관리단집회를 소집하는 것을 허가할 필요성이 있다.

■ **의정부지방법원 고양지원 2020. 8. 20.자 2020비합5014 결정 [관리단집회소집허가]**

1. 신청인 ○○○, ○○○, ○○○의 신청에 대한 판단

이 사건 기록에 심문 전체의 취지를 종합하여 알 수 있는 다음과 같은 사정들, 즉 신청인 ○○○은 이 사건 건물 ○○동 ○○○호의 소유자인 주식회사 ○○○의 사내이사에 불과한 점, 신청인 ○○○은 ○○○부동산신탁 주식회사에 이 사건 건물 ○○동 ○○○호에 관한 소유권을 신탁하였으므로, 위 ○○동 ○○○호에 관한 소유권 및 그에 따른 권리를 대외적으로 행사할 수 있는 자는 아닌 것으로 보이는 점, 신청인 ○○○은 이 사건 건물 ○○동 ○○○호의 소유자인 주식회사 ○○○의 대표이사에 불과한 점 등을 종합하여 보면, 신청인 ○○○, ○○○, ○○○은 이 사건 건물의 구분소유자가 아니므로 이 사건 신청을 제기할 권리가 있다고 보기 어렵다.

나. 사건본인은 2020. 9. 3.에 별지2 안건 목록 기재와 거의 동일한 안건으로 관리단집회를 개최할 예정이므로 이 사건 신청에 따라 임시 관리단집회를 소집할 필요성이 없다고 주장하나, <u>사건본인이 개최예정인 위 2020. 9. 3.자 관리단집회에 상정될 안건에는 별지2 안건 목록 제1항의 '임시의장 선임의 건'은 포함되지 않은 점을 고려할 때,</u> 이 사건 신청에 따라 임시 관리단집회를 소집할 필요성이 없다고 단정하기 어렵고, 그 밖에 사건본인이 제출한 자료만으로는 이를 인정하기 어렵다.

⑵ 소집허가를 불허한 판례

임시 관리단집회 소집허가는 구분소유자 1/5 이상의 소집청구자가 당사자가 되어야 하고, 그 수가 부족하면 신청은 부적법 각하된다. 임시 관리단집회 소집허가신청이 된 경우에는 제출된 소명자료를 검토하여 구분소유자인지, 적법하게 위임장이 기재되어 있는지를 먼저 확인하여야 한다.

서울중앙지방법원 2018비합102 결정은 1/5 이상의 소집청구자가 당사자가 되어 공동으로 법원에 소집허가를 신청하여야 하고, 그 정수에 미달한 신청은 설령 1/5 이상의 구분소유자로부터 위임을 받아 제기하였다고 하더라도 부적법하다고 보았다. 또한 선정당사자에 관한 민사소송법 제49조의 규정은 비송사건에는 준용되거나 유추적용되지 않는다고 할 것이어서 임시 관리단집회 소집허가신청을 할 경우 구분소유자들의 선정당사자를 선정한 행위는 효력이 없다고 판시하였다.

인천지방법원 2023비합7 결정은 신청인들이 연명서에 서명하는 방식으로 임시 관리단집회 소집을 요구한 사실은 인정되나 신청인들이 구분소유자인지를 확인할 만한 자료가 부족하고, 선청인들이 소송대리인에게 소송대리권을 위임하였는지 여부가 명확하지 않다는 이유로 부적법 각하하였다.

서울중앙지방법원 2018비합30259 결정은 임시 관리단집회 소집청구권은 집합건물법 규정상 요구되는 형식적인 요건을 갖추었다고 하여 무조건 임시 관리단집회의 소집을 허가하여야 하는 것은 아니고, 그 소집청구가 권리남용에 해당하거나 소집의 필요성이 없는 경우까지 허용되는 것은 아니라고 하였다. 이에 따라 관리인 해임의 건을 안건사항으로 하는 임시 관리단집회가 실제 개최되었음에도, 별다른 사전 변경도 없이 단기간 내에 동일한 안건사항을 회의의 목적사항으로 포함한 임시 관리단집회 소집허가를 반복하여 신청하는 것은 허용될 수 없다고 보았다. 또한 곧 관리인 등을 선임할 수 있는 정기 관리단집회가 개최될 예정인 점 등에 비추어 볼 때, 이러한 임시 관리단집회 소집청구는 권리남용에 해당하거나 소집의 필요성이 없다고 판단하였다.

서울고등법원 2019라20089 결정은 임시 관리단집회 소집허가신청 제기 시점으로부터 비교적 단기간 내에 1, 2차 집회가 각 개최된 점, 임시

의장 선출의 건을 제외하면 안건이 동일한 점 등을 근거로 소집의 필요성이 없다고 판단하였다.

서울고등법원 2017라20350 결정은 관리규약과 대표자선임결의의 효력 등에 관한 상당한 다툼이 있는 상황에서 대표자 및 관리규약 등에 관하여 소송 등을 통한 명확한 정리 없이 임시 관리단집회의 소집을 허가한다면 임시 관리단집회에서 새로운 분쟁이 발생할 수 있고 결과적으로 더욱 복잡하고 심각한 법률적 분쟁만을 야기할 것이 명백하여 임시 관리단집회를 소집하는 것이 오히려 유해한 결과를 초래할 가능성이 있는 점 등을 이유로 제1심이 이 사건 임시 관리단집회의 소집을 허가하지 않음이 상당하다고 판단한 조치는 정당하다고 판시하였다.

서울남부지방법원 2021비합142 결정은 임시 관리단집회 소집허가신청은 임시 관리단집회의 소집을 청구하였던 구분소유자의 5분의 1 이상의 사람들이 공동으로 하여야만 하고, 이러한 신청요건은 신청 당시는 물론 재판 시까지 존재하여야 하며, 그 정수에 미달하는 경우에는 신청이 부적법하게 된다고 판시하였다.

■ 서울중앙지방법원 2018. 9. 13.자 2018비합102 결정 [임시관리단집회소집허가신청]

따라서 집합건물법 규정에 의하여 법원에 사건본인의 임시 관리단총회 소집허가를 구하기 위해서는, 사건본인에 총회 소집을 청구한 구분소유의 수가 구분소유자 총수의 1/5 이상이어야 할 뿐만 아니라 <u>그 1/5 이상의 소집청구자가 당사자가</u>

되어 공동으로 법원에 소집허가를 신청하여야 하고, 그 정수에 미달한 신청은, 설령 그 1/5 이상의 구분소유자로부터 위임을 받아 제기하였다고 하더라도, 신청요건을 갖추지 못하여 부적법하다(대법원 1990. 12. 7.자 90마674, 90마카11 결정 참조). 또한 선정당사자에 관한 민사소송법 제49조의 규정은 비송사건절차법이 적용되는 비송사건에는 준용되거나 유추적용되지 않는다고 할 것이어서 임시 관리단집회 소집허가신청을 할 경우 구분소유자들이 선정당사자를 선정한 행위는 효력이 없다.

그런데 1) 신청인은 2018. 5. 1. 사건본인의 관리인에게 임시 관리단집회 소집요구를 하면서 발신인으로 '○○○ 외 80명'으로만 기재하고 80명의 인적사항에 대하여서는 그 기재가 전혀 없는 내용증명을 보냈는바, 사건본인의 관리인으로서는 위 80명의 이름조차 알 수 없는 상황에서 위 임시 관리단집회 소집청구 요건을 갖춘 것인지 확인할 수 없었던 이상 위 2018. 5. 1.자 내용증명만으로는 구분소유자의 1/5 이상이 적법하게 집합건물법의 임시 관리단집회 소집청구를 한 것으로 볼 수 없고, ② 이 사건 임시 관리단총회 소집허가신청서의 신청인은 ○○○ 외 80명'으로, 신청서 말미에 '위 신청인 81명 대표 ○○○'으로 각 기재되어 되었는바, 이 사건 신청을 제기한 구분소유자는 신청인 ○○○ 1명에 불과하다고 할 것이고 구분소유자 80명이 ○○○을 선정당사자로 선정한 행위는 효력이 없으며 적극적 당사자의 추가는 허용되지 아니하므로 이 사건에서 정수를 채우기 위하여 신청인을 보정하거나 추가하는 것도 허용되지 아니한다.

■ **인천지방법원 2023. 5. 16.자 2023비합7 결정 [임시관리단집회소집허가신청서]**

이 사건 기록 및 심문 전체의 취지에 의하면, 신청인들이 연명서에 서명하는 방식으로 임시 관리단집회 소집을 요구한 사실은 인정되나 신청인들이 사건본인의 구분소유자인지 여부를 확인할 만한 자료가 부족하다. 나아가 신청인들이 2023. 4. 5.자 당사자 표시정정 신청을 함에 있어 그 위임장에 신청인 ○○○으로만 기명날인한 것으로 기재되어 있어 신청인들 모두가 소송대리인에게 이 사건 신청과 관련한 소송대리권을 위임하였는지 여부 또한 명확하지 않으므로 이 사건 신청은 어느 모로 보나 집합건물법 제33조에서 정한 소집요건을 갖추었다고 볼 수 없어 부적법하다.

■ **서울중앙지방법원 2019. 1. 3.자 2018비합30259 결정 [관리단집회소집허가]**

3. 판단

집합건물법 체33조에 의하여 인정되는 구분소유자들의 임시 관리단집회 소집청구권은 일정 수 이상의 구분소유자들에게 임시 관리단집회를 소집하여 그들이 제안한 안건을 관리단집회 결의에 부의할 수 있는 기회를 부여하려는 제도이나, 집합건물법 규정상 요구되는 형식적인 요건을 갖추었다고 하여 무조건 임시 관리단집회의 소집을 허가하여야 하는 것은 아니고, 그 소집청구가 권리남용에 해당하거나 소집의 필요성이 없는 경우에까지 허용되는 것은 아니다.

살피건대, 앞서 본 법리에 비추어 위 인정사실 및 심문 전체의 취지를 종합하여 인정할 수 있는 다음과 같은 사정, 즉 ① 이 사건 선행신청 사건 진행 중인 2018. 8. 10. 이 사건 신청의 회의의 목적사항이기도 한 '관리인 해임의 건'을 안건사항으로 하는 임시 관리단집회가 실제 개최되었음에도, 별다른 사정변경도 없이 단기간 내에 동일한 안건사항을 회의의 목적사항으로 포함한 임시 관리단집회 소집허가를 반복하여 신청하는 것은 허용될 수 없는 점(신청인들이 완전히 일치하지 않아도 무관함), ② 사건본인의 관리인 ○○○과 관련한 서울중앙지방법원 2017가합○○ ○○○ 관리인 해임 청구 사건, 서울중앙지방법원 2018카합○ 관리인 직무집행정지 가처분사건, 서울중앙지방법원 2018고정○○○○ 업무상횡령 사건의 각 경과 및 결과와 사건본인의 관리인들의 임기가 2019. 2.경 만료되고 2019. 3.경 사건본인의 관리인 등을 선임할 수 있는 정기 관리단집회가 개최될 예정인 점 등을 종합하여 보면, 이 사건 임시 관리단집회 소집청구는 권리남용에 해당하거나 사건본인의 정기 관리단집회 개최 이전에 시급히 별지2 안건 목록기재 안건을 회의의 목적사항으로 하는 임시 관리단집회를 소집할 필요성이 없다고 할 것이다.

■ 서울고등법원 2019. 7. 5.자 2019라20089 결정 [관리단집회소집허가]

기록 및 심문 전체의 취지를 종합하여 소명되는 다음과 같은 사실 또는 사정에 비추어 보면, 이 사건 신청의 경우 사건본인의 임시 관리단집회를 긴급하게 소집해야 할 필요성이 소명되었다고 보기 어렵다.

— 중략 —

위에서 본 바와 같이, 신청인들의 이 사건 선행신청 제기 시점 또는 이 사건 신청 제기 시점으로부터 비교적 단기간 내에 이 사건 1, 2차 집회가 각 개최되었다.
② 이 사건 2차 집회의 소집통지서에는 회의의 목적사항으로 "관리인, 관리위원, 감사에 대한 선임의 건"이 기재되어 있었다. 이 사건 2차 집회의 안건은 임시의장 선출의 건을 제외하면 이 사건 신청의 안건과 동일하다.

■ 서울고등법원 2017. 10. 20.자 2017라20350 결정 [임시관리단집회소집허가]

지금처럼 사건본인의 관리규약과 대표자선임결의의 효력 등에 관한 상당한 다툼이 있는 상황에서 사건본인의 대표자 및 관리규약 등에 관하여 소송 등을 통한 명확한 정리 없이 신청인들의 신청을 받아들여 임시 관리단집회의 소집을 허가한다면 임시 관리단집회에서 새로운 분쟁이 발생할 수 있고 결과적으로 사건본인으로서는 더욱 복잡하고 심각한 법률적 분쟁만을 야기할 것이 명백하여 임시 관리단집회를 소집하는 것이 오히려 유해한 결과를 초래할 가능성이 있는 점 등을 보태어 보면, 제1심이 이 사건 임시 관리단집회의 소집을 허가하지 않음이 상당하다고 판단한 조치는 정당한 것으로 수긍이 가고, 신청인들의 항고이유를 통한 주장은 받아들일 수 없다.

⑶ 법원의 허가를 얻어 임시집회를 소집한 경우, 대표자가 같은 기일 에 다른 임시집회를 소집할 권한이 있을까?

　구분소유자가 집합건물법상의 규정을 따라 법원의 허가를 얻어 임시
집회를 개최할 수가 있는데 관리인이 이를 저지할 목적으로 같은 기일
에 다른 집회를 소집하는 경우가 있다. 이런 경우 관리인에게 같은 기일
에 다른 집회를 소집할 권한이 있는지 문제된다.

대법원 92다50799 판결은 종중 정관 규정에 따른 소수 대의원이 법원의 허가를 받아 임시총회를 소집한 경우, 종중의 기관으로서 소집하는 것으로 보아야 할 것이고 종중의 대표자라도 위 소수의 대의원이 법원의 허가를 받아 소집한 임시총회의 기일과 같은 기일에 다른 임시총회를 소집할 권한은 없게 된다고 판단하였다. 이는 종중에 대한 판례이지만 관리단의 법적 성격이 비법인사단으로서 위 종중에 대한 법리는 관리단에도 그대로 적용된다 할 것이다.

■ **대법원 1993. 10. 12. 선고 92다50799 판결 [임시총회결의부존재확인]**

○ 사실관계

대의원 3분의 1 이상의 소집요구가 있을 때에는 이사장은 임시총회를 소집하여야 한다는 피고 종약원의 정관 규정에 의거하여 대의원 총수 146명의 3분의 1이 넘는 66명의 대의원이 피고 종약원의 이사장인 소외 1에게 임시총회의 소집을 요구하였으나 위 소외 1이 이를 묵살하였다.

이에 대의원 56명이 서울지방법원 동부지원에 임시총회 소집허가를 신청하여 위 법원이 비송사건절차법에 의하여 위 소외 3 등에게 종산 매도대금 부정지출의 관련자들에 대한 책임추궁 및 변상조치사항을 회의의 목적으로 하는 피고 종약원의 임시총회를 소집하는 것을 허가한다는 결정을 하였다.

원고가 대의원 중 소외 8 등은 같은 날 같은 시각에 열린 이 사건 임시총회와 소외 1이 소집한 임시총회에 모두 위임장을 작성하여 주었으므로 후에 작성된 위 소외 1이 소집한 임시총회에의 위임장에 의해 이 사건 임시총회에의 결의권행사 위임을 무효로 한다는 의사표시가 된 것이라고 주장하며 임시총회결의부존재확인 청구의 소를 제기하였다.

○ 법원의 판단

(2) 원심 판결 이유에 의하면 원심은 원고가 대의원 중 소외 8 등은 같은 날 같은 시각에 열린 이 사건 임시총회와 소외 1이 소집한 임시총회에 모두 위임장을 작성하여 주었으므로 후에 작성된 위 소외 1이 소집한 임시총회에의 위임장에 의해 이 사건 임시총회에의 결의권행사위임을 무효로 한다는 의사표시가 된 것이라고 주장한 데에 대하여, 피고 종약원 정관 규정에 따른 소수 대의원이 법원의 허가를 받아 임시총회를 소집한 경우 피고 종약원의 기관으로서 소집하는 것으로 보아야 할 것이고 이사장이라도 위 소수의 대의원이 법원의 허가를 받아 소집한 임시총회의 기일과 같은 기일에 다른 임시총회를 소집할 권한은 없게 된다고 보아야 할 것이므로 소외 1의 소집에 의한 다른 임시총회는 소집권한이 없는 자에 의해 소집된 임시총회에 불과한 만큼 중복하여 개최된 두 군데 임시총회 모두에 의결권을 위임하였다 한들 적법한 임시총회에의 결의권 대리행사 위임을 임시총회일 이전에 철회하지 아니한 이상 먼저 위임한 적법한 임시총회에의 결의권 위임을 무효로 한다는 의사가 표시된 것이라고 할 수 없다고 판단하였는바, 원심의 위와 같은 판단은 정당하고 거기에 소론과 같은 위법이 없으므로 이 점에 관한 논지도 이유 없다.

5.

양식

[양식 3—1] 임시 관리단집회 소집청구서 및 집회 허가 신청서

임시 관리단집회 소집청구서 및 집회 허가 신청서

■ 동의인 (구분소유자)

☞ 등기부상 소유자이어야 하고, 여러 명이 공동소유하는 경우 전체 명의로 작성하여야 합니다.

성명	(인)　(소유 호수:　　　　　)
생년월일	
주소	
연락처	

☞ 등기부상 소유자이어야 하고, 여러 명이 공동소유하는 경우 전체 명의로 작성하여야 합니다.

☞ 법인인 경우 법인명과 대표자명, 법인직인을 날인해주십시오.

□ 상기 본인은 ○○○집합건물의 구분소유자로서 '집합건물의 소유 및 관리에 관한 법률' 제33조 제2항에 의거 아래 사항을 목적으로 하는 관리단집회 소집을 관리인(및 직무대행자)에게 청구하고, 동조 제3항에 의거 법원에 집회허가를 신청합니다. 또한 이와 관련한 소집청구서 작성과 발송, 집회허가신청서 작성 및 변호사 선임, 법원에 집회소집허가 신청, 관리단집회 소집통지 등 일체의 절차진행 권한을 하기인에게 위임합니다.

□ 회의목적사항

　　1) 관리규약 제정의 건

　　2) 관리인 선임의 건

■ 소집청구권자 대표

성명	홍길동　　　　(소유 호수: 101호)
생년월일	1975. 01. 01.
주소	서울 서초구 반포대로 108, 101동 101호
연락처	010-1111-2222

2024. 3. 1.

○ ○ ○ 관리단 귀중

[양식 3—2] 임시 관리단집회 소집청구권자 명단

임시 관리단집회 소집청구권자 명단

■ 전체 구분소유자 수 : ○○○ 명
■ 임시집회 소집동의 구분소유자 수 : ○○○ 명 (1/5 이상)

■ 소집동의서 참조

순 번	성 명	호 수	순 번	성 명	호 수

집합건물 관리단집회 성공법칙

관리단집회 소집동의서

본인은 '○○○' 집합건물의 구분소유자로서 아래 안건을 회의목적으로 하는 관리단집회 소집에 동의하고, 추후 집회진행 절차를 아래 소집청구권자 대표에게 위임 합니다.

■ 동의인 인적사항 (구분소유자)

성 명		호수		호
생년월일		연락처		
주 소				

☞ 여러 명이 공동소유하는 경우 소유자 전체 명의로 작성하여 주십시오.
☞ 법인인 경우 법인명과 대표자명, 법인직인을 날인해주십시오.

■ 집회 안건
  1) 관리규약 제정의 건
  2) 관리인 선임의 건

■ 소집청구권자 대표

성명	홍길동 (101호 소유자)
생년월일	1975.01.01.
주소	서울 서초구 반포대로 108, 101동 101호

2024. 3. 1.

소집동의인 구분소유자   (인)

○○○ 관리단 귀중

[양식 3—4] 관리단집회 소집동의서 및 위임장

관리단집회 소집동의서 및 위임장

1. 동의인 및 위임인 표시

성 명 소유자 ☐ 점유자 ☐	(인 또는 서명)	호 수	
생년월일		연락처	
주 소			

☞ 여러 명이 공동소유 또는 공동점유하는 경우 전체 명의를 기재해야 합니다.

☞ 법인인 경우 법인명과 대표자명, 법인직인을 날인해주십시오.

☞ 점유자는 임대차계약의 명의자로 기재하여 주십시오.

▲ 본인은 '○○○ 집합건물'의 소유자(또는 점유자)로서 아래 안건들을 회의목적사항으로 하는 임시 관리단집회 소집(법원에의 소집허가신청 포함)에 동의하고, 집합건물법 제33조 제2항에 따른 소집청구권한, 동조 제3항에 따른 법원에의 집회소집허가 신청 권한, 임시의장 선임 권한 등 집회 진행에 관한 일체의 권한을 아래 대리인들에게 위임합니다.

▲ 본인은 '○○○' 임시 관리단집회에서 아래 대리인에게 아래 위임사항에 대한 의결권의 대리행사(참석대리투표, 서면결의서 대리투표, 찬성, 반대 등 의사표시)권한을 전적으로 위임하고, 대리인의 재위임 또한 승낙합니다.

2. 수임인(대리인) 표시 (■ 표시에 1인 체크 또는 '기타'란 기재. 미체크시 아래 대리인 중 1인이 대리행사함에 동의함)

■ 대리인	성명: 홍 길 동 (1층 1호 소유자)	생년월일: 75.01.01
	주소: 서울 서초구 반포대로 108, 101동 101호	
■ 대리인	성명:	생년월일:
	주소:	

3. 안건 및 위임사항

1) 관리규약 제정의 건
2) 관리인 선임의 건
3) 임시의장의 선임 및 기타 집회상정안건에 관한 일체의 의결권한

▲ 관리단집회가 의결정족수 미달 또는 안건부결, 법원판결 등의 사유로 집회가 연기, 재소집 또는 무효가 되어 다시 소집하는 경우에도 동일한 안건으로 집회소집에 동의하고, 위임사항에 대한 의결권을 별도 철회시까지 계속 위임합니다. 위임장 및 소집동의서 중복으로 인한 혼란을 방지하기 위해 본 위임장 및 소집동의서가 본인의 최종 의사에 기한 것임을 확인하고, 대리 의결권 행사는 본 위임장의 대리인을 통해서만 유효함을 확인합니다.

▲ 본 서류를 작성하여 ① **문자나 카톡 사진 전송:** / ② 메일: / ③ 팩스: / ④ 우편: ①~④ **방법중 선택하시어 본 서류를 회신**하여 주시기 바랍니다.

2024. 3. 1.
○○○ 관리단 귀중

제4장

소집통지

1.

소집통지 장소

집합건물법

제34조(집회소집통지) ③ 제1항의 통지는 구분소유자가 관리인에게 따로 통지 장소를 제출하였으면 그 장소로 발송하고, 제출하지 아니하였으면 구분소유자가 소유하는 전유부분이 있는 장소로 발송한다. 이 경우 제1항의 통지는 통상적으로 도달할 시기에 도달한 것으로 본다.

④ 건물 내에 주소를 가지는 구분소유자 또는 제3항의 통지장소를 제출하지 아니한 구분소유자에 대한 제1항의 통지는 건물 내의 적당한 장소에 게시함으로써 소집통지를 갈음할 수 있음을 규약으로 정할 수 있다. 이 경우 제1항의 통지는 게시한 때에 도달한 것으로 본다.

관리단집회 소집통지는 구분소유자가 관리인에게 따로 통지장소를 제출하였으면 그 장소로 발송하고, 제출하지 아니하였으면 구분소유자가 소유하는 전유부분이 있는 장소로 발송한다. 이때 구분소유자가 전유부분에 있지 않은 경우에도 전유부분에만 통지하면 되는 것인지 문제

된다. 이에 대하여 전유부분에만 소집통지를 발송한 것으로 소집통지는 유효하다는 판례와 무효라는 판례가 있다.

(1) 전유부분에만 소집통지를 발송한 것으로 소집통지는 유효라는 판례

전유부분에만 소집통지를 발송한 것으로 소집통지는 유효라는 판례는 집합건물법 34조 3항의 기재된 대로 전유부분에만 소집통지를 발송하면 소집통지는 유효하다는 입장이다. **부산지방법원 동부지원 2016가합101708 판결**은 집회소집통지서가 각 구분소유자의 전유부분으로 발송되었으므로, 일부 구분소유자에게 실제 송달되지 못하였다는 사정이 소집통지의 효력에 영향을 미치는 것은 아니라고 하였다.

(2) 전유부분에만 소집통지를 발송한 것으로 소집통지는 무효라는 판례

무효라는 판례는 집회소집통지가 전유부분에만 발송되었다면 이는 구분소유자 전원에 대한 통지로 볼 수 없다고 보았다. **인천지방법원 부천지원 2019가합103699 판결**은 건물 일부 전유세대 현관문에 통지문을 접어놓은 사진과 네이버밴드에 총회 개회 공고문을 공지하고, 일부 구분소유자 또는 점유자에게 카카오톡으로 소집통지문을 전달한 사안에서, 이는 건물 점유자들에 대한 통지일 뿐 구분소유자들에 대한 통지로 볼 수 없을 뿐만 아니라 건물 구분소유자 전체가 포함되어 있는 것이 아니므로 적법한 통지로 볼 수 없다고 보았다.

인천지방법원 2016카합10244 결정은 관리단집회 소집통지가 우편송달 및 방문통지의 방식으로 전유부분에만 이루어진 경우 소집통지 절차의 하자를 인정하였다. 재판부는 관리단집회가 관리인 선임 전 최초로 개최된 관리단집회임에도 구분소유자 전원에게 관리단집회 소집통지를 하지 않은 것은 위법하다고 판단하였다. 또한 아직 관리규약이 설정되어 있지 않아 건물 내의 적당한 장소에 관리단집회 개최사실을 게시하여 소집통지를 갈음할 수도 없다고 보았다.

■ **부산지방법원 동부지원 2016. 10. 20. 선고 2016가합101708 판결 [관리단집회결의취소청구의소]**

2) 소집통지서를 잘못된 장소로 발송하였다는 주장에 관한 판단

갑 제8호증의 1, 2, 을 제6호증의 각 기재에 의하면 피고는 2016. 3. 22. 이 사건 건물 575세대의 구분소유자들 전부에게 소집통지서를 등기부상 주소지로 발송하였고, 관리사무소장을 통하여 각 세대의 우편함으로도 송달한 사실을 인정할 수 있다. 이처럼 소집통지서가 각 구분소유자의 전유부분이 있는 장소로 발송되었으므로 집합건물법 제34조 제3항에 따라 발송한 때로부터 상당한 기간이 지난 시점에 도달한 것으로 볼 수 있고, 일부 구분소유자가 실제로 송달받지 못하였다고 하더라도 소집통지의 효력에 영향을 주는 것은 아니다.

■ **인천지방법원 부천지원 2020. 7. 10. 선고 2019가합103699 판결 [관리인지위부존재확인등]**

1) 중략…. 살피건대, 갑 제26호증의 각 영상, 변론 전체의 취지에 의하면, 원고가 2019. 9. 21.자 관리단집회 소집통지를 위하여 이 사건 건물 내에 소집통지문을

게시한 사실은 인정되나, 갑 제27, 37, 38호증의 각 영상 및 변론 전체의 취지에 의하여 인정되는 다음과 같은 사정들을 종합하여 보면, 이 사건 2019. 9. 21.자 관리단집회는 소집통지절차를 위반한 하자가 있다. 따라서 일부 구분소유자들에 대한 소집통지를 누락한 채 개최된 2019. 9. 21.자 집회에서 원고를 관리인으로 선임한 결의는 그 효력이 없고, 원고가 위 관리단의 관리인 지위에 있다고 할 수 없다.

가) 집합건물법 제24조 제4항에 따라 구분소유자의 승낙을 받아 전유부분을 점유하는 자가 구분소유자의 의결권을 행사할 수 있다고 하더라도, 집합건물법 제34조 제1항에 따르면 관리단집회 소집통지 대상은 점유자가 아닌 구분소유자가 되어야 한다.

나) 원고는 이 사건 건물 내 전유부분에 직접 소집통지문을 투입하였고, 네이버밴드와 카카오톡 채팅방에도 공지하였으며, 실거주하지 않고 네이버밴드나 카카오톡 채팅방에 참여하지 않은 구분소유자들에게는 우편물을 발송하는 방법으로 소집통지를 행하였다고 주장한다. 그러나 원고는 2019. 8. 24. 이 사건 건물 일부 전유세대 현관문에 통지문을 접어놓은 사진과 네이버밴드에 총회개최 공고문을 공지하고, 일부 구분소유자 또는 점유자들에게 카카오톡으로 소집통지문을 전달한 사진을 제출할 뿐 구분소유자들 전체에 대하여 구분소유자가 소유하는 전유부분에 소집통지를 발송하였다는 점에 대한 객관적 증거를 제출하지 못하였다.

다) 원고는 주로 이 사건 건물의 전유부분을 직접 방문하여 연락처를 받았다는 것인데, 이 사건 건물 구분소유자들과 점유자들이 참여하고 있다는 네이버밴드와 카카오톡 채팅방에 속해 있는 참여자들의 구체적인 신원이 확인되지 아니한바, 위 채팅방에 참여하고 있는 사람들은 이 사건 건물을 구분소유자 또는 임차인 등으로서 점유하고 있는 사람들이라고 추정이 가능할 뿐이다. 따라서 원고가 위 채팅방에 2019. 9. 21.자 관리단집회에 관하여 통지하였다고 하더라도, 이는 이 사건 건물의 점유자들에 대한 통지일 뿐 구분소유자들에 대한 통지로 볼 수 없을 뿐만 아니라 이 사건 건물 구분소유자들 전체가 포함되어 있는 것이 아니므로 적법한 통지로 볼 수 없다.

■ 인천지방법원 2017. 2. 13.자 2016카합10244 결정 [관리단집회효력정지가처분]

또한 기록 및 심문 전체의 취지에 의하면 …중략… 이 사건 관리단집회 소집통지는 대다수의 세대에 대하여 관리단구성추진위원회 측에서 이 사건 건물의 구분호실을 직접 방문하여 관리단집회 안내문 통지 확인서에 서명날인을 받는 방법으로 진행된 사실, 위 확인서와 의결권 위임장을 제출한 점유자 명단을 대조하여 보면 위 확인서에 서명날인한 상당수는 구분소유자가 아닌 점유자인 사실, 일부 우편송달 세대의 경우에도 모두 이 사건 건물의 구분호실을 송달장소로 하여 발송된 사실이 각 소명된다.

위 소명사실에 의하면 이 사건 관리단집회의 소집통지는 우편송달 및 방문통지의 방법 모두 점유자들만을 상대로 이루어졌고, 그중 상당수는 구분소유자가 아닌 점유자임이 분명하며, 이와 별도로 이 사건 건물의 점유자 아닌 구분소유자들에게 이 사건 관리단집회 개최통지가 이루어진 사실이 없음을 알 수 있다.

그렇다면 관련 집합건물법 규정에 비추어 볼 때, 이 사건 관리단집회가 관리인 선임 전 최초로 개최된 관리단집회임에도 불구하고, 이 사건 건물의 구분소유자 전원에게 회의의 목적사항을 구체적으로 밝혀 관리단집회의 소집통지를 하지 않은 것은 위법하고, 이 사건 건물에 관하여 아직 관리규약이 설정되지도 않았으므로 건물 내의 적당한 장소에 관리단집회 개최사실을 게시하여 소집통지를 갈음할 수도 없다. 결국 이 사건 관리단집회 소집통지 절차에 하자가 있다는 취지의 채권자들의 주장은 이유 있다.

집합건물법에는 '구분소유자와 점유자가 달리 정하여 관리단에 통지하거나 구분소유자가 집회 이전에 직접 의결권을 행사할 것을 관리단에 통지한 경우에는 그러하지 아니하다'라고 하여 구분소유자에게 집회소집통지가 된 것을 전제로 점유자의 보충적 의결권을 인정하고 있다(법

16조 2항, 24조 4항, 26조의2 2항, 26조의4 5항). 집회소집통지는 구분소유자가 의결권을 행사하기 위한 전제 조건이다.

현행 집합건물법 규정에 의하면, 집회소집통지는 구분소유자가 소유하는 전유부분으로 발송하면 족하다 할 것이다(법 34조 3항). 그러나 분양 후 최초로 소집되는 관리단집회나, 소유자가 전유부분에 거주하지 않는 경우에는 구분소유자의 의결권 행사의 기회 자체가 박탈된다는 문제가 있다. **인천지방법원 2019카합10312 결정**은 호텔이나 상가의 구분소유자들에 대하여는 그 전유부분이 있는 장소보다는 등기부등본에 기재된 주소지로 발송하는 것이 훨씬 더 적합한 소집통지로 보인다고 하였다.

■ 인천지방법원 2019. 10. 23.자 2019카합10312 결정 [업무방해금지가처분]

③ 위 관리단집회를 소집요구한 구분소유자들은 해당 집회일 1주일 이전에 이미 구분소유자 전원에 대하여 그 전유부분 주소지 또는 등기부등본상 주소지로 그에 관한 소집통지서를 모두 발송하였고, 해당 소집안내문을 이 사건 건물에 공고하기도 하였다. 위 구분소유자들이 최선의 노력을 다해 그 전체 구분소유자들의 주소지를 확보하여 해당 소집통지서를 발송한 것으로 보이고(호텔이나 상가의 구분소유자들에 대하여는 그 전유부분이 있는 장소보다는 등기부등본에 기재된 주소지로 발송하는 것이 훨씬 더 적합한 소집통지로 보이므로, 위와 같은 소집통지가 집합건물법 제34조를 위반한 것이라 단정할 수 없다), 비법인사단으로 집합건물의 구분소유자들 전원으로 구성되는 관리단에도 사단법인의 총회 소집과 관련하여 발신주의를 취하고 있는 민법 제71조가 준용되므로, 위 소집통지서가 일부 구분소유자들에게 도달하지 않았다고 하더라도 그와 같은 사정만으로는 위 관리단집회의 소집절차에 중대한 하자가 있는 것으로 보기 어렵다.

2.

소집통지서 발송 누락

집합건물법

제34조(집회소집통지) ① 관리단집회를 소집하려면 관리단집회일 1주일 전에 회의의 목적사항을 구체적으로 밝혀 각 구분소유자에게 통지하여야 한다. 다만, 이 기간은 규약으로 달리 정할 수 있다.

② 전유부분을 여럿이 공유하는 경우에 제1항의 통지는 제37조제2항에 따라 정하여진 의결권을 행사할 자(그가 없을 때에는 공유자 중 1인)에게 통지하여야 한다.

일부 구분소유자에게 소집통지서가 누락된 경우 관리단집회의 효력이 문제된다. 관리단집회를 소집하려면 관리단집회일 1주일 전에 회의의 목적사항을 구체적으로 밝혀 각 구분소유자에게 통지하여야 한다(법 34조 1항). 판단의 기초가 되는 사안에 따라 일부 구분소유자에 대한 소집통지를 누락한 집회결의는 무효라는 판례와 유효라는 판례가 있다.

(1) 일부 구분소유자에 대한 소집통지를 누락한 집회결의는 무효라는 판례

판단의 기초가 되는 사안에 따라 일부 구분소유자에 대한 소집통지를 누락한 집회결의는 무효라는 판례는 객실과 상가로 이루어진 집합건물의 상가 구분소유자, 일부 종중원에게 소지통지를 하지 않은 경우를 소집통지의 하자로 보았다. 무효라는 판례의 구체적 내용은 다음과 같다.

부산지방법원 2014가합41905 판결은 객실 543세대와 상가 65개로 이루어진 집합건물 중 65개 상가 구분소유자들에게 소집통지를 하지 않은 경우, 이를 각 구분소유자에게 통지되었음을 인정하기 부족하다고 보았다.

대법원 99다32257 판결은 일부 종중원에게 소집통지를 결여한 채 개최된 종중총회의 결의는 효력이 없다고 판시하였다.

인천지방법원 부천지원 2019가합103699 판결은 건물 전유세대와 카카오톡으로 소집통지문을 전달한 사안에서, 이와 같은 통지에 건물 구분소유자 전체가 포함되는 것은 아니므로 적법한 통지로 볼 수 없다고 보았다.

인천지방법원 2016카합10244 결정은 소집통지가 전유부분에만 발송된 경우, 이 중 상당수는 구분소유자 아닌 점유자임이 분명하므로 구분소유자에게 관리단집회 개최통지가 이루어지지 않았다고 판단하였다.

가. 당사자의 지위

(1) 부산 해운대구 E에 있는 'D호텔'(이하 '이 사건 건물'이라고 한다)은 2007. 6.경 준공된 총 543세대의 객실과 65개 점포의 상가로 이루어진 집합건물이다.

― 중략 ―

(나) 위 집합건물법 및 이 사건 규약에 따르면, 피고는 집합건물법 상의 '관리단'에 해당하고, 그 구성원에는 객실 및 상가의 구분소유자 전원이 포함된다.

(다) 집합건물법 상의 관리단은 어떠한 조직행위를 거쳐야 비로소 성립되는 단체가 아니라 구분소유관계가 성립하는 건물이 있는 경우 당연히 그 구분소유자 전원을 구성원으로 하여 성립되는 단체라 할 것이므로(대법원 2005. 11. 10. 선고 2003다45496 판결 등 참조), 일부 객실 구분소유자들이 피고와 관리위탁계약을 체결하지 아니하였다고 하여 관리단의 구성원에서 제외된다고 볼 수 없고, 또한 이 사건 규약 제63조를 관리단 구성에서 상가 구분소유자들을 배제하는 의미로 해석할 수는 없으며, 가사 위 규약 제63조를 상가 구분소유자들을 관리단의 구성원에서 제외하는 규정으로 새긴다고 하더라도 이는 집합건물법 제23조 제1항에 반하여 무효라고 할 것이다.

― 중략 ―

(나) 소집통지 절차의 적법 여부

집합건물법 제34조 제1항 및 이 사건 규약 제19조 제6항에 의하면, 관리단집회를 소집하기 위하여 관리단집회일 7일 전에 회의의 목적사항을 명시하여 각 구분소유자에게 통지하여야 하는데, 갑 제7호증의 기재만으로는 이 사건 관리인선임결의의 목적사항이 구체적으로 기재된 선거 안내문 등이 2013. 8. 19. 발송되어 각 구분소유자에게 통지되었음을 인정하기 부족하고, 그 밖에 이를 인정할 증거가 없다.

■ **대법원 2001. 6. 29. 선고 99다32257 판결 [소유권이전등기]**

종중총회는 특별한 사정이 없는 한 족보에 의하여 소집통지 대상이 되는 종중원의 범위를 확정한 후 국내에 거주하고 소재가 분명하여 통지가 가능한 모든 종중원에게 개별적으로 소집통지를 함으로써 긱자가 회의와 도의 및 의결에 참가할 수 있는 기회를 주어야 하고, 일부 종중원에게 소집통지를 결여한 채 개최된 종중총회의 결의는 효력이 없으나, 그 소집통지의 방법은 반드시 직접 서면으로 하여야만 하는 것은 아니고 구두 또는 전화로 하여도 되고 다른 종중원이나 세대주를 통하여 하여도 무방하다.

■ **인천지방법원 부천지원 2020. 7. 10. 선고 2019가합103699 판결 [관리인지위부존재확인등]**

가) 집합건물법 제24조 제4항에 따라 구분소유자의 승낙을 받아 전유부분을 점유하는 자가 구분소유자의 의결권을 행사할 수 있다고 하더라도, 집합건물법 제34조 제1항에 따르면 관리단집회 소집통지 대상은 점유자가 아닌 구분소유자가 되어야 한다.

나) 원고는 이 사건 건물 내 전유부분에 직접 소집통지문을 투입하였고, 네이버 밴드와 카카오톡 채팅방에도 공지하였으며, 실거주하지 않고 네이버밴드나 카카오톡 채팅방에 참여하지 않은 구분소유자들에게는 우편물을 발송하는 방법으로 소집통지를 행하였다고 주장한다. 그러나 원고는 2019. 8. 24. 이 사건 건물 일부 전유세대 현관문에 통지문을 접어놓은 사진과 네이버밴드에 총회개최 공고문을 공지하고, 일부 구분소유자 또는 점유자들에게 카카오톡으로 소집통지문을 전달한 사진을 제출할 뿐 구분소유자들 전체에 대하여 구분소유자가 소유하는 전유

부분에 소집통지를 발송하였다는 점에 대한 객관적 증거를 제출하지 못하였다.

다) 원고는 주로 이 사건 건물의 전유부분을 직접 방문하여 연락처를 받았다는 것인데, 이 사건 건물 구분소유자들과 점유자들이 참여하고 있다는 네이버밴드와 카카오톡 채팅방에 속해 있는 참여자들의 구체적인 신원이 확인되지 아니한바, 위 채팅방에 참여하고 있는 사람들은 이 사건 건물을 구분소유자 또는 임차인 등으로서 점유하고 있는 사람들이라고 추정이 가능할 뿐이다. 따라서 원고가 위 채팅방에 2019. 9. 21.자 관리단집회에 관하여 통지하였다고 하더라도, 이는 이 사건 건물의 점유자들에 대한 통지일 뿐 구분소유자들에 대한 통지로 볼 수 없을 뿐만 아니라 이 사건 건물 구분소유자들 전체가 포함되어 있는 것이 아니므로 적법한 통지로 볼 수 없다.

■ **인천지방법원 2017. 2. 13.자 2016카합10244 결정 [관리단집회효력정지가처분]**

이 사건 관리단집회 소집통지는 대다수의 세대에 대하여 관리단구성추진위원회 측에서 이 사건 건물의 구분호실을 직접 방문하여 관리단집회 안내문 통지 확인서에 서명날인을 받는 방법으로 진행된 사실, 위 확인서와 의결권 위임장을 제출한 점유자 명단을 대조하여 보면 위 확인서에 서명날인한 상당수는 구분소유자가 아닌 점유자인 사실, 일부 우편송달 세대의 경우에도 모두 이 사건 건물의 구분호실을 송달장소로 하여 발송된 사실이 각 소명된다.
위 소명사실에 의하면 이 사건 관리단집회의 소집통지는 우편송달 및 방문통지의 방법 모두 점유자들만을 상대로 이루어졌고, 그중 상당수는 구분소유자가 아닌 점유자임이 분명하며, 이와 별도로 이 사건 건물의 점유자 아닌 구분소유자들에게 이 사건 관리단집회 개최통지가 이루어진 사실이 없음을 알 수 있다.
그렇다면 관련 집합건물법 규정에 비추어 볼 때, 이 사건 관리단집회가 관리인 선임 전 최초로 개최된 관리단집회임에도 불구하고, 이 사건 건물의 구분소유자 전원에게 회의의 목적사항을 구체적으로 밝혀 관리단집회의 소집통지를 하지 않은

> 것은 위법하고, 이 사건 건물에 관하여 아직 관리규약이 설정되지도 않았으므로 건물 내의 적당한 장소에 관리단집회 개최사실을 게시하여 소집통지를 갈음할 수도 없다. 결국 이 사건 관리단집회 소집통지 절차에 하자가 있다는 취지의 채권자들의 주장은 이유 있다.

⑵ 일부 구분소유자에 대한 소집통지를 누락한 집회결의는 유효라는 판례

판단의 기초가 되는 사안에 따라 일부 구분소유자에 대한 소집통지를 누락한 집회결의는 유효라는 판례는 소집통지가 누락된 의결권자가 전체 의결권자 중 일부로 보아 소집통지를 유효로 판단하였다. 유효라는 판례의 구체적 내용은 다음과 같다.

울산지방법원 2016가합1829 판결은 전체 1,018명 중 131명에게 소집통지가 누락된 경우, 집회 통지를 유효로 보았다. 그 근거로 피고 조합이 조합원의 의사를 왜곡하기 위하여 의도적으로 소집통지를 누락한 것은 아닌 점, 총회에 조합원 총수 1,018명의 과반이 넘는 조합원이 참석하여 찬성 결의가 이루어졌는데, 조합원 131명 모두에게 소집통지가 이루어졌더라도 결과가 달라졌을 개연성은 거의 없는 점 등을 들었다.

서울고등법원 2016라20966 결정은 일부 구분소유자에게 소집통지를 누락하여 집회소집절차는 집합건물법 34조 1항에 위반된다는 주장에 대하여 재판부는 집회소집통지가 구분소유자의 등기사항증명서 기재 주소지로 발송되는 등 상당한 노력을 기울이고, 상가 내 공고문에 게시한 점 등을 이유로 결의취소사유가 있다고 단정하기 어렵다고 판단하였다.

안산지원 2021카합50008 결정은 소집통지가 누락된 의결권자가 전체 의결권자 중 일부에 불과하고, 건물 승강기 등에 소집공고문이 게시되어 실제로 의결권자 대부분이 이를 확인하였을 것이므로 소집통지는 유효하다고 보았다.

■ 울산지방법원 2017. 6. 8. 선고 2016가합1829 판결 [조합원총회결의무효확인]

3) 피고 조합은 L, M, N, O의 구분소유자 73명과 사업부지 내 일부 토지 소유자 및 공유지분권자 58명 합계 131명에게 총회개최사실을 통지하지 않았다.

그러나 ① L, M, N, O의 구분소유자들은 피고 조합 설립 이후 각 상가부지에 관한 대지권등기를 마쳤고(L의 경우 1997. 10. 22., M의 경우 1998. 4. 18., N의 경우 2006. 3. 17., O의 경우 1998. 3. 30. 각 상가부지에 관한 대지권등기가 마쳐졌다), 그 외 소집통지를 받지 못한 나머지 조합원 58명도 대부분 피고 조합 설립 후에 사업부지 내 토지소유권이나 공유지분권을 취득한 사람들인 점, ② 피고 조합 정관 제43조에 의하면, 사업부지 내 토지의 소유권을 취득한 사람은 등기를 마치기 전후로 피고 F과 협의하거나 피고 F에게 통지할 의무가 있는데, 소집통지를 받지 못한 구분소유자나 공유지분권자 대부분은 대지권등기나 지분이전등기 전후로 피고 조합에 등기를 마친 사실을 통지하거나 조합원 지위를 요구하지 않은 점, ③ 피고 조합이 조합원들의 의사를 왜곡하기 위하여 의도적으로 일부 조합원들에게 소집통지를 누락한 것은 아닌 점, ④ 총회에는 조합원 총수 1,018명의 과반이 넘는 594명이 참석하여 참석 조합원 전원 찬성으로 결의가 이루어졌는데, 조합원 131명 모두에게 소집통지가 이루어졌더라도 결과가 달라졌을 개연성은 거의 없는 점 등을 참작하면, 조합원 131명에 대한 소집통지가 누락된 하자가 총회결의를 무효로 할 만큼 중대한 것이라고 보기는 어렵다.

■ 서울고등법원 2017. 9. 1.자 2016라20966 결정 [직무집행정지가처분]

1) 서울 중구 I에 있는 집합건물인 E상가(이하 '이 사건 상가'라 한다)의 구분소유자들인 J 외 63명이 서울중앙지방법원 2015비합75호 임시 관리단집회 허가의 결정에 따라 이 사건 집회를 소집함에 있어 이 사건 상가 구분소유자들 전체의 등기사항증명서 기재 주소지로 소집통지를 발송하였으나, 그중 일부의 구분소유자들이 그 통지를 수령하지 못하였다.

그러나 …중략…

② 이 사건 집회의 소집통지가 구분소유자가 소유하는 전유부분이 있는 장소로 발송되지는 않았지만, 오히려 구분소유자가 소유하는 전유부분에 대한 등기사항증명서 기재 주소지로 발송하는 등으로 상당한 노력을 기울인 것으로 보일 뿐만 아니라, 이 사건 상가 내에 공고문을 게시하기도 하였던 점 등에 비추어 보면, 위와 같은 소집통지의 방법은 이 사건 집회의 참석률을 높이려는 목적에서 이루어진 것으로 보이는 점

■ 수원지방법원 안산지원 2021. 5. 6.자 2021카합50008 결정 [관리행위중지등 가처분]

① 소집통지가 누락된 의결권자는 전체 의결권자 중 일부에 불과하고, 개별적 소집통지와 별개로 별지 1 목록 기재 건물의 승강기 등에 소집공고문이 게시되어 실제로는 의결권자의 대부분이 이를 확인하였을 것으로 보이는 점

― 중략 ―

등을 고려하면, 채권자의 2020. 12. 22.자 관리단집회 결의에 중대한 하자가 있어 효력이 없다고 볼 수는 없다.

판례는 판단의 기초가 되는 사안마다 구체적인 사정들을 종합하여 일부 구분소유자에 대한 소집통지를 누락을 판단하고 있다. 반드시 구분소유자 전원에게 소집통지가 되어야 소집통지가 유효하다고 볼 수는 없으나, 일반인의 입장에서 어떠한 사정에서 어느 정도까지 소집통지가 누락되면 절차상 하자로 인정되는지 그 기준을 알 수 없거나 판단하기가 쉽지 않다. 사전에 전체 구분소유자의 수를 면밀히 파악하여 소집통지를 누락하는 구분소유자가 없도록 하여야 할 것이다.

3.

소집통지서 발송과 도달

민법

제111조(의사표시의 효력발생시기) ① 상대방이 있는 의사표시는 상대방에게 도달한 때에 그 효력이 생긴다.

② 의사표시자가 그 통지를 발송한 후 사망하거나 제한능력자가 되어도 의사표시의 효력에 영향을 미치지 아니한다.

집합건물법

제34조(집회소집통지) ① 관리단집회를 소집하려면 관리단집회일 1주일 전에 회의의 목적사항을 구체적으로 밝혀 각 구분소유자에게 통지하여야 한다. 다만, 이 기간은 규약으로 달리 정할 수 있다.

③ 제1항의 통지는 구분소유자가 관리인에게 따로 통지장소를 제출하였으면 그 장소로 발송하고, 제출하지 아니하였으면 구분소유자가 소유하는 전유부분이 있는 장소로 발송한다. 이 경우 제1항의 통지는 통상적으로 도달할 시기에 도달한 것으로 본다.

관리단집회 소집통지 시 집회 1주일 전 발송으로 족한지, 1주일 전에 구분소유자에게 도달까지 되어야 하는지가 문제된다.

통상 상대방이 있는 의사표시는 상대방에게 도달한 때에 그 효력이 생긴다(민법 111조). 그러나 집합건물법은 관리단집회를 소집하려면 관리단집회일 1주일 전에 회의의 목적사항을 구체적으로 밝혀 각 구분소유자에게 통지하여야 한다고 규정한다. 이 경우 통지는 통상적으로 도달할 시기에 도달한 것으로 본다. 판례는 대체로 1주일 전에 발송하면 족하다고 하여 완화된 발신주의를 취하고 있다(**서울고등법원 2019라 20966 결정**).

수원지방법원 여주지원 2021가합11113 판결은 구분소유자 446명에게 소집통지서를 발송하여 구분소유자 중 115명이 실제 소집통지서를 수령하지 못한 경우에도 소집통지는 유효하다고 보았다. 이러한 판례에 따르면 집회 개최 1주일 전에 발송하여 실제 집회 개최 3~5일 전에 수령하거나, 일부가 아예 수령하지 못하여 의결권 행사가 제한되거나 박탈되는 경우가 발생한다.

> ■ **서울고등법원 2017. 9. 1.자 2016라20966 결정 [직무집행정지가처분]**
>
> ① 집합건물법 제34조는 '관리단집회의 소집통지는 구분소유자가 관리인에게 따로 통지장소를 제출하였으면 그 장소로 발송하고, 제출하지 아니하였으면 구분소유자가 소유하는 전유부분이 있는 장소로 발송한다. 이 경우 통지는 통상적으로 도달할 시기에 도달한 것으로 본다(제3항)', '건물 내에 주소를 가지는 구분소

유자 또는 통지장소를 제출하지 아니한 구분소유자에 대한 통지는 건물 내의 적당한 장소에 게시함으로써 소집통지를 갈음할 수 있음을 규약으로 정할 수 있다. 이 경우 통지는 게시한 때에 도달한 것으로 본다(제4항)'고 규정함으로써 관리단집회 소집권자의 소집통지의무를 발신주의 등으로 완화하고 있는 점,

■ **수원지방법원 여주지원 2022. 4. 27. 선고 2021가합11113 판결 [관리단집회 결의취소]**

이 사건에 관하여 보건대, 을 제8, 9호증의 각 기재 및 영상과 변론 전체의 취지를 종합하면, 피고가 2021. 4. 29. 익일특급으로 이 사건 오피스텔 구분소유자 446명에게 소집통지서를 발송한 사실을 인정할 수 있으므로, 2021. 4. 30.경 위 구분소유자들에게 소집통지서가 도달하였다고 보아야 하고, 구분소유자 중 115명이 실제 소집통지서를 수령하지 못하였다고 하더라도 달리 볼 수 없다. 원고들의 위 주장은 받아들이지 않는다.

일반 우편 발송의 경우에는 배달 소요 시간이 다소 길고 소송 시 발송했다는 입증이 어려운 점이 있다. 이 때문에 관리단집회 1주일 전에 우체국 등기로 발송을 하는 것이 바람직하다. 그러나 실제 집회를 개최할 때에는 비용 문제나 경험 부족 등의 이유로 우체국 등기 대신에 일반 우편으로 발송하기도 한다.

일반 우편 발송 사안과 관련하여 **수원지방법원 2019카합10491 결정**은 관리단집회의 소집권자는 관리단집회 소집통지서의 도달에 필요한 통상적인 기간을 고려하여 소집통지서가 관리단집회일 1주일 전에 각 구분소유자에게 도달할 수 있도록 하여야 한다고 판시하였다.

위 판결에서 재판부는 일반 우편의 도달에 소요되는 통상적인 기간, 소집통지서를 발송한 날의 다음 날이 토요일, 일요일로 일반 우편이 배송되기 어려운 점 등을 고려하면 2019. 11. 29. 금요일에 일반 우편으로 발송한 소집통지서는 아무리 빨라도 2019. 12. 2. 이후 구분소유자들에게 도달하였을 것으로 보았다. 따라서 집회소집통지서는 관리단집회일인 2019. 12. 8.로부터 1주일 전에 구분소유자들에게 통지되었다고 볼 수 없으므로, 관리단집회는 적법한 소집통지를 결여한 절차적 하자가 있다고 보았다.

■ **수원지방법원 2019. 12. 6.자 2019카합10491 결정 [관리단집회개최금지가처분]**

1) 소집통지 기간 미준수

집합건물법 제34조 제1항은 '관리단집회를 소집하려면 관리단집회일 1주일 전에 회의의 목적사항을 구체적으로 밝혀 각 구분소유자에게 통지하여야 한다'라고 규정하고 있고, 같은 조 제3항은 '제1항의 통지는 통상적으로 도달할 시기에 도달한 것으로 본다'라고 규정하고 있다. 따라서 <u>관리단집회의 소집권자는 관리단집회 소집통지서의 도달에 필요한 통상적인 기간을 고려하여 위 소집통지서가 관리단집회일 1주일 전에 각 구분소유자에게 도달할 수 있도록 하여야 한다.</u>

이 사건에 관하여 보건대, 기록 및 심문 전체의 취지를 종합하면, 채무자는 2019. 11. 29. 금요일에 이 사건 건물의 구분소유자들에게 일반 우편으로 이 사건 소집통지서를 발송한 사실이 소명된다. 일반 우편의 도달에 소요되는 통상적인 기간, 채무자가 이 사건 소집통지서를 발송한 날의 다음 날이 토요일, 그다음 날이 일요일로 일반 우편이 배송되기 어려운 점 등을 고려하면, 이 사건 소집통지서는 아무리 빨라도 2019. 12. 2. 이후 이 사건 건물의 구분소유자들에게 도달하였을 것으로 보인다. 따라서 이 사건 소집통지서가 이 사건 관리단집회일인 2019. 12. 8.로부터 1주일 전에 이 사건 건물의 구분소유자들에게 통지되었다고 볼 수 없으므로, 이 사건 관리단집회는 적법한 소집통지를 결여한 절차적 하자가 있다.

집회소집통지가 되었으나 실제 집회소집통지서를 받지 못하였다면 사실상 의결권자의 의결권 행사 기회는 박탈된다. 그렇다고 하여 집회 주관자가 소집통지 도달 여부를 일일이 확인할 수는 없다. 과학기술의 발달로 우편을 송달받지 못하는 경우는 거의 없다 할 것이어서 소집통지서 우편 발송으로 특별한 사정이 없는 한 도달할 시기에 도달한 것으로 볼 것이다. 다만 구분소유자 및 점유자가 통지되는 안건에 대하여 충분히 인식하고 안건 내용을 숙지하여 의결권을 행사할 수 있어야 하는데, 관리단집회일 1주일 전에 발송통지는 의결권 행사 기회 보장에 다소 미흡한 점이 있다.

공동주택관리법은 입주자대표의 구성에 관하여 자세히 규정되어 있다(공동주택관리법 14조~16조, 동법 시행령 11~13조, 동법 시행규칙 5조). 서울특별시 공동주택 관리규약준칙에는 선거관리위원회는 선거기간, 후보등록기간, 투표일을 포함한 동별 대표자 선출 공고문을 작성하여 임기만료 60일 전까지 공고하도록 규정하여 의결권 행사에 충분히 기간을 두고 있다.

4.

서면결의서 미첨부

관리단집회 소집통지 시 서면의결서 양식이 첨부되지 아니한 경우의 효력이 문제된다. 관리단집회의 소집통지나 소집통지를 갈음하는 게시

를 할 때에는 의결권을 행사할 수 있다는 내용과 구체적인 의결권 행사 방법을 명확히 밝혀야 한다. 관리단집회의 소집통지를 할 때에는 서면에 의하여 의결권을 행사하는 데 필요한 자료를 첨부하여야 한다.

인천지방법원 2016가합56898 판결은 집회소집통지 시 서면결의서 양식이 첨부되지 아니하였더라도 특별한 사정이 있어 서면결의권 행사에 관한 통지 규정을 준수하였다고 보았고, 설령 하자가 있다 하더라도 경미한 하자로 보아 취소사유에는 해당하지 않는다고 판단하였다. **수원지방법원 2017가합17880 판결**은 집합건물법 34조에 따라 관리단집회 소집통지를 하거나 그에 갈음하여 게시를 할 때에는 특별한 사정이 없는 한 반드시 구분소유자들에게 서면의결권 행사가 가능하다는 점을 밝히고 서면의결권 행사에 필요한 자료를 제공하여야 한다고 하였다.

■ **인천지방법원 2017. 8. 10. 선고 2016가합56898 판결 [관리단집회결의무효확인등]**

가) 위 원고들은 이 사건 제2차 집회소집통지에는 서면결의에 관한 안내 및 서면결의서 양식이 첨부되어 있지 않았으므로 집합건물법 제38조 및 동법 시행령 제14조에 위반되는 위법한 소집통지가 있었다고 주장한다.

나) 그러나 소집통지에 동봉된 위임장에 '위임장이 본인의 의결권 행사에 있어 서면결의로 간주되는 것에 동의'한다는 취지가 기재되어 있었던 사실은 앞서 인정한 바와 같고, 나아가 앞서 인정한 사실과 거시한 증거에 변론 전체의 취지를 더하여 인정되는 다음과 같은 사정 즉, ① 이 사건 제2차 집회소집통지에는 결의가 이루어질 안건이 무엇인지에 관한 설명이 첨부되어 있었을 뿐만 아니라 이 사건

제2차 집회는 이 사건 제1결의와 동일한 안건에 관한 집회이기도 했던바, 구분소유자들은 구체적인 결의 내용을 예상할 수 있었을 것으로 보이는 점, ② 집합건물법 제38조 등이 서면결의에 관한 안내를 하도록 규정하고 있는 것은 구분소유자들이 관리단집회에 참석하지 않고도 중요 사항에 대한 결의에 참여하여 관리단의 운영에 관여할 수 있는 권리를 보장하기 위한 것인데, 이 사건 제2차 집회와 같이 구체적인 결의 내용을 예상할 수 있는 상황이라면 같은 의견을 가진 사람에게 의결권을 위임하여 행사하게 하는 방식으로도 관리단 운영에 관여할 권리를 보장할 수 있을 것으로 보이는 점, ③ 이 사건 각 안건처럼 특정한 인물이나 업체를 선정하는 경우에는 결의 진행과정에서 후보로 추가되는 사람이나 업체가 있을 수도 있어 안건에 관한 단순 찬반투표가 이루어지는 경우와는 달리 서면결의 양식을 미리 작성하기 어려운 사정도 있는 것으로 보이는 점 등을 종합하여 보면, 이 사건 제2차 집회소집통지는 위임장 작성을 통한 서면결의를 안내함으로써 서면결의권 행사에 관한 최소한의 안내를 하였다고 봄이 타당하다.

다) 따라서 이 사건 제2차 집회소집통지는 서면의결권 행사에 관한 통지 규정을 준수하였다고 봄이 타당하고, 설령 규정 위반이나 하자가 존재한다고 할지라도 그러한 하자는 결의를 취소할 정도에 이르지 않는 경미한 하자라고 봄이 타당하다.

■ 수원지방법원 2018. 1. 10. 선고 2017가합17880 판결 [관리단집회결의무효 확인의소]

집합건물법과 그 시행령에 따르면, 관리단집회의 소집통지나 그를 갈음하는 게시를 할 때에는 서면에 따라 의결권을 행사할 수 있다는 내용과 구체적인 의결권 행사방법을 명확히 밝혀야 하고(집합건물법 제38조 제3항, 제4항), 관리단집회의 소집통지를 할 때에는 서면에 의하여 의결권을 행사하는 데 필요한 자료를 첨부하여야 한다(집합건물법 시행령 제14조 제1항). 이러한 법령의 내용, 형식, 체계와 함께 집합건물법 제38조 등이 집합건물의 구분소유자로 하여금 관리단집회에서 서면으로 그 의결권을 행사할 수 있도록 규정하고 있는 것은 구분소유자들이 관리단집회에 참석하지 않고도 중요 사항에 대한 결의에 참여하여 관리단의 운영에 관여할 수 있도록 하기 위한 것으로 보이는 점 등을 종합해 보면, 집합건물법 제34조에 따른 관리단집회의 소집통지나 그에 갈음하는 게시를 할 때에는 특별한 사정이 없는 한 반드시 구분소유자들에게 서면으로 의결권을 행사할 수 있다는 점을 밝힘과 아울러 서면에 의한 의결권 행사에 필요한 자료를 제공하여야 한다.

그런데 을 제2, 3호증의 각 기재에 의하면, C 및 D 관리단집회의 공고에 '서면에 의하여 의결권을 행사할 수 있다'는 내용이 포함되지 아니한 사실, 위 집회의 개별적인 소집 통보 당시에도 서면에 의한 의결권 행사에 필요한 자료가 제공되었다고 볼 만한 자료가 없는 사실을 인정할 수 있는바, C 및 D 관리단집회 결의에는 그 소집절차가 법령에 위반된 하자가 있다고 할 것이다. 따라서 원고들의 이 부분 주장은 이유 있다.

판례는 집회소집통지 시 서면의결권 행사 양식이 첨부되지 아닌 한 경우 위법하다고 보았다(**인천지방법원 2016카합10244 결정, 수원지방법원 2019카합10491 결정, 수원지방법원 성남지원 2018카합50033 결정, 수원지방법원 성남지원 2018가합409854 판결**). 다만 **수원지방법원 성남지원 2018가합409854 판결**은 이러한 하자는 하자가 중대·명백하여 결의무효사유에 이를 정도는 아니라고 보았다.

■ **인천지방법원 2017. 2. 13.자 2016카합10244 결정 [관리단집회효력정지가처분]**

2) 또한 기록 및 심문 전체의 취지에 의하면 이 사건 관리단집회 소집통지 시 서면의결서 양식이 첨부되지 아니하였고, 집회소집자 중 최연장자가 아닌 F이 의장이 되어 이 사건 관리단집회를 진행한 사실이 소명되고, 이러한 사정 역시 집합건물법

제38조 제2항 및 집합건물법 제39조 제1항에 위배된 것으로서 위법하므로, 채권자들의 이 부분 주장도 이유 있다.

■ 수원지방법원 2019. 12. 6.자 2019카합10491 결정 [관리단집회개최금지가처분]

2) 서면에 의한 의결권 행사 자료 미첨부

집합건물법 제38조 제4항은 '제1항부터 제3항까지에서 규정한 사항 외에 의결권 행사를 위하여 필요한 사항은 대통령령으로 정한다'라고 규정하고 있고, 집합건물법 시행령 제14조 제1항은 '관리단집회의 소집통지를 할 때에는 서면에 의하여 의결권을 행사하는 데 필요한 자료를 첨부하여야 한다'라고 규정하고 있다.

이 사건을 위 규정에 비추어 보건대, 기록 및 심문 전체의 취지를 종합하면, 채무자는 이 사건 소집통지서에 '의결권은 서면이나 전자적 방법으로 또는 대리인을 통하여 행사할 수 있다'라고 기재하였을 뿐 서면에 의한 의결권 행사를 위한 서면결의서 등을 첨부하지는 아니한 점, 이 사건 관리단집회는 관리인의 선임을 안건으로 하고 있는데, 채무자는 소집통지를 하면서 관리인 후보자가 누구인지 전혀 고지하지 아니하여 서면에 의하여 관리인 선임 안건에 대한 의결권을 행사하는 것이 사실상 불가능한 점이 소명된다. 따라서 이 사건 관리단집회의 소집통지에는 서면결의를 위한 자료를 첨부하지 아니한 하자가 있다.

■ 수원지방법원 성남지원 2018. 4. 30.자 2018카합50033 결정 [직무집행정지 가처분]

그런데 기록에 의하면, 이 사건 오피스텔 관리규약에서도 입주자는 서면 또는 대리인에 위임하여 의결권을 행사할 수 있음을 명확히 규정한 사실(제9조 제2항), 선거관리위원회가 1차 임시총회 및 2차 임시총회 소집통지를 할 당시에 이 사건 오피스텔의 구분소유자들이 집합건물법 제38조 제2항 등이 정한 바에 따라 서면으로 의결권을 행할 수 있다는 점과 아울러 서면에 의한 의결권을 행사하는 데 필요한 자료를 첨부하지 아니한 사실을 인정할 수 있다. 사정이 그러하다면, 위 각 임시총회는 그 소집통지 시에 의결권을 행사하는 데에 필요한 자료가 첨부되지 아니하여 집합건물법령을 위반한 하자가 있으므로, 위 각 임시총회에서 관리위원을 선출하지 못함을 조건으로 이루어진 이 사건 이사회결의 또한 법령에 위반된 하자가 있다.

■ **수원지방법원 성남지원 2019. 11. 8. 선고 2018가합409854 판결 [임시총회 결의무효확인의소]**

그러나 갑 제2 내지 4호증의 각 기재에 의하면 피고는 이 사건 임시총회 소집통지 당시 위와 같이 서면으로 의결권을 행사할 수 있다는 내용을 밝히지 아니하였고, 서면에 의하여 의결권을 행사하는 데 필요한 자료를 첨부하지도 아니한 사실을 인정할 수 있으므로, 이 사건 임시총회 소집통지절차에는 집합건물법 제38조 제3항 등을 위반한 하자가 있다.

— 중략 —

그런데 앞서 든 증거들 및 변론 전체의 취지를 종합하여 인정할 수 있는 아래와 같은 사정들에 비추어 보면, 앞서 본 바와 같이 이 사건 임시총회에는 소집통지절차와 점유자의 의결권 행사절차에 하자가 있기는 하나, 위와 같은 하자로 인하여 이 사건 오피스텔 입주자 등의 의결권이 본질적으로 침해되는 등 그 하자가 중대하고도 명백하여 결의무효사유에 이를 정도라고 보기는 어렵다.

— 중략 —

② 당초 서면에 의한 의결권 행사를 희망하였으나 이에 대한 안내를 받지 못한 입주자 등도 이 사건 임시총회에 참석하여 의결권을 행사하였을 수 있으므로, 이 사

건 임시총회에서 서면에 의한 의결권 행사가 이루어지지 않았다는 사정만으로 서면에 의한 의결권 행사를 희망한 입주자 등의 의결권 행사가 불가능하였다고 단정할 수는 없다. 또한, 서면에 의하여 의결권을 행사할 의사가 있었음에도 이 사건 임시총회 소집통지절차의 하자로 인하여 이를 행사하지 못한 입주자 등이 실제로 존재함을 인정할 아무런 증거가 없고, 달리 위와 같은 하자 자체만으로 입주자 등의 의결권이 실질적으로 침해되었다고 볼 특별한 사정은 없어 보인다.

③ 집합건물법 제38조 제2항이 서면에 의한 의결권 행사를 인정한 취지는 입주자 등이 관리단집회에 참석하지 않으면서도 보다 편리한 방법에 의하여 의결권을 행사할 수 있게 하기 위한 것이다. 그런데 갑 제4호증의 기재에 의하면 피고는 이 사건 임시총회를 앞두고 2017. 12. 14.부터 2017. 12. 22.까지 9일간 입주자 등으로 하여금 선거관리위원회 사무실에 설치된 기표소를 방문하여 투표할 수 있게 한 사실을 인정할 수 있고, 이로써 서면에 의한 의결권 행사와 유사한 효과는 거둘 수 있었을 것으로 보인다.

집합건물법 시행령은 전자적 방법에 의한 의결권 행사에 관하여는 '전자적 방법으로 의결권을 행사할 수 있도록 하는 경우에는'이라고 임의적 선택 가능성을 규정하였다(법 시행령 13조 2항). 이와 달리, 서면에 의한 의결권 행사(법 시행령 14조)에 관하여는 대리인에 의한 의결권 행사(법 시행령 15조)와 마찬가지로 일정한 의무만을 부과할 뿐 임의적 선택 가능성에 관한 내용을 규정하지 아니하고 있다(수원지방법원 2017가합 17880 판결). 이와 같이 집합건물법 시행령이 소집통지 시 서면의결서 양식 첨부를 의무 사항으로 규정하고 있음에도 판례에 의하여 지속적으로 판시되는 것은 당사자들 집합건물법 규정을 제대로 숙지하지 못하기 때문인 것으로 보인다.

5.

양식

[양식 4—1] 관리단집회 소집통지서

관리단집회 소집통지서

'○○○' 구분소유자님, 입주자님들의 건강과 안녕을 기원합니다. 당 건물의 2기 관리단 임원회 구성의 필요성과 구분소유자들의 집회소집 요청을 반영하여 아래와 같이 관리단집회를 소집하오니 다음의 안내에 따라 집회에 적극적으로 참여하여 주시기 바랍니다. 위임장과 서면결의서 양식을 동봉하오니, 참조하시어 원활한 관리단 구성을 위해 빠짐없이 의결권을 행사하여 주시길 당부드립니다.

다　음

1. 일　시 : 2022년 12월 27일 (화요일) 오후 2시
2. 장　소 : ○○○ 지식산업센터 ○층 ○호
　　　　　【주소: 서울 서초구 반포대로 108 】
3. 목적 사항
　1) 관리인 선출의 건
4. 참석대상 : 구분소유자 또는 점유자(집합건물법이 규정하고 있는 의결권자)
5. 지 참 물 : 본인신분증 (대리인의 경우 위임장)
6. 연락처 및 서류접수처 : 관리사무소 (☎ 02-6933-6973)
　▶방문, 우편: 서울 서초구 반포대로 108 ○○○지식산업센터 관리사무소
　▶팩스, 이메일: 02-6933-6974 / lawfirljn@naver.com
　▶문자, 카톡 사진전송: 서류작성 후 휴대폰으로 찍어 ☎ **010-000-0000**로 전송
7. 회의결과 공고방법 : 당 건물 각 게시판에 결과 공고

▶ **첨부서류 : ①서면결의서 양식, ②위임장 양식, ③입후보등록 공고문, ④입후보등록 신청서**

▶ **입후보등록 공고 및 집회 일정 안내**

1. 후보자등록기간 : 2000. 00. 0. (금) ~ 2000. 00. 00 (금) 13시 까지
　　　　　　　　　　(* 첨부 입후보자등록 공고문 및 건물 각 게시판의 후보자등록 공고 참조)
2. 후보자 확정공고 : 2000. 00. 00. (금) 13시 이후(건물 각 게시판 공고 및 관리사무소 확인)
3. 집회일 : 2000. 00. 00. (화) 14시
4. 집회결과 공고: 2000. 00. 00. (* 당 건물 각 게시판에 공고)

▶ 안건설명

1) 관리인 선출의 건 : 1인 / 임기 2년

당 건물의 보존, 관리를 위해 대내외적인 대표권을 행사할 2기 관리인 1인을 선출하는 건입니다. 집합건물법 및 관리규약 제54조에 따라 임기는 2년(연임가능)이고, 구분소유자 및 의결권의 과반수 투표와 구분소유자 및 의결권 모두 다수 득표자를 관리인으로 선출합니다.

▶ 의결권 행사방법 안내

1. 구분소유자 참석의결권 행사방법

집회 개시 전까지 집회장에 입장하셔서 접수대에서 본인 신분확인 후 비치된 참석자 명부를 작성하시고, 현장 투표용지를 수령하시기 바랍니다. 공유자인 경우에는 의결권 행사자로 지정되거나 과반수 지분권자의 의결권 행사만이 유효합니다.

2. 점유자 의결권 행사방법

점유자 역시 집회 개시 전까지 집회장에 입장하셔서 접수대에서 본인 신분확인 후 비치된 참석자 명부를 작성하시고, 현장 투표용지를 수령하시기 바랍니다. 점유자는 구분소유자가 의결권을 행사하지 않는 경우에 직접, 대리, 서면의결권 행사가 가능합니다. 소유자와 점유자가 동시에 의결권을 행사하는 경우에는 소유자의 의결권 행사가 유효하고, 점유자는 의견진술과 집회 참관이 가능합니다.

3. 서면의결권 행사방법

집회에 참석하지 못하시는 구분소유자 및 점유자들을 위해 서면결의서 양식을 동봉하오니, 지지 후보자의 성명 또는 찬반 의사를 표시하셔서 관리사무소 또는 집회장(결의 전까지)에 제출하여 주시기 바랍니다. 소유자와 점유자의 서면의결서가 중복되는 경우에는 소유자의 서면결의서가 우선합니다. 원활한 집회 준비를 위해 가급적 집회 전날 17:00까지 관리사무소로 우편, 팩스, 사진전송(휴대폰) 등의 방법(사본가능)으로 사전 제출하여 주시기 바랍니다. 관리단 임원 입후보자 내역은 알고 있는 후보자가 있는 경우에는 후보자 성명을 기재하여 주시고, 후보자 내역을 모르는 경우에는 건물 각 게시판의 후보자 확정공고와 관리사무소를 통해 확인하여 주시기 바랍니다.

4. 위임에 의한 대리인 의결권 행사방법

직접 참석이나 서면의결권 행사가 어려우신 경우, 동봉하는 위임장 양식에 인적사항 등을 자필로 기재하시고 대리인을 특정하시어 의결권을 위임해주시기 바랍니다. 구분소유자 뿐만 아니라 점유자들도 의결권 위임이 가능하고, 양자가 중복된 경우 소유자의 의결권 위임이 유효하고, 점유자의 대리인은 집회 참관이 가능합니다. 대리인은 위임장을 제시 또는 첨부하여 현장투표 또는 대리 서면투표가 가능합니다. 위임장은 진정성 확인과 원활한 집계준비를 위해 가급적 집회 전날 17:00까지 관리사무소로 우편, 팩스, 사진전송(휴대폰) 등의 방법(사본가능)으로 사전 접수하여 주시기 바랍니다. (※ 동일인 명의의 위임장이 대리인을 달리하여 중복 행사된 경우에는 위임장의 효력관련 기재 내용과 본 집회에서 제공된 위임장 양식 여부, 집회에 철회서 제출여부 등을 기준으로 유효성을 판단합니다)

2024. 3. 1.

OOO 관리단 관리인 홍길동

관리단집회 소집통지서

'○○'건물 구분소유자님들의 건강과 안녕을 기원합니다. ○○건물은 그동안 상가의 공실은 장기화되고 있고, 관리부실로 인하여 구분소유자들의 고통이 가중되었습니다. 이런 상황을 타개하고자 금번 관리단집회를 소집하게 되었습니다. 금번 집회결의를 통해 관리단을 정상화시키고, 새롭게 ○○을 살려봅시다!! 구분소유자님 모두 힘과 뜻을 모아주시고, 계속하여 관심과 성원을 보내주시기 바랍니다.

다   음

1. 일   시 : 2023년 9월 15일 (금요일) 오전 10시 30분
2. 장   소 : ○○○ 주민센터 4층 대강당
     지하철 : ○○호선 ○○역 1번출구 -> 50m 대로변에 위치
     【주소: 서울시 서초구 반포대로 108 】
3. 목 적 사 항
   1) 관리인 선출의 건
4. 참석대상 : 구분소유자 또는 점유자(집합건물법이 규정하고 있는 의결권자)
5. 지참물 : 본인신분증(대리인은 위임장, 점유자는 임대차계약서 등 입증서류)
6. 연락처 및 서류접수처 : (☎ 010-0000-0000)
   ▶우편: 서울시 서초구 반포대로 108
   ▶팩스, 이메일: 02-6933-6973) / lawfirmjn@naver.com (소유자모임)
   ▶문자, 카톡 사진전송: 서류작성 후 휴대폰으로 찍어서 ☎ 010-0000-0000(소유자모임)로 전송
7. 네이버 밴드를 통해서도 집회 관련 안내와 자료를 확인할 수 있습니다.
*밴드 주소 : https://band.us/@lawfirmjn (제이앤 구분소유자모임밴드)

▶ **첨부서류 :** ①서면결의서 양식, ②위임장 양식, ③입후보등록 공고문, ④입후보등록 신청서

▶ **입후보등록 공고 및 집회 일정 안내**

1. 후보자등록기간 : 2023. 8. 30. (수) ~ 2023. 9. 7 (목) 16시까지
2. 입후보자 내역공고 : 2023. 9. 7. (목) 16시 이후 (* 입후보내역서 및 2차 서면결의서 추가 우편송부 및 건물 게시판 공고, 네이버 소유자밴드 공고)
3. 집회일 : 2023. 00. 00. (금) 오전 10시 30분
4. 집회결과 공고: 2023. 00. 00. (월). (* 재검표 후 건물 게시판 및 네이버 밴드 공고)
5. 후보자등록 절차안내 및 추가 후보자등록 관련하여서는 ☎ 010-0000-0000로 문의하여 주시기 바랍니다.

▶ **안건설명**

1) 관리인 선출의 건 : 1인 / 임기 2년

당 건물의 보존, 관리를 위해 대내외적인 대표권을 행사할 관리인 1인을 선출하는 건입니다. 집합건물법에 따라 임기는 2년(연임가능)이고, 구분소유자 및 의결권의 과반수 득표자를 관리인으로 선출합니다.

▶ 의결권 행사방법 안내

1. 구분소유자 참석의결권 행사방법

집회 개시 전까지 집회장에 입장하셔서 접수대에서 본인 신분확인 후 비치된 참석자 명부를 작성하시고, 현장 투표용지를 수령하시기 바랍니다. 공유자인 경우에는 의결권 행사자로 지정되거나 과반수 지분권자의 의결권 행사가 유효하고, 구분건물이 신탁된 경우에는 신탁사 또는 위탁자의 의결권 행사도 유효합니다.

2. 점유자 의결권 행사방법

점유자 역시 집회 개시 전까지 집회장에 입장하셔서 접수대에서 본인 신분확인 및 임대차계약서 등 입증서류로 점유자 확인 후 비치된 참석자 명부를 작성하시고, 현장 투표용지를 수령하시기 바랍니다. 점유자는 구분소유자가 의결권을 행사하지 않는 경우에 의결권 행사가 가능합니다. 소유자와 점유자가 동시에 의결권을 행사하는 경우에는 소유자의 의결권 행사가 유효하고, 점유자는 의견진술과 집회 참관이 가능합니다. 당 건물에서는 구분점포(등기부 기준)와 운영점포(상인연합회 임의구분)가 있는바, 점유자는 구분점포 점유자 기준으로 합니다.

3. 서면의결권 행사방법

집회에 참석하지 못하시는 구분소유자 및 점유자들을 위해 서면결의서 양식을 2차례에 걸쳐 보내드릴 예정입니다. 1차 서면결의서 양식에는 후보자가 확정되지 않은 관계로 지지하는 후보자의 성명을 기재해주시고, 2차 서면결의서 양식에는 후보자가 내역을 기재할 예정이오니, 후보자란에 기표해주시고, 다른 안건들에는 찬반란에 표시하셔서 제출하여 주시기 바랍니다. 소유자와 점유자의 서면의결서가 중복되는 경우에는 소유자의 서면결의서가 우선합니다. 원활한 집회 준비를 위해 **가급적 집회 전날 17:00까지 우편, 팩스, 사진전송(휴대폰) 등의 방법(사본가능)으로 사전 제출하여 주시고, 집회 당일에는 접수대에 접수하여 주시기 바랍니다.**

4. 위임에 의한 대리인 의결권 행사방법

직접 참석이나 서면의결권 행사가 어려우신 경우, 동봉하는 위임장 양식에 인적사항 등을 자필로 기재하시고 대리인을 특정하시어 의결권을 위임해주시기 바랍니다. 구분소유자 뿐만 아니라 점유자들도 의결권 위임이 가능하고(점유자 입증자료 첨부 요망), 양자가 중복된 경우 소유자의 의결권 위임이 유효하고, 점유자의 대리인은 집회 참관이 가능합니다. 대리인은 위임장을 제시 또는 첨부하여 현장투표 또는 대리 서면투표가 가능합니다. 위임장은 진정성 확인과 원활한 집계준비를 위해 가급적 **집회 전날 17:00까지 우편, 팩스, 사진전송(휴대폰) 등의 방법(사본가능)으로 사전 접수하여 주시기 바랍니다. (※ 동일한 명의의 위임장이 대리인을 달리하여 중복 행사된 경우에는 위임장의 효력관련 기재 내용과 본 집회에서 제공된 위임장 양식 여부, 집회에 철회서 제출여부 등을 기준으로 유효성을 판단합니다)**

2024. 3. 1.

제이앤 구분소유자 1/5 이상 (아래 명단 참조)

김건호, 한재범, 정경준, 김덕수 등 00명 이상.

제5장

의결 방법

위임장의 효력과 관련하여, 사진·팩스 전송 등 사본으로 제출된 위임장, 집회소집통지 이전에 작성된 위임장, 관리단집회 입장 시 신분증 사본 요구, 대리인이 다시 제3자에게 재위임하거나 의결권을 행사하였으나 안건이 부결된 위임장의 재사용, 수임인이 특정된 위임장, 특정된 위임장 양식, 관리단집회에서 의결권을 행사하기 전에 행해지는 사전투표, 대리인에 의한 서면결의, 여러 개의 안건에 대하여 일괄하여 하나의 의사표시만 할 수 있도록 작성된 위임장, 신탁자의 의결권이 문제된다.

1.

사전투표

관리단집회에서 의결권을 행사하기 전에 행해지는 사전투표의 효력이 문제된다.

집합건물법에는 사전투표에 관한 규정이 없다. 집합건물법 시행령 15조 1항은 대리인은 의결권을 행사하기 전에 의장에게 대리권을 증명하는 서면을 제출하여야 한다고 규정하고 있어 대리인에 의한 의결권 행사는 관리단집회 중(개최 이후 의결 전까지) 의장에게 대리권을 증명하는 서면을 제출한 이후 행사하여야 한다. 사전투표는 선거인들의 자유로운 판단을 방해할 우려가 있는 것으로서 선출 절차의 기본 이념인 중립성과 공정성을 현저히 침해하는 행위로 무효라 할 것이다**(서울남부지방법원 2019카합20276 결정, 수원지방법원 성남지원 2017가합402290 판결).**

■ **서울남부지방법원 2019. 8. 30.자 2019카합20276 결정 [직무집행정지가처분]**

1) 이 사건 의결을 위해 이 사건 건물 구분소유자 152명에게서 의결권을 위임받은 신청인 A, 신청인 J, 피신청인과 N(피신청인의 남편)('N 등 4명')은 이 사건 관리단집회가 개최되기도 전에 이 사건 건물 ○호(피신청인의 집)에 모여 위임인들 명의의 투표용지에 기표한 후 그 투표용지와 위임장을 갖고 이 사건 관리단집회에 참석하였다(다툼 없는 사실). N 등 4명의 이러한 행위는 사전투표에 해당한다고 봄이 타당하다.

2) 그런데 집합건물법령에는 사전투표에 관한 규정이 없고, 같은 법 시행령 제15조 제1항은 대리인은 의결권을 행사하기 전에 의장에게 대리권을 증명하는 서면을 제출하여야 한다고 규정하고 있어 대리인에 의한 의결권 행사는 관리단집회 중(개최 이후 의결 전까지)에 있어야 함을 전제로 하고 있다. 또한 이 사건 관리단집회에서 사전투표를 할 수 있는 근거가 되는 규약 등이 존재한다고 볼 만한 아무런 자료가 없다. 결국 N 등 4명의 사전투표는 법적 근거 없이 이루어진 것으로 무효라고 보아야 한다.

■ **수원지방법원 성남지원 2017. 11. 14. 선고 2017가합402290 판결 [관리인선임결의무효확인]**

3) 이 사건 관리단집회 소집통지 및 공고 전 작성·제출된 서면결의서 산입 하자
이 사건 관리단집회의 소집통지 및 공고가 이루어지기 전에 제출된 서면결의서 489장인 사실, 위 서면결의서 489장이 이 사건 결의의 의결정족수에 산입된 사실은 당사자 사이에 다툼이 없다. 이 사건 관리단집회의 소집통지 및 공고가 이루어지기도 전에 이 사건 구분소유자 등으로부터 제출받은 위 서면결의서 489장은 아직 그 결의 대상조차 명확히 특정되지 않은 상태에서 받은 것이어서 이 사건 관리단집회 결의를 위한 적법한 서면결의서로 보기 어렵다. 따라서 이 사건 관리단집회는 위 서면결의서 489장을 의결정족수에 산입한 하자가 있다.

(1) 관리단집회 개최 전에 미리 기표만 한 경우라면

서울남부지방법원 2019가합113025 판결은 구분소유자 152명에게서 의결권을 위임받은 대리인이 관리단집회가 개최되기 전에 위임인들 명의의 투표용지에 기표한 후 그 투표용지와 위임장을 갖고 관리단집회에 참석한 경우와 집회 시간보다 7시간 앞서 서면결의서를 개표한 것은 모두 무효로 판단하였다.

그러나 위 판결의 항소심인 **서울고등법원 2020나2015476 판결**은 집합건물법 제38조 제2항, 집합건물법 시행령 제15조 제1항의 취지는 위임인의 진정한 의사를 확인하여 법률관계를 명확히 함으로써 구분소유자들 사이의 의사·의결정족수 산정에 관한 분쟁을 미연에 방지하기 위한 것으로 봄이 타당하고, 대리인의 의결권 행사방법이나 행사시점을 구체적으로 제한하는 규정으로 해석하기는 어렵다고 보았다.

이에 따라 재판부는 관리단집회 개최 직전에 투표용지를 교부받아 기표하였다고 하더라도 관리단집회가 개최되어 투표용지를 제출하기 전까지 위 기표행위는 의결권 행사의 법적 효과를 갖지 못하므로 단순한 사실행위에 그칠 뿐이라고 보았다[구분소유자(점유자)나 그 대리인은 투표용지를 제출하기 전까지 기표내용을 변경할 수도 있다]. 즉, 관리단집회 개최 전에 미리 위임인들 명의의 투표용지를 교부받아 기표하였더라도 이는 그 자체로 아무런 법적 효과가 없는 사실행위에 불과하고, 위임인들 명의의 투표용지를 관리단집회에 제출함으로써 비로소 의결권 행사의 효력을 갖는 투표행위를 하였다고 평가할 수 있다고 보았다.

■ **서울남부지방법원 2020. 5. 12. 선고 2019가합113025 판결 [관리단집회결의 무효확인]**

① 이 사건 의결을 위해 이 사건 건물 구분소유자 152명에게서 의결권을 위임받은 원고 A, J, 참가인과 ○(참가인의 남편)은 이 사건 관리단집회가 개최되기도 전에 참가인의 집인 이 사건 건물 P호에 모여 위임인들 명의의 투표용지에 기표한 후 그 투표용지와 위임장을 갖고 이 사건 관리단집회에 참석하였다. 위와 같은 행위는 사전투표에 해당한다고 봄이 타당하다.

② 그런데 집합건물법령에는 사전투표에 관한 규정이 없고, 집합건물법 시행령 제15조 제1항은 대리인은 의결권을 행사하기 전에 의장에게 대리권을 증명하는 서면을 제출하여야 한다고 규정하고 있어 대리인에 의한 의결권 행사는 관리단집회 중(개최 이후 의결 전까지) 의장에게 대리권을 증명하는 서면을 제출한 이후 행사하여야 함을 전제로 하고 있다. 또한 이 사건 관리단집회에서 사전투표를 할 수 있는 근거가 되는 규약 등이 존재한다고 볼 만한 아무런 증거가 없다. 결국 위 사전투표는 법적 근거 없이 이루어진 것으로 무효라고 보아야 한다.

■ **서울고등법원 2020. 11. 5. 선고 2020나2015476 판결 [관리단집회결의무효 확인]**

나) 사전투표 방식에 의한 의결권 행사 주장에 관한 판단

(1) 집합건물법은 제38조 제2항에서 구분소유자의 의결권은 서면이나 전자적 방법 또는 대리인을 통하여 행사할 수 있다고 규정하면서, 같은 조 제4항에서 의결권 행사를 위하여 필요한 사항은 대통령령으로 정하도록 하고 있다. 이에 따라 집합건물법 시행령은 제15조 제1항에서 "대리인은 의결권을 행사하기 전에 의장에게

대리권을 증명하는 서면을 제출하여야 한다."라고 규정하고 있는데, ① 의결권의 대리행사는 대리권의 존부, 즉 위임인의 진정한 위임의사를 확인하는 것이 관건인 점, ② 집합건물법령에서 대리인의 의결권 행사방법에 관한 별다른 제한규정을 두고 있지 않은 점에 비추어, 위 규정의 취지는 위임인의 진정한 의사를 확인하여 법률관계를 명확히 함으로써 구분소유자들 사이의 의사·의결정족수 산정에 관한 분쟁을 미연에 방지하기 위한 것으로 봄이 타당하고, 원고들의 주장과 같이 대리인의 의결권 행사방법이나 행사시점을 구체적으로 제한하는 규정으로 해석하기는 어렵다.

(2) 나아가 다음과 같은 이유로 원고 A 등 4명이 관리단집회 개최 전에 의결권을 행사하였다거나 집합건물법령에서 허용하지 않는 사전투표 방식으로 의결권을 대리행사하였다고 볼 수도 없다.

의결권은 관리단집회에 출석하여 투표용지를 제출하거나 관리단집회 결의 전까지 서면결의서를 제출함으로써 행사하게 되고, 그 효력은 관리단집회 결의의 성립으로 발생한다. 따라서 구분소유자(점유자) 또는 그로부터 적법하게 의결권을 위임받은 대리인이 관리단집회 개최 직전에 투표용지를 교부받아 기표하였다고 하더라도 관리단집회가 개최되어 투표용지를 제출하기 전까지 위 기표행위는 의결권 행사의 법적 효과를 갖지 못하므로 단순한 사실행위에 그칠 뿐이다[구분소유자(점유자)나 그 대리인은 투표용지를 제출하기 전까지 기표내용을 변경할 수도 있다].

즉, 원고 A 등 4명이 관리단집회 개최 전에 미리 위임인들 명의의 투표용지를 교부받아 기표하였더라도 이는 그 자체로 아무런 법적효과가 없는 사실행위에 불과하고, 원고 A 등 4명이 위임인들 명의의 투표용지를 관리단집회에 제출함으로써 비로소 의결권 행사의 효력을 갖는 투표행위를 하였다고 평가할 수 있는데, 원고 A 등 4명이 이 사건 관리단집회에 직접 참석하여 위임장과 위임인들의 투표용지를 의장에게 제출함으로써 위임인들의 의결권을 대리행사하였음은 앞서 본 바와 같으므로, 원고 A 등 4명은 집합건물법령에 따라 의장에게 대리권을 증명하는 서면을 제출하고 의결권을 대리행사하였다고 봄이 타당하다.

2.

대리인에 의한 서면결의

집합건물법

제38조(의결 방법) ② 의결권은 서면이나 전자적 방법(전자정보처리조직을 사용하거나 그 밖에 정보통신기술을 이용하는 방법으로서 대통령령으로 정하는 방법을 말한다. 이하 같다)으로 또는 대리인을 통하여 행사할 수 있다.

집합건물법 시행령

제14조(서면에 의한 의결권 행사) ① 관리단집회의 소집통지를 할 때에는 서면에 의하여 의결권을 행사하는 데 필요한 자료를 첨부하여야 한다.

제15조(대리인에 의한 의결권 행사) ① 대리인은 의결권을 행사하기 전에 의장에게 대리권을 증명하는 서면을 제출하여야 한다.
② 대리인 1인이 수인의 구분소유자를 대리하는 경우에는 구분소유자의 과반수 또는 의결권의 과반수 이상을 대리할 수 없다.
② 서면에 의한 의결권 행사는 규약 또는 관리단집회의 결의로 달리 정한 바가 없으면 관리단집회의 결의 전까지 할 수 있다.

---

(1) 대리인에 의한 서면결의도 효력이 있는지

서울고등법원 2010나65841 판결은 의결권은 대리인을 통하여 행사할 수 있으며, 대리인 역시 구분소유자를 대리하여 서면의결권을 행사할 수 있다고 판시하였다. **서울중앙지방법원 2020가합516624 판결**은 대리인의 이름으로 작성한 서면결의서의 효력을 인정하였다. **서울중앙지방법원 2019가합500470 판결**은 대리인에 의한 의결권 대리행사에는 대리인에 의한 서면결의가 포함된다고 판시하였다. **서울동부지방법원 2021가합105000 판결**은 대리인이 대리인 내지 구분소유자 명의로 작성한 서면결의서에 어떠한 문제가 있다고 보기도 어렵다고 보았다.

구분소유자들은 대리인을 통해서 의결권을 행사할 수 있고(법 38조 2항), 대리인의 의결권 행사방법에 대해서는 집회에 참석하여 현장 투표를 하는 경우뿐만 아니라 서면에 의한 방법으로도 의결권 행사가 가능함을 규정하고 있다(법 41조 2항). 의결권 행사방법에 제한이 없으므로 대리인에 의한 서면결의도 유효하다 할 것이다.

■ **서울고등법원 2011. 7. 21. 선고 2010나65841 판결 [임시집회무효확인]**

[5] 집합건물의 소유 및 관리에 관한 법률 제38조 제2항은 '의결권은 서면으로 또는 대리인을 통하여 행사할 수 있다'라고 규정하여 의결권의 대리행사를 인정하면서 다시 제41조 제2항에서는 '구분소유자들은 미리 그들 중 1인을 대리인으로 정하여 관리단에 신고한 경우에는 그 대리인은 그 구분소유자들을 대리하여 관리단집회에 참석하거나 서면으로 의결권을 행사할 수 있다'라고 규정하고 있는데,

---

제41조 제2항의 규정은 구분소유자가 다른 구분소유자를 대리인으로 선임하여 관리단에 신고한 경우에는 집회마다 개별적인 의결권 위임을 하지 않더라도 신고된 대리인에 의한 의결권 대리행사(대리인에 의한 서면결의 포함)가 가능하다는 취지로 보이고, 이에 의하여 제38조 제2항의 대리인 자격을 구분소유자로 한정한 것으로 해석할 수 없다.

■ 서울중앙지방법원 2020. 8. 20. 선고 2020가합516624 판결 [조합총회결의무효확인]

2) 다음으로 이 사건 임시총회에 제출된 서면결의서 중 조합원 본인이 아닌 가족이 작성(5장)하거나 대리인의 이름으로 작성(5장)된 10장의 효력 여부에 관하여 살펴본다.

— 중략 —

대리인의 이름으로 작성된 5장 및 조합원 가족이 작성한 것으로 보이는 4장의 경우 모두 조합원 본인의 위 대리인 및 가족에 대한 명시적·묵시적 위임이 있었던 것으로 보이므로, 위 의결권의 대리행사는 모두 유효하다고 보아야 한다.

■ 서울중앙지방법원 2020. 7. 17. 선고 2019가합500470 판결 [결의무효확인등청구의소]

제41조 제2항의 규정은 구분소유자가 다른 구분소유자를 대리인으로 선임하여 관리단에 신고한 경우에는 집회마다 개별적인 의결권 위임을 하지 않더라도 신고된 대리인에 의한 의결권 대리행사(대리인에 의한 서면결의 포함)가 가능하다는 취지로 보이고… 후략

집합건물 관리단집회 성공법칙

■ 서울동부지방법원 2022. 6. 22. 선고 2021가합105000 판결 [관리인및관리위원지위부존재확인의소]

그러나 집합건물법 제38조 제2항은 대리인에 의한 의결권 행사의 방법 등에 아무런 제한을 두고 있지 않으므로 이러한 의결권의 위임이나 대리권의 수여가 반드시 개별적 · 구체적으로 이루어져야만 하는 것은 아니며, 묵시적으로 이루어지는 것도 가능한 점(대법원 2015. 3. 26. 선고 2014다73602 판결, 대법원 2012. 11. 29. 선고 2011다79258 판결 등 참조), 집합건물법이 서면결의 제도를 둔 취지는 관리단집회의 결의가 필요한 사항이 다양해지고 긴급을 요하는 경우가 늘어난 데 반하여, 대규모 집합건물의 등장으로 관리단집회의 개최 · 참석이 어려워진 것을 고려하여 관리단집회의 개최 · 참석 없이도 서면결의로써 관리단집회 결의를 갈음할 수 있도록 한 것이고(대법원 2021. 12. 10. 산거 2021마6307 판결 등 참조), 의결권의 서면 행사 제도를 둔 취지도 마찬가지라고 보이는 점 등에 비추어 보면, 집합건물법 제38조 제2항이 원고들의 주장하는 방법으로 의결권 행사방법을 한정하였다고 볼 수 없고, 대리인이 대리인 내지 구분소유자 명의로 작성한 서면결의서에 어떠한 문제가 있다고 보기도 어렵다. 따라서 원고들의 위 주장은 이유 없다.

3.

서면 투표

관리단집회 소집통지를 할 때에는 의결권을 행사할 수 있다는 내용과 구체적인 의결권 행사방법을 명확히 밝혀야 하며, 서면에 의하여 의결권을 행사하는 데 필요한 자료를 첨부하여야 한다. 이는 관리단집회에 출석하지 못하는 구분소유자들의 의결권 행사를 실질적으로 보장하기 위한 것이다(**수원지방법원 2018가합14987 판결**).

(1) 소집통지 시 서면결의서를 첨부하지 않았다면?

판례는 대체로 소집통지 시 서면결의서를 첨부하지 않았다면 이는 집합건물법 제38조 제3항, 집합건물법 시행령 제14조 제1항을 위반한 것으로서, 소집절차가 법령에 위반된 하자가 있다고 보았다(**서울남부지방법원 2020가합108258 판결, 수원지방법원 2018가합14987 판결**).

다만 **서울동부지방법원 2019가합115912 판결**은 소집통지 시 서면결의서를 첨부되지 않은 경우 이를 절차상 하자로 보면서도 소집통지를 할 때 서면에 의한 의결권 행사에 필요한 자료가 첨부되었는지 여부에 따라 실질적으로 구분소유자들의 의결권이 침해되었다고 볼 수 없는 점 등을 이유로 결의무효사유에 이를 정도라고 보기는 어렵고 취소사유로 보았다.

> ■ 서울남부지방법원 2021. 11. 12. 선고 2020가합108258 판결 [관리인지위부
>   존재등확인의소]
>
> 다. 소집통지의 내용상 하자
> 이 사건 관리단집회의 소집통지를 할 때 구체적인 의결권 행사방법을 밝히지 아니하고, 서면에 의한 의결권 행사에 필요한 자료를 첨부하지 않았던 사실은 당사자 사이에 다툼이 없고, 이는 집합건물법 제38조 제3항, 집합건물법 시행령 제14조 제1항을 위반한 것으로서, 이 사건 관리단집회에는 소집절차가 법령에 위반된 하자가 있다.

■ **수원지방법원 2018. 11. 21. 선고 2018가합14987 판결 [관리단집회결의무효확인등]**

2) 서면의결권을 행사할 수 있다는 내용과 방법 등을 알리지 않은 하자

집합건물법 제38조 제3항에 의하면, 관리단집회의 소집통지나 소집통지를 갈음하는 게시를 할 때에는 서면에 따라 의결권을 행사할 수 있다는 내용과 구체적인 의결권 행사방법을 명확히 밝혀야 하고, 집합건물법 제38조 제4항, 집합건물법 시행령 제14조 제1항에 의하면, 이 경우 서면에 의하여 의결권을 행사하는 데 필요한 자료를 첨부하여야 한다(시행령 제14조 제1항). 이처럼 집합건물법 및 집합건물법 시행령에서 집합건물의 구분소유자로 하여금 관리단집회에서 서면으로 그 의결권을 행사할 수 있도록 규정하면서 관리단집회 소집통지를 할 때 서면에 의하여 의결권을 행사하는 데 필요한 자료를 첨부하도록 한 것은 관리단집회에 출석하지 못하는 구분소유자들의 의결권 행사를 실질적으로 보장하기 위한 것이므로, 집합건물법 제34조에 따른 관리단집회 소집통지나 소집통지를 갈음하는 게시를 할 때에는 특별한 사정이 없는 한 반드시 구분소유자들에게 서면으로 의결권을 행사할 수 있다는 점을 밝힘과 아울러 구체적인 의결권 행사방법 및 서면에 의한 의결권 행사에 필요한 자료를 제공하여야 한다.

앞서 든 증거들에 의하면, C은 이 사건 집회소집통지를 하면서 서면에 의한 의결권 행사 가능 여부나 구체적 방법을 전혀 밝히지 않았고, 서면에 의한 의결권 행사에 필요한 자료도 제공되지 않은 사실을 인정할 수 있으므로, 위 소집통지는 앞서 본 집합건물법 및 같은 법 시행령을 위반한 하자가 있다.

■ **서울동부지방법원 2021. 2. 18. 선고 2019가합115912 판결 [관리인지위부존재확인청구의소]**

나) ③ 주장에 관하여

이 사건 관리단집회의 소집통지를 할 때 서면으로 의결권을 행사할 수 있다는 내

용을 밝히지 아니하고 서면에 의한 의결권 행사에 필요한 자료를 첨부하지 않은 사실은 당사자 사이에 다툼이 없으므로, 이는 집합건물법 제38조 제3항, 집합건물법 시행령 제14조 제1항을 위반한 것으로서 소집절차상 하자에 해당한다.

— 중략 —

2) 이 사건 결의의 무효 여부에 관하여

집합건물법 제42조의2 제1호는 '집회의 소집절차나 결의방법이 법령 또는 규약에 위반되거나 현저하게 불공정한 경우 구분소유자는 집회결의 사실을 안 날부터 6개월 이내에, 결의한 날부터 1년 이내에 결의취소의 소를 제기할 수 있다'고 규정하고 있다. 반면 결의무효확인의 소는 결의취소의 소와 달리 제소기간의 제한을 받지 않고 관리단집회 결의의 효력 유무는 그 결의에 기초하여 이루어지는 다수의 구분소유자들의 단체법적 법률관계에 영향을 미치는 점 등을 고려하면, 소집절차나 결의방법의 하자로 인하여 관리단집회 결의가 무효에 해당한다고 보기 위하여서는 그 하자가 중대하고도 명백하여야 하고 그렇지 아니한 경우에는 결의취소사유가 될 뿐이라고 봄이 타당하다.

— 중략 —

이 사건에서 관리단집회의 안건은 관리인 선출이었고, 관리인 후보는 단일 후보로 피고 B 혼자였는바, 이 사건 관리단집회의 소집을 주도한 원고 등은 피고 B을 관리인으로 선출하는 안건을 의결정족수를 충족시켜 결의되도록 하기 위하여 위임을 통한 의결권 행사를 독려하였고, 실제 관리소장 H 등에 대한 위임을 통하여 행사된 의결권은 피고 B을 관리인으로 선출하는 데 동의하는 데 행사된 것으로 보이는 점, 따라서 관리인 선출 안에 반대하는 의사를 가진 구분소유자들은 위임에 의한 의결권이나 서면에 의한 의결권을 포함하여 의결권을 행사하지 않으면 되고 별도의 행위가 필요하지 않은 것이어서 이 사건 관리단집회의 소집통지를 할 때 서면에 의한 의결권 행사에 필요한 자료가 첨부되었는지 여부에 따라 실질적으로 구분소유자들의 의결권이 침해되었다고 볼 수 없는 점, ③ 적법한 소집권자에 의하여 이 사건 관리단집회가 소집되어 안건에 대한 의결이 이루어진 이상, 관리단집회에서 연장자를 의장으로 하거나 별도의 의장을 선출하지 않은 것을 두고 결의를 무효로 할 만한 사유라고 보기 어려운 점 등에 비추어 보면, 앞서 본 바와 같이 이 사건 관리단집회에는 절차상 하자가 있기는 하나, 그것이 이 사건 집합건물의 구분소유자들의 의결권을 본질적으로 침해하는 중대하고도 명백한 경우에 해당하여 결의무효사유에 이를 정도라고 보기는 어렵다. 따라서 이 사건 결의가 무효임을 전제로 하는 원고의 청구는 이유 없다.

4.

전자투표

집합건물법

제38조(의결 방법) ① 관리단집회의 의사는 이 법 또는 규약에 특별한 규정이 없으면 구분소유자의 과반수 및 의결권의 과반수로써 의결한다.

② 의결권은 서면이나 <u>전자적 방법(전자정보처리조직을 사용하거나 그 밖에 정보통신기술을 이용하는 방법으로서 대통령령으로 정하는 방법을 말한다.</u> 이하 같다)으로 또는 대리인을 통하여 행사할 수 있다.

③ 제34조에 따른 관리단집회의 소집통지나 소집통지를 갈음하는 게시를 할 때에는 제2항에 따라 의결권을 행사할 수 있다는 내용과 구체적인 의결권 행사방법을 명확히 밝혀야 한다.

④ 제1항부터 제3항까지에서 규정한 사항 외에 의결권 행사를 위하여 필요한 사항은 대통령령으로 정한다.

집합건물법 시행령

제13조(전자적 방법에 의한 의결권 행사) ① 법 제38조제2항에서 "대통령령으로 정하는 방법"이란 다음 각 호의 방법을 말한다.

1. 전자서명법 제2조제2호에 따른 전자서명 또는 인증서로서 서명자의 실지명의를 확인할 수 있는 전자서명 또는 인증서를 통하여 본인확인을 거쳐 의결권을 행사하는 방법

1의2. 휴대전화를 통한 본인인증 등 정보통신망 이용촉진 및 정보보호 등에 관한 법률 제23조의3제1항에 따른 지정을 받은 본인확인기관에서 제공하는 본인확인을 거쳐 의결권을 행사하는 방법

2. 규약에서 전자서명법 제2조제1호에 따른 전자문서를 제출하는 방법 등 본인확인절차를 완화한 방법으로 의결권을 행사할 수 있도록 제1호 또는 제1호의2와 달리 정하고 있는 경우에는 그에 따른 방법

② 법 제38조제2항에 따른 전자적 방법(이하 "전자투표"라 한다)으로 의결권을 행사할 수 있도록 하는 경우에는 관리단집회의 소집통지에 다음 각 호의 사항을 구체적으로 밝혀야 한다.

1. 전자투표를 할 인터넷 주소

2. 전자투표를 할 기간

3. 그 밖에 전자투표에 필요한 기술적인 사항

③ 전자투표는 규약 또는 관리단집회의 결의로 달리 정한 바가 없으면 관리단집회일 전날까지 하여야 한다.

④ 관리단은 전자투표를 관리하는 기관을 지정하여 본인확인 등 의결권 행사절차의 운영을 위탁할 수 있다.

전자서명법

제2조(정의) 이 법에서 사용하는 용어의 뜻은 다음과 같다.

1. "전자문서"란 정보처리시스템에 의하여 전자적 형태로 작성되어 송신 또는 수신되거나 저장된 정보를 말한다.

2. "전자서명"이란 다음 각 목의 사항을 나타내는 데 이용하기 위하여 전자문서에 첨부되거나 논리적으로 결합된 전자적 형태의 정보를 말한다.

가. 서명자의 신원

나. 서명자가 해당 전자문서에 서명하였다는 사실

3. "전자서명생성정보"란 전자서명을 생성하기 위하여 이용하는 전자적 정보를 말한다.

4. "전자서명수단"이란 전자서명을 하기 위하여 이용하는 전자적 수단을 말한다.

5. "전자서명인증"이란 전자서명생성정보가 가입자에게 유일하게 속한다는 사실을 확인하고 이를 증명하는 행위를 말한다.

6. "인증서"란 전자서명생성정보가 가입자에게 유일하게 속한다는 사실 등을 확인하고 이를 증명하는 전자적 정보를 말한다.

7. "전자서명인증업무"란 전자서명인증, 전자서명인증 관련 기록의 관리 등 전자서명인증서비스를 제공하는 업무를 말한다.

8. "전자서명인증사업자"란 전자서명인증업무를 하는 자를 말한다.

9. "가입자"란 전자서명생성정보에 대하여 전자서명인증사업자로부터 전자서명인증을 받은 자를 말한다.

10. "이용자"란 전자서명인증사업자가 제공하는 전자서명인증서비스를 이용하는 자를 말한다.

제3조(전자서명의 효력) ① 전자서명은 전자적 형태라는 이유만으로 서명, 서명날인 또는 기명날인으로서의 효력이 부인되지 아니한다.

② 법령의 규정 또는 당사자 간의 약정에 따라 서명, 서명날인 또는 기명날인의 방식으로 전자서명을 선택한 경우 그 전자서명은 서명, 서명날인 또는 기명날인으로서의 효력을 가진다.

공동주택관리법 시행령

제22조(전자적 방법을 통한 입주자등의 의사결정) ① 입주자등은 법 제22조에 따라 전자적 방법으로 의결권을 행사(이하 "전자투표"라 한다)하는 경우에는 다음

각 호의 어느 하나에 해당하는 방법으로 본인확인을 거쳐야 한다.

1. 휴대전화를 통한 본인인증 등 정보통신망 이용촉진 및 정보보호 등에 관한 법률 제23조의3에 따른 본인확인기관에서 제공하는 본인확인의 방법

2. 전자서명법 제2조제2호에 따른 전자서명 또는 같은 법 제2조제6호에 따른 인증서를 통한 본인확인의 방법

3. 그 밖에 관리규약에서 전자문서 및 전자거래 기본법 제2조제1호에 따른 전자문서를 제출하는 등 본인확인 절차를 정하는 경우에는 그에 따른 본인확인의 방법

전자문서 및 전자거래 기본법

제4조의2(전자문서의 서면요건) 전자문서가 다음 각 호의 요건을 모두 갖춘 경우에는 그 전자문서를 서면으로 본다. 다만, 다른 법령에 특별한 규정이 있거나 성질상 전자적 형태가 허용되지 아니하는 경우에는 서면으로 보지 아니한다.

1. 전자문서의 내용을 열람할 수 있을 것

2. 전자문서가 작성·변환되거나 송신·수신 또는 저장된 때의 형태 또는 그와 같이 재현될 수 있는 형태로 보존되어 있을 것

(1) 전자적 방법에 의한 의결권 행사란

최근에는 디지털 기술의 발달로 집회장에 모여 종이 투표용지에 투표하는 방식이 점점 사라져 가는 추세이다. 아파트는 대부분 스마트폰을 이용해 전자투표를 진행하고 있다. 전자적 방법에 의한 의결권 행사란 '전자정보처리조직(컴퓨터 프로그램)을 사용하거나 그 밖에 정보통신기술(스마트폰 등 통신기술)을 이용하는 방법'으로 전자서명법에 따른 전자서명이나 인증서를 통한 본인인증을 거쳐 의결권을 행사하는 방법으

로 정의된다. 규약에서 정하면 인증서를 통한 본인인증 절차는 일정한 방법의 본인확인절차로 완화할 수도 있다. 따라서, 전자적 방법에 의한 의결권 행사는 컴퓨터나 스마트폰을 통해 본인인증 또는 확인절차를 거쳐, 전자투표 프로그램에 접속해 데이터를 입력하여 투표하는 전자투표 방법이라고 생각하면 된다.

(2) 활용 사례

아파트의 경우 입주자대표 회의나 관리사무소에서 전자투표 문자메시지를 발송하면 인적사항을 입력하거나 본인확인을 하고 전자투표를 한다. 집합건물법에서는 원칙적으로 공인된 전자서명 또는 인증서를 통한 본인인증을 하고 수신된 전자 주소에 들어가서 전자투표를 하도록 규정되어 있다. 다만, 규약에서 본인확인절차를 완화해 놓으면 인증까지 거치지는 않고 개인정보 입력만(전자문서—전자서명법 2조 1호: 정보처리시스템에 의하여 전자적 형태로 작성되어 송신 또는 수신되거나 저장된 정보)으로 본인확인절차를 거칠 수 있다.

(3) 본인인증의 의미

집합건물법에서 말하는 본인인증은 전자서명법에 따른 전자서명 또는 공동 인증서를 통한 본인확인절차를 말한다. 2020년 12월에 전자서명법이 개정되면서 공인인증서의 독점적 지위가 폐지되었고, 현재는 전자서명인증사업자로 인정받은 회사들이 21개의 다양한 사설 인증서 서비스를 제공하고 있다. 몇 가지 인증서 예를 들면, 통신3사의 인증서(KT PASS, SK텔레콤 PASS, LG U+ PASS), 은행의 인증서비스(신한인증서, KB국민인증서 서비스, 하나원사인인증서 서비스, 우리원인증 서비스, 토스 인증서, 카카오뱅크 인증서 서비스), 네이버 인증서 서비스, 카카오 인증서가 있다.

위와 같은 인증서와 구별해야 할 것이, 휴대폰으로 인증 번호를 보내서 이 번호를 입력하는 방식이 있다. 이러한 방식은 본인인증이라 할 수는 없고, 단순한 본인확인절차로 규약에 인증 절차를 확인절차로 완화하는 규정이 있어야 가능하다. 다만 높은 의결정족수로 규약을 제정하거나 변경하는 것이 쉬운 일은 아니므로 공동주택관리법처럼 본인확인만으로 가능한 방식을 허용할 필요가 있다.

서울동부지방법원 2020가합115895 판결은 소집통지서에 전자투표의 방법으로 의결권을 행사할 수 있음이 안내된 사실, 전자투표 대행서비스 시스템 이용 계약을 체결하였고 그에 따라 위 회사가 구분소유자들에게 전자투표를 할 인터넷 주소, 전자투표를 할 기간 등을 안내하는 문자메시지를 송부한 사실을 인정하고, 소집통지 절차가 집합건물법 시행령 제13조 제2항 및 관리규약에서 정한 바에 따라 적법하게 이루어졌다고 판단하였다.

서울고등법원 2008나117688 판결은 인터넷사이트에서 구분소유자의 주민등록번호와 이름을 입력한 후 전자투표를 하는 방법과 서면동의서를 회송 받는 방법을 병용하여 구분소유자들로부터 동의를 받은 사안에서, 해당 전자투표가 비록 공인전자서명의 요건까지 충족한 것은 아니라고 할지라도, 이에 응한 구분소유자들로서는 발기인들이 제안한 전자투표의 의미를 충분히 이해하고 요청한 방식에 따라 자신들의 의사를 표시한 것이므로, 그 자체가 일반 전자서명에 해당하여 집합건물법 제41조 제1항에 정한 서면에 의한 합의로 볼 수 있다고 판시하였다.

■ 서울동부지방법원 2023. 4. 27. 선고 2020가합115895 판결 [관리인선임결의 무효확인]

이 사건 후행집회의 소집통지사항에는 집회 현장에 참석하지 않을 시에는 서면결의서 제출 이외에 전자투표의 방법으로 의결권을 행사할 수 있음이 안내된 사실, 피고는 2022. 4. 26. 주식회사 G와 사이에 위 회사가 운영하고 있는 'H'이라는 전자투표 대행서비스 시스템을 이용하기로 하는 계약을 체결하였고 그에 따라 위 회사가 이 사건 집합건물의 구분소유자들에게 전자투표를 할 인터넷 주소, 전자투표를 할 기간 등을 안내하는 문자메시지를 송부한 사실이 인정된다. 위 인정사실에 의하면 이 사건 후행집회에 관한 소집통지 절차가 집합건물법 시행령 제13조 제2항 및 피고의 관리규약에서 정한 바에 따라 적법하게 이루어졌다고 봄이 상당하다. 따라서 원고들의 위 주장은 받아들이지 않는다.

■ 서울고등법원 2009. 6. 4. 선고 2008나117688 판결 [관리인지위부존재등확인]

○ 사실관계
인터넷사이트에서 구분소유자의 주민등록번호와 이름을 입력한 후 전자투표를 하는 방법과 서면동의서를 회송 받는 방법을 병용하여 구분소유자들로부터 동의를 받았다.

○ 원고 주장

① 이 사건 전자투표는 집합건물법 제41조 제1항에서 정한 '서면에 의한 결의'에 해당하지 아니하고, 가사 이 사건 전자투표가 서면에 의한 결의에 해당한다고 하더라도, 이 사건 전자투표가 적법한 서면에 의한 결의에 해당하기 위하여는 전자서명법 제2조 제3호에 정한 공인전자서명에 의한 서명성이 인정되어야 할 것인데, 이 사건 전자투표에는 공인전자서명이 없으므로 이를 적법한 서면에 의한 결의로 볼 수 없다.

○ 법원의 판단

전자서명법 제2조 제1호는 '전자문서라 함은 정보처리시스템에 의하여 전자적 형태로 작성되어 송신 또는 수신되거나 저장된 정보'라고 규정하고 있는 점, 같은 조 제2호는 '전자서명은 서명자를 확인하고 서명자가 당해 전자문서에 서명을 하였음을 나타내는데 이용하기 위하여 당해 전자문서에 첨부되거나 논리적으로 결합된 전자적 형태의 정보를 말한다'라고, 같은 법 제3조 제3항에서 '공인전자서명 외의 전자서명은 당사자 간의 약정에 따른 서명, 서명날인 또는 기명날인으로서의 효력을 가진다'라고 각 규정하고 있는바, ① 갑제3호증의 1의 기재에 의하면, 이 사건 전자투표는 구분소유자들에게 우편으로 발송한 문서와 동일한 내용으로 의사를 표현하게 하였으며, 이 사건 전자투표를 하기 위해서는 반드시 투표자의 주민등록번호와 이름을 확인하도록 되어 있어 그 서명성까지 갖추고 있는 것으로 볼 수 있는 점, ② 집합건물법 제29조 제1항은 규약의 설정, 변경, 폐지는 관리단집회에서 구분소유자 및 의결권의 각 4분의 3 이상의 찬성을 얻어 행한다고 규정하고, 집합건물법 제41조 제1항은 이 법 또는 규약에 의하여 관리단집회에서 결의할 것으로 정한 사항에 관하여 구분소유자 및 의결권의 각 5분의 4 이상의 서면에 의한 합의가 있는 때에는 관리단집회의 결의가 있는 것으로 본다고 규정하고 있는데, 이는 대규모 집합건물의 경우 전체 구분소유자들의 관리단 전체 집회를 일시에 개최하여 의사정족수를 확보하기 힘든 현실을 감안하여 서면으로도 결의가 가능하도록 마련된 규정인 점, ③ 집합건물법 제41조 제1항은 의결정족수에 대해서만 규정하고 있을 뿐 서면결의의 방식에 대해서는 아무런 규정을 두고 있지 않은 점, ④ 앞서 본 바와 같이 이 사건 집합건물의 구분소유자들은 전국 각지에 흩어져 거주하고 있으며, 그 구분소유자들의 85% 이상이 점포를 임차하고 있어 서면동의서를 작성하여 우편으로 반송해야 하는 수고를 덜기 위해 이 사건 전자투표방식이 고안되어 실행된 점, ⑤ 이 사건 전자투표를 위해서는 주민등록번호와 이름을 입력하여야만 로그인이 될 수 있도록 하여 본인임을 확인하고 이중투표를 방지하였으며, 원고들 주장과 같이 구분소유자가 아닌 자들에 의하여 이 사건 전자투표가 부정하게 실시되었음을 인정할 자료는 없는 점, ⑥ 현대 사회는 인터넷 활용도가 높아 전자문서를 서면에 해당하는 것으로 보는 것이 일반 국민들의 정서에도 부합하는 점, ⑦ 2002년에 개정된 일본의 건물의 구분소유 등에 관한 법률 제45조 제1항이 구분소유자들의 결의방법의 하나로서 '전자적 방법'에 의한 결의를 도입한 점 등에 비추어 보면, 이 사건 전자투표는 비록 공인전자서명의 요건까지 충족한 것은 아니라고 할지라도, 이에 응한 구분소유자들로서는 발기인들이 제안한 전자투표의 의미를 충분히 이해하고 요청한 방식에 따라 자신들의 의사를 표시한 것이므로, 그 자체가 일반 전자서명에 해당하여 집합건물법 제41조 제1항에 정한 서면에 의한 합의로 볼 수 있다고 할 것이다.

5.

사본의 효력

집합건물법

제38조(의결 방법) ② 의결권은 서면이나 전자적 방법(전자정보처리조직을 사용하거나 그 밖에 정보통신기술을 이용하는 방법으로서 대통령령으로 정하는 방법을 말한다. 이하 같다)으로 또는 대리인을 통하여 행사할 수 있다.

집합건물법 시행령

제15조(대리인에 의한 의결권 행사) ① 대리인은 의결권을 행사하기 전에 의장에게 대리권을 증명하는 서면을 제출하여야 한다.

의결권은 서면, 전자적 방법, 대리인을 통하여 행사할 수 있다(법 38조 2항). 대리인은 의결권을 행사하기 전에 의장에게 대리권을 증명하는 서면을 제출하여야 한다(법 시행령 15조 1항). 이때 **사진·팩스 전송 등 사본으로 제출된 위임장이나 서면결의서의 효력이 문제된다.** 이에 대하여 위임장은 원본이어야 한다는 판례와 사본도 가능하다는 판례가 있다.

(1) 위임장은 원본이어야 한다는 판례

위임장은 원본이어야 한다는 판례는 대리권 존부에 관한 법률관계를 명확히 하기 위하여 위임장은 위변조 여부를 쉽게 판단할 수 있는 원본일 것을 요한다는 입장으로 다음과 같다. **대법원 2003다29616 판결**은 주주총회의 위임장이 문제 된 사안에서, 상법 368조 3항의 규정은 대리권의 존부에 관한 법률관계를 명확하게 하여 주주총회 결의의 성립을 보다 원활하게 하기 위함이므로 대리권을 증명하는 서면은 위변조 여부를 쉽게 식별할 수 있는 원본이어야 하고, 특별한 사정이 없는 한 사본은 그 서면에 해당하지 아니하고, 팩스를 통하여 출력된 팩스본 위임장 역시 성질상 원본으로 볼 수 없다고 판단하였다.

창원지방법원 2019나51977 판결은 집합건물법령이 대리권의 증명을 서면에 의하도록 하는 취지는 다수인의 이해관계에 영향을 주는 관리단집회의 효력 유무에 관한 분쟁을 예방하기 위함이므로 대리인이 의결권을 행사하기 전에 의장에게 위임장 원본을 제출하지 못하는 경우에는 행사된 의결권을 의사·의결정족수 산정에 있어 반영하지 않는 것이 타당하다고 보았다. 이에 따라 관리단집회 결의 당시 전화 위임 또는 구두 위임을 한 자의 대리권을 증명하는 서면이 제출되었다고 볼 만한 자료가 없으므로, 의결권을 행사한 것으로 볼 수 없다고 판단하였다.

서울고등법원 2012나59055 판결은 대리인이 의결권을 행사하려면 관리규약이나 총회 소집통지에서 사본 소지를 허용하지 않는 한, 원칙적으로 위임장 원본을 소지하여야 한다고 하였다. 그 이유는 관리단집회의 성립에 따른 법률관계를 명확히 하기 위하여 위임장은 위변조 여부를 쉽게 식별할 수 있어야 하기 때문이라고 하였다. 이에 따라 대리인이 관리단집회에 참석하면, 관리인은 대리인에게 위임장 원본 제시를 요구할 수 있고, 그 요구를 받은 즉시 대리인은 위임장 원본을 제시하여야 한다고 하였다. 만약 대리인이 위임장 원본을 소지하지 못하였다면, 구분소유자의 인감증명서 원본을 교부하는 방법 등으로 구분소유자의 진정한 위임의사를 곧바로 확인시켜 주어야 하고, 그렇지 못한 경우에는 대리인으로서 의결권을 행사할 수 없다고 하였다.

■ 대법원 2004. 4. 27. 선고 2003다29616 판결 [주주총회결의취소]

상법 제368조 제3항의 규정은 대리권의 존부에 관한 법률관계를 명확히 하여 주주총회 결의의 성립을 원활하게 하기 위한 데 그 목적이 있다고 할 것이므로 <u>대리권을 증명하는 서면은 위조나 변조 여부를 쉽게 식별할 수 있는 원본이어야 하고, 특별한 사정이 없는 한 사본은 그 서면에 해당하지 아니하고, 팩스를 통하여 출력된 팩스본 위임장 역시 성질상 원본으로 볼 수 없다.</u>

■ 창원지방법원 2019. 10. 24. 선고 2019나51977 판결 [관리비]

③ 집합건물법 제38조는 관리단집회의 의사는 이 법 또는 규약에 특별한 규정이 없으면 구분소유자의 과반수 및 의결권의 과반수로써 의결하고(제1항), 의결권은 대리인을 통하여 행사할 수 있다(제2항)고 정하고 있고, 집합건물의 소유 및

관리에 관한 법률 시행령(이하 '집합건물법 시행령'이라고 한다) 제15조 제1항은 대리인은 의결권을 행사하기 전에 의장에게 대리권을 증명하는 서면을 제출하여야 한다고 정하고 있는데, 이와 같이 집합건물법령이 대리권의 증명을 서면에 의하도록 하는 취지는 다수인의 이해관계에 영향을 주는 관리단집회의 효력 유무에 관한 분쟁을 예방하기 위함이므로, 대리인이 의결권을 행사하기 전에 의장에게 위임장 원본을 제출하지 못하는 경우에는 행사된 의결권을 의사·의결정족수 산정에 있어 반영하지 않는 것이 타당하다.

■ **서울고등법원 2013. 5. 3. 선고 2012나59055 판결 [정산금등]**

그러나 대리인이 관리단집회에 참석하여 구분소유자가 위임한 의결권을 행사하기 위하여는, 관리규약이나 총회 소집통지에서 특별히 사본의 소지를 허용하지 않는 한, 원칙적으로 구분소유자가 작성한 위임장 원본을 소지하여야 한다고 봄이 타당하다. 관리단집회의 성립에 따른 법률관계를 명확히 할 수 있도록, 대리권을 증명하는 서면은 위조나 변조 여부를 쉽게 식별할 수 있어야 하기 때문이다(대법원 2004. 4. 27. 선고 2003다29616 판결, 1995. 2. 28. 선고 94다34589 판결 등 참조).

그렇다면, 구분소유자의 대리인이 위임장 사본을 소지한 채 관리단집회에 참석하려고 할 경우, 관리인은 대리인에게 위임장 원본의 제시를 요구할 수 있다고 보아야 하고, 그 요구를 받은 즉시 대리인은 구분소유자가 작성한 위임장 원본을 제시하여야만 할 것이다. 위임장 원본을 소지하지 못하였다고 한다면, 대리인으로서는 적어도 구분소유자의 인감증명서 원본을 교부하는 방법 등으로 구분소유자 본인의 진정한 위임의사를 관리인에게 곧바로 확인시켜 주어야 할 것이고, 그렇지 못할 경우에는 대리인으로서 관리단집회에 참석하여 의결권을 행사할 수는 없다고 봄이 타당하다.

이 사건에 관하여 보건대, 갑 39호증, 을 87호증의 기재와 변론 전체 취지에 의하면, D은 위임장 사본을 제시하고 이 사건 집회장소에 입장하였는데, 관리인 측에서 위임장 원본의 제시를 요구함에도 위임장 원본이 탈취될 염려가 있다는 이유로 위 요구를 거부한 사실을 인정할 수 있다. 그러나 앞서 본 바와 같은 이유로, D은 관리인으로부터 위임장 원본의 제시를 요구받은 이상 위임장 원본을 제시함으로써 구분소유자의 진정한 위임의사를 확인시켜 주었어야 한다.

따라서 관리인 F이 위 위임장 사본 숫자에 해당하는 만큼을 관리단집회 참석 수와 의결권 행사 수에서 제외한 다음, 2012. 11. 16.자 관리단집회가 의사정족수와 의결정족수를 충족하지 못하였다고 선언한 것은 정당하다.

(2) 위임장은 사본이어도 무방하다는 판례

위임장은 사본이어도 무방하다는 판례의 주요 논거는 다음과 같다. 첫째, 집합건물법 관련 규정의 해석상 대리권을 증명하는 서면이 반드시 원본이어야 한다고 보기 어렵다. 둘째, 관리단집회 공고에 원본만 인정되거나 사본은 허용되지 않는다는 취지의 기재가 없다. 셋째, 위임장에 자필 성명, 서명, 주민번호, 주소, 연락처 등의 기재가 있다면 위임인의 진정한 위임의사를 확인할 수 있다(**수원지방법원 2017가합17880 판결, 수원지방법원 안산지원 2017가합10043 판결, 대전지방법원 2017카합50463 결정**).

■ **수원지방법원 2018. 1. 10. 선고 2017가합17880 판결 [관리단집회결의무효확인의소]**

살피건대, 집합건물법 제38조 제1항, 제2항, 제4항 및 같은 법 시행령 제15조 제1항에 따라 관리단집회의 의사는 구분소유자의 과반수 및 의결권의 과반수로써 의결할 수 있고, 의결권은 대리인을 통하여 행사할 수 있으며, 대리인은 의결권을 행사하기 전에 의장에게 대리권을 증명하는 서면을 제출하여야 하나, 위 규정의 해석상 대리권을 증명하는 서면이 반드시 원본이어야 한다고 보기 어렵고, 나아가 위임장의 다른 기재 등에 의하여 본인의 위임의사가 진정한 것임이 확인되는 이상 위와 같은 본인확인 서류가 첨부되어 있지 않다고 하여 그 위임장에 의한 의결권 행사를 무효로 볼 것은 아닌바, C 및 D 관리단집회 당시 제출된 서면결의서 및 위임장들에는 모두 본인의 주민등록번호 및 주소가 기재되어 있고, 본인의 자필로 보이는 성명이 기재되어 있으며 그 옆에는 본인의 도장이 날인되어 있거나 서명이 되어 있어 다른 특별한 사정이 없는 한 그 진정성이 확인되므로, C 및 D 관리단집회 당시 제출된 서면위임장 및 서면결의서에 따른 의결권 행사에 어떠한 하자가 있다고 볼 수 없다.

■ **수원지방법원 안산지원 2018. 5. 3. 선고 2017가합10043 판결 [관리단집회결의무효확인]**

2) 위임장 사본을 표결에 반영하지 않고, 중복으로 위임한 구분소유자 38명을 찬성 의결수에서 제외하지 않은 조치의 하자 인정 여부

살피건대, ① 이 사건 공고에는 이 사건 집회에 대리인이 참석할 경우 '신분증 및 위임장'을 준비하도록 기재되어 있을 뿐 달리 원본만 인정된다거나 사본은 허용되지 않는다는 취지의 기재는 없는 점, ② 피고는 2017. 8. 7. 관리인 후보자 안내를 하면서 서면결의서를 제출할 경우 원본 제출을 요구하면서도 위임장에 대해서는 특별히 원본을 요구하지 않은 점 등에 비추어 볼 때, 이 사건 집회에서 대리권을 증명하기 위한 서면에 사본은 해당되지 않는다고 볼 수 없으므로, 원고 B가 제출한 위임장이 사본이라는 이유만으로 이를 표결에 반영하지 않았다면 이는 결의방법이 불공정한 경우에 해당할 여지가 있다[1].

---

1) 다만 위 사건에서 재판부는 여러 가지 사정을 종합하여 원고 B가 제출한 위임장 사본을 표결에 반영하지 않은 피고의 조치는 정당하다고 판시하였다.

라) 문자메시지, 팩스 등 사본으로 제출한 위임장의 효력 유무

① 의결권의 대리행사에 있어 대리권을 증명하는 서면을 제출하도록 한 집합건물법 시행령 제15조 제1항은 위임인의 진정한 의사를 확인하기 위한 규정으로 보이고, 위 규정의 해석상 대리권을 증명하는 서면이 반드시 원본으로 제출되어야 한다고 보기는 어렵다.

② 위 26명의 위임장에는 자필로 보이는 성명, 서명, 연락처 등의 기재가 있어 위임인의 진정한 위임의사에 따라 제출된 것으로 볼 수 있다.

마) 문자메시지 등 사본으로 제출한 서면결의서의 효력 유무

⑴ 2017. 8. 11.자 결의에 찬성한 구분소유자 중 5명은 서면결의서를 사진으로 찍은 후 문자메시지로 전송하는 등 사본으로 제출하였다. 이와 관련하여 채무자는 집합건물법 제38조 제2항[의결권은 서면이나 전자적 방법(전자정보처리조직을 사용하거나 그 밖에 정보통신기술을 이용하는 방법으로서 대통령령으로 정하는 방법을 말한다)으로 또는 대리인을 통하여 행사할 수 있다]에 따라 위 5명의 의결권 행사는 무효라고 주장한다.

⑵ 그러나 위 5명은 서면으로 의결권을 행사한 것이고, 다만 그 제출을 문자메시지 등 사본으로 하였을 뿐이다. 위 조항의 해석상 서면결의서가 반드시 원본으로 제출되어야 한다고 보기는 어렵다. 따라서 위 5명의 의결권은 적법하게 행사된 것으로 봄이 타당하다.

위임장 원본을 요구하는 이유는 위변조 여부를 쉽게 식별하여 대리권의 존부에 관한 법률관계를 명확하게 하여 관리단집회 결의 성립을 원활하게 하기 위함이다. 위임장 원본 제시 역시 당사자의 위임의사를 확인하기 위한 하나의 방법에 불과하므로, 다른 방법에 의하여 위임인의

위임의사를 확인할 수 있다면 원본을 제출할 필요는 없어 보인다.

위임자의 성명, 주민등록번호, 주소, 연락처는 개인정보로서 타인이 그 내용을 알기 어렵다. 따라서 위임장에 자필 성명, 서명, 주민등록번호, 주소, 연락처 등의 기재가 있어 위임인의 진정한 위임의사를 확인할 수 있다면 위임장 사본의 효력도 유효하다 할 것이다. 집합건물에서는 상당수의 구분소유자들이 외부에 거주하여 직접 구분소유자를 대면하여 위임장 원본을 수취하기 쉽지 않고, 실무상으로도 팩스, 사진 전송, 이메일 등을 통한 사본 형태로 위임장을 징수하고 있어 이러한 현실을 감안할 필요가 있다.

6.

사전 · 포괄위임장

집합건물법

제34조(집회소집통지) ① 관리단집회를 소집하려면 관리단집회일 1주일 전에 회의의 목적사항을 구체적으로 밝혀 각 구분소유자에게 통지하여야 한다. 다만, 이 기간은 규약으로 달리 정할 수 있다.

집합건물법 시행령

제14조(서면에 의한 의결권 행사) ① 관리단집회의 소집통지를 할 때에는 서면에 의하여 의결권을 행사하는 데 필요한 자료를 첨부하여야 한다.
② 서면에 의한 의결권 행사는 규약 또는 관리단집회의 결의로 달리 정한 바가 없으면 관리단집회의 결의 전까지 할 수 있다.

제15조(대리인에 의한 의결권 행사) ① 대리인은 의결권을 행사하기 전에 의장에게 대리권을 증명하는 서면을 제출하여야 한다.

---

(1) 집회소집통지 이전에 작성된 위임장의 효력

관리단집회를 소집하려면 관리단집회일 1주일 전에 회의의 목적사항을 구체적으로 밝혀 각 구분소유자에게 통지하여야 한다. 관리단집회 소집통지를 할 때에는 서면에 의하여 의결권을 행사하는 데 필요한 자료를 첨부하여야 한다. 대리인은 의결권을 행사하기 전에 의장에게 대리권을 증명하는 서면을 제출하여야 한다.

가장 이상적인 집회 진행 순서는 관리단집회 소집통지 후 소집통지서에 첨부된 위임장 및 서면결의서를 작성하여 집회에서 의결권을 행사하는 것이다. 그러나 집회 준비위원회나 관리인이 되고자 하는 자들은 의결권의 안정적인 확보를 위하여 각자 만든 위임장 양식으로 소집통지 이전에 위임장을 징수하는 것이 일반적이다. 집합건물법에는 집회 위임장의 작성 시기에 관하여 아무런 규정이 없어 집회소집통지 이전에 작성된 사전 위임장이나 서면결의서의 효력이 문제된다. **이는 안건이 정해지지 않은 상태에서 포괄위임이 이루어지는 점에서 포괄위임장의 효력과도 관련된다.**

(2) 집회소집통지 이전에 작성된 위임장, 서면결의서는 무효라는 판례

집회소집통지 이전에 작성된 위임장, 서면결의서는 무효라는 판례와 유효라는 판례가 있다. 일부 하급심 판결에서는 집회소집통지 이전에 작성된 위임장은 무효라는 입장이다.

수원지방법원 성남지원 2021카합50116 일부결정은 소집통지 이전에 작성된 위임장에 관하여 해당 동별 관리위원 후보자 정보가 없는 위임장만으로는 위임자들이 누구를 대표자로 선출하는 데 동의한다는 것인지 전혀 알 수 없으므로 유효한 위임장이라고 볼 수 없다고 판시하였다.

수원지방법원 성남지원 2021카합50177 결정은 위임장에 관리인 선출을 위한 의결권 위임 취지만 기재되어 있을 뿐이고, 관리인 후보자 특정 없이 위임장이 제출된 이후에 비로소 관리인 후보자등록 안내 및 후보자등록이 공고된 사안에서, 이러한 위임장은 유효한 위임장이라 볼 수 없다고 판단하였다.

■ **수원지방법원 성남지원 2021. 8. 3.자 2021카합50116 일부결정 [직무집행정지가처분]**

이 사건 위임장의 유효성에 관하여 살피건대, 이 사건 기록 및 심문 전체의 취지에 의하면, ① 이 사건 위임장에는 '1) 동별 운영위원 선임에 관한 의결권한 2) 기타 집회상정안건에 관한 일체의 의결권'을 열거된 4인의 수임인 중 1인에게 위임한다는 취지만 기재되어 있을 뿐 이 사건 관리단집회에서 선출될 동별 관리위원이 특정되어 있지 아니하였던 사실, ② 이 사건 위임장이 제출된 이후에 비로소 각동의 관리위원 후보자등록 공고가 이루어지고 후보들이 등록된 사실, ③ 채무자들이 제출한 집계표에 의하면 이 사건 결의는 R동 총 300명 중 191명(구분소유자의 63.67%, 의결권의 64.32%, 위임장 포함, 이하 같다), S동 총 685명 중 434명(구분소유자의 63.36%, 의결권의 64.26%), T동 총 512명 중 311명(구분소유자의 60.74%, 의결권의 63.56%), V동 총 188명 중 113명(구분소유자의 60.11%, 의결권의 60.32%), W동 총 147명 중 80명(구분소유자의 54.42%, 의결권의 63.98%)이 참석한 것으로 되어 있고, 같은 증거에 의하면 이 사건 관리단집회에 서면결의서를 제출하거나 직접 참석한 구분소유자 내지 점유자는 R동 24

명(서면결의서 22명 + 직접 참석 2명), S동 34명(33명 + 1명), T동 25명(24명 + 1명), V동 15명(13명 + 2명), W동 11명(10명+ 1명)으로 집계된 사실이 소명된다.

위 소명사실에 의하면, 이 사건 위임장에는 해당 동별 관리위원 후보자에 대하여 아무런 정보가 없어 이 사건 위임장만으로는 의결권을 위임한 위임자들이 이 사건 관리단집회에서 누구를 해당 동의 대표자로 선출하는 데 동의한다는 것인지 전혀 알 수 없으므로 관리위원 선출결의에 관한 유효한 위임장이라고 볼 수 없다 (대법원 2009. 9. 24. 선고 2009다36555 판결 참조).

■ 수원지방법원 성남지원 2021. 9. 8.자 2021카합50177 결정 [직무집행정지가처분]

이 사건 기록 및 심문 전체의 취지에 의하면, ① 이 사건 동의서 및 위임장에는 구분소유자가 관리인 선출을 위한 의결권을 채무자에게 위임한다는 취지의 기재가 있을 뿐 이 사건 집회에서 선출될 관리인 후보자가 전혀 특정되어 있지 아니하였던 점, ② 이 사건 동의서 및 위임장이 제출된 이후에 비로소 관리인 후보자등록 공고가 이루어지고 채무자를 포함한 3명의 후보자들이 후보자로 등록한 사실, ③ 2명의 관리인 후보들이 사퇴하면서 최종적으로 채무자가 단독 출마하게 된 사실, ④ 채무자의 집계에 의하면 채무자는 최종적으로 구분소유자 또는 그 임차인 369명으로부터 이 사건 동의서 및 위임장을 받았고, 이 사건 집회에 전체 구분소유자 1,047명 및 면적 94,748.55㎡ 중 총 692명 및 60,811.69㎡(구분소유자의 66.09%, 의결권의 64.18%, 이 사건 동의서 및 위임장 포함)이 참석하였고 이는 모두 채무자를 관리인으로 선출하는 등 모든 안건의 찬성표로 집계된 사실이 소명된다.

위 소명사실에 의하면, 이 사건 동의서 및 위임장에는 관리인에 대하여 아무런 정보가 없어 이 사건 위임장만으로는 의결권을 위임한 위임자들이 이 사건 집회에서 누구를 관리인으로 선출하는 데 동의한다는 것인지 전혀 알 수 없으므로 관리인 선출결의에 관한 유효한 위임장이라고 볼 수 없다(대법원 2009. 9. 24. 선고 2009다36555 판결 참조).

(3) 집회소집통지 이전에 작성된 위임장은 유효라는 판례

집회소집통지 이전에 작성된 위임장, 서면결의서는 유효라는 판례는 위임인의 진정한 의사가 반영되었다면 사전·포괄위임도 유효하다고 본다. 논거는 다음과 같다. 첫째, 구분소유자의 의결권 행사는 대리인을 통하여서도 할 수 있으며(법 38조 2항), 이러한 의결권의 위임이나 대리권 수여가 반드시 개별적·구체적으로 이루어져야만 하는 것은 아니다 **(대법원 2011다79258 판결, 인천지방법원 2016가합56898 판결, 수원지방법원 여주지원 2021가합11113 판결)**, 둘째, 집합건물법 38조 2항이 서면과 대리인에 의한 의결권 행사를 인정하면서 그 요건이나 절차 및 방법 등에 관하여 아무런 제한을 하고 있지 않다**(서울중앙지방법원 2014가합25196 판결)**.

대법원 2011다79258 판결은 구분소유자나 수분양자가 임차인 등에게 사전적·포괄적으로 상가건물 관리와 관련한 의결권을 위임하거나 업종 제한 변경의 동의에 관한 대리권을 수여한 경우에는 위 임차인 등이 참여한 결의나 합의를 통한 업종 제한의 설정이나 변경도 가능하다고 판단하였다. **수원지방법원 여주지원 2021가합11113 판결**은 위임장의 수임인 란을 공란으로 하여 1년간 의결권을 포괄적으로 위임하는 것도 가능하다고 판단하였다.

인천지방법원 2016가합56898 판결은 의결권 위임은 사전적·포괄적으로 가능하므로, 위임장에서 위임의사가 명확히 확인되는 이상 소집통지 이전에 위임장이 작성되었다는 사정만으로 위임이 위법한 것으로 볼 수 없다고 판단하였다. **수원지방법원 2017가합17880 판결**은 일부 서면결의서 및 위임장이 관리단집회 공고 전에 제출되었다고 하더라도 해당 서면결의서 및 서면위임장에 구체적인 집회 안건이 기재되어 있고, 실제로 집회에서 해당 안건에 대한 결의가 이루어진 이상, 공고 전에 서면결의서 및 위임장이 제출되었다는 사정만으로는 의결권 행사에 하자가 있다고 볼 수 없다고 보았다.

서울고등법원 2021라20511 결정은 관리단집회 소집공고 6개월 전에 위임장이 작성되었다 하더라도 그사이 위임의사가 변경되었다고 볼 만한 사정이 없으므로 시간적 간격이 존재한다는 사실만으로는 위임장에 따른 위임이 무효라 보기 어렵다고 판단하였다. **서울중앙지방법원 2014가합25196 판결**은 위임인의 진정한 의사가 반영된 사정이 있다면 집회 소집통지 이전에 작성된 위임장도 유효하다고 보았다.

서울중앙지방법원 2018가합562204 판결은 집회소집통지가 이루어지기 전에 관리인으로 선임할 자가 확정되지 않은 상태에서 위임장이 작성되었다 하더라도 위임장에 의한 의결권 행사에 하자나 법령 위반이 존재한다고 할 수 없다고 하였다. **부산지방법원 동부지원 2016가합101708 판결**은 의결권자가 위임장 양식과 동봉된 호소문을 통하여 무엇을 위한 관리단집회이고 어떠한 안건에 관한 의사표시를 위임하는지를 인식한 상태에서 위임장을 작성, 제출하였던 것으로 보이므로, 관리단집회 소집통지 전에 의결권을 위임하였다 하여 그 위임장의 효력이 없다고 할 수는 없다고 판시하였다.

위임장은 위임인이 수임인에 대하여 사무처리를 위탁하고 수임인이 이를 승낙하는 의미에서 교부하는 개인 간의 의사표시 문서이다. 따라서 위임자의 의사를 위임장을 통해 확인할 수 있다면, 작성 시점이 집회소집통지 이전이라는 이유만으로 그 효력을 부정할 수는 없을 것이다.

■ **대법원 2012. 11. 29. 선고 2011다79258 판결 [영업행위금지청구]**

다만 관리단 규약의 제·개정을 위한 구분소유자의 의결권 행사는 대리인을 통하여서도 할 수 있고(집합건물법 제38조 제2항), 업종 제한의 변경에 관한 구분소유자나 수분양자의 동의의 의사표시도 마찬가지라고 보아야 하며, 이러한 의결권의 위임이나 대리권의 수여가 반드시 개별적·구체적으로 이루어져야만 한다고 볼 근거도 없으므로, 구분소유자나 수분양자가 임차인 등에게 <u>사전적·포괄적으로</u> 상가건물의 관리에 관한 의결권을 위임하거나 업종 제한 변경의 동의에 관한 대리권을 수여한 경우에는 위 임차인 등이 참여한 결의나 합의를 통한 업종 제한의 설정이나 변경도 가능하다고 할 것이다.

■ **인천지방법원 2017. 8. 10. 선고 2016가합56898 판결 [관리단집회결의무효확인등]**

1) 사전 위임의 적법성
나) 위 원고들은 소집통지 이전에 이루어진 의결권 위임은 위법하다고 주장하나 위 법리와 같이 <u>의결권 위임은 사전적·포괄적으로도 가능한 것이므로, 위임장에서 위임의사가 명확히 확인되는 이상 소집통지 이전에 위임장이 작성되었다는 사정만으로 위임이 위법한 것으로 볼 수는 없다.</u> 나아가 위 원고들은 위 법리가

임차인에게 의결권을 위임하였을 때만 적용되므로 임차인이 아닌 사람에게 의결권을 위임할 경우에는 사전적 위임이 허용되지 아니한다고도 주장하나, 위 법리가 임차인에게만 적용되는 것으로 한정하여 해석할 만한 이유도 없으므로, 결국 이 사건 제2결의에서의 의결권 위임은 적법하게 이루어진 것으로 봄이 타당하다.

■ **수원지방법원 2018. 1. 10. 선고 2017가합17880 판결 [관리단집회결의무효확인의소]**

나아가 일부 서면결의서 및 위임장이 관리단집회 공고 전에 제출되었다고 하더라도, 해당 서면결의서 및 서면위임장에 관리단집회에서 논의될 구체적인 안건이 기재되어 있고, 실제로 집회에서 해당 안건들에 대한 결의가 이루어진 이상, 공고 전에 서면결의서 및 위임장이 제출되었다는 사정만으로는 그에 따른 의결권 행사에 어떠한 하자가 있다고 볼 수 없으므로, 원고들의 이 부분 주장은 이유 없다.

■ **수원지방법원 여주지원 2022. 4. 27. 선고 2021가합11113 판결 [관리단집회결의취소]**

집합건물법은 대리인에 의한 의결권 행사의 방법 등에 아무런 제한을 두고 있지 않으므로 이러한 의결권의 위임이나 대리권의 수여가 반드시 개별적·구체적으로 이루어져야만 하는 것은 아니고(대법원 2012. 11. 29. 선고 2011다79258 판결 참조), 이 사건 오피스텔 관리규약 등에 의결권의 행사를 구체적이고 개별적인 사항에 국한하여 위임해야 한다고 해석하여야 할 근거는 없으므로, 이 사건 오피스텔 구분소유자 내지 점유자들이 의결권을 사전적·포괄적으로 위임하는 것도 가능하다고 보아야 한다.

위 법리에 비추어 살피건대, 위임장의 수임인 란을 공란으로 하여 1년간 의결권을 포괄적으로 위임하는 것도 가능하다고 할 것이고, 집합건물법 내지 이 사건 오피스텔 관리규약에 위임장의 형식 등에 관한 제한이 없으며, 위임장의 수신처에 관리인 후보 Z의 사무실로 기재되어 있는 것은 Z이 이 사건 관리단집회의 소집을 주도하였기 때문인 것으로 보이고, 위임장의 수신처에 Z의 사무실이 기재되어 있다고 하더라도 Z이 위임장을 위조·조작하였다고 단정하기 어려우므로, 원고가 주장하는 사정만으로 위임장에 하자가 있다고 볼 수 없다. 원고들의 위 주장은 받아들이지 않는다.

■ **서울고등법원 2021. 8. 25.자 2021라20511 결정 [직무정지및업무방해금지등 가처분]**

3) 이 사건 위임장의 작성 시기, 작성 경위 및 내용에 비추어 이 사건 위임장에 따른 위임이 무효인지 여부

가) 이 사건 위임장의 작성 시기, 작성 경위의 문제

기록에 의하면, 이 사건 위임장이 작성되기 전인 2020년 5월~8월경 사이에 이미 이 사건 각 집합건물의 구분소유자들은 H을 이 사건 각 집합건물의 관리인으로 선임하는 내용의 동의서 및 개인정보 수집·이용 동의서를 작성하여 주었던 사실, 이 사건 소집동의서 및 위임장과 의결권행사지정서는 채권자들의 2020. 11. 9.자 임시총회 소집공고가 있기 이전에 작성된 사실은 소명된다.

그러나 이 사건 기록 및 심문 전체의 취지에 비추어 알 수 있는 아래와 같은 이 사건 위임장의 작성 경위에 비추어 보면, 이 사건 위임장은 구분소유자들의 진정한 위임의사에 따라 작성된 것이고, 이 사건 위임장의 작성과 이 사건 관리단집회의 개최 사이에 다소 시간적 간격이 존재한다고 하더라도 그 사이 위 위임의사가 변경되었다고 볼 만한 사정도 없으므로, 위 소명사실만으로는 이 사건 위임장에 따른 위임이 무효라고 보기 어렵다.

■ **서울중앙지방법원 2014. 11. 27. 선고 2014가합25196 판결 [선거무효확인]**

2) 이 사건 집회 공고 이전 또는 집회 이후 날짜로 기재된 위임장

살피건대, 갑 제1호증, 을 제26호증의 각 기재에 의하면, 이 사건 집회에 관한 공고는 2013. 11. 5. 있었는데, N 등 48명이 작성한 위임장의 작성일자가 그 이전인 2013. 10. 16.부터 2013. 11. 4.까지로 기재되어 있고, L이 작성한 위임장의 작성일자는 이 사건 집회 개최 이후인 2013. 12. 12.로 기재되어 있는 사실은 인정되나, 한편, 앞서 든 증거들 및 을 제30호증의 기재에 변론 전체의 취지를 종합하여 인정되는 다음과 같은 사정, 즉 ① 집합건물법 제38조 제2항이 서면에 의한 의결권의 행사를 인정하면서 그 요건이나 절차 및 방법 등에 관하여 아무런 제한을 하고 있지 않은 점, ② 이 사건 위임장에는 수임인에게 관리인 선임의 건에 관한 의결권을 위임하고 위임장이 본인의 의결권 행사에 있어 서면결의로 간주되는 것에 대하여 전적으로 동의한다고 기재되어 있고, 위 각 위임에 따른 수임인들은 이 사건 집회에 참석하여 위 각 위임의 취지에 따라 의결권을 행사한 점, ③ 또한 위 각 위임장에는 '본 위임장은 이후 개최되는 관리단집회가 유회되거나 개최되지 못하여 6개월 이내에 재소집되는 경우에도 유효하다'고 기재되어 있는바, 위 각 위임장의 최초 작성일인 2013. 10. 16.부터 6개월 이내에 이 사건 집회가 개최된 점, ④ L은 자신이 작성한 위임장의 '2013. 12. 12.'은 '2013. 11. 12.'의 오기라는 취지의 사실확인서를 작성하여 제출한 점 등에 비추어 보면, 위 각 위임장 중 일부 위임장이 이 사건 집회 개최 공고 전에 작성되었다거나 L의 위임장에 이 사건 집회 이후 날짜가 기재되어 있다는 사정만으로 이 사건 위임장에 위임인들의 진정한 의사가 반영되지 않았다고 단정하기 어렵고, 달리 이를 인정할 증거가 없으므로, 원고의 이 부분 주장도 이유 없다.

■ **서울중앙지방법원 2019. 11. 28. 선고 2018가합562204 판결 [관리인선임결의무효확인]**

그런데 앞에서 인정한 사실관계와 기록에 비추어 알 수 있는 아래의 사정들을 종합하면, 설령 이 사건 소집통지가 이루어지기 전에, 관리인으로 선임할 자가 확정되지 않은 상태에서 위임장(을 제7호증의 1, 2, 3)이 작성되었다고 하더라도, 이 사건 건물의 구분소유자들은 이 사건 관리회사를 관리인으로 선임할 의사를 가지고 위임장을 제출한 것이라고 봄이 타당하므로, 위임장에 의한 의결권 행사에 하자나 법령 위반이 존재한다고 볼 수 없다.

― 중략 ―

② 집합건물법은 대리인에 의한 의결권 행사의 방법 등에 아무런 제한을 두고 있지 않으므로, 이러한 의결권의 위임이나 대리권의 수여가 반드시 개별적·구체적으로 이루어져야만 한다고 볼 근거는 없고, 구분소유자는 다른 구분소유자 등에게 사전적·포괄적으로 의결권을 위임할 수 있다고 보아야 한다(대법원 2012. 11. 29. 선고 2011다79258 판결 등 참조). 따라서 이 사건 소집통지가 이루어지기 전에 위임이 이루어졌다거나 위임장에 안건이 특정되지 않았다고 하여 이를 무효라고 볼 수는 없다.

7.

신분증 요구

대리인은 의결권을 행사하기 전에 의장에게 대리권을 증명하는 서면을 제출하여야 한다(법 시행령 15조 1항). 이에 해당하는 서면이 위임장인데 이 외에도 위임인의 의사 확인을 위하여 대리인이 관리단집회에 입장할 경우 대리인에게 위임인의 신분증 사본을 요구하고, 불응 시 이를 이유로 의결권 행사를 제한할 수 있는지 문제된다.

위임장 양식에서 요구하는 첨부서류는 본인의 위임의사를 확인하기 위한 여러 방법 중 하나일 뿐 그 제출이 강제된다고 보기 어렵다. 그러므로 위임장의 다른 기재 등에 의하여 본인의 위임의사가 진정한 것으로 확인되면 본인확인서류가 첨부되지 않았다 하여 그 위임장에 의한 의결권 행사를 무효로 볼 것은 아니다(서울고등법원 2010나65841 판결). 판례는 대체적으로 사본으로 제출된 위임장에 자필로 보이는 성명, 서명, 연락처 등의 기재가 있어 위임인의 진정한 위임의사가 확인되면 그 효력을 인정하고 있다(대법원 2005다22701, 22718 판결, 서울남부지방법원 2015가합2776 판결, 수원지방법원 여주지원 2021가합11113 판결, 대전지방법원 2017카합50463 결정).

■ 서울고등법원 2011. 7. 21. 선고 2010나65841 판결 [임시집회무효확인]

[4] 집합건물 관리단이 정기집회 소집 당시 구분소유자들에게 송부한 위임장 양식에 본인확인서류를 위임장에 첨부하도록 기재되어 있으나 일부 위임장에 본인확인서류가 첨부되지 않은 사안에서, 관리규약에 반드시 본인확인서류를 제출하도록 하는 규정이 없으므로 위임장의 다른 기재 등에 의하여 본인의 위임의사가 진정한 것임이 확인된다면 본인확인서류가 첨부되어 있지 않다고 하여 위임장에 의한 의결권 행사를 무효로 볼 수 없다고 한 사례

■ 대법원 2009. 4. 23. 선고 2005다22701, 2005다22718 판결 [합병철회·주주총회결의취소]

[3] 상법 제368조 제3항이 규정하는 '대리권을 증명하는 서면'이라 함은 위임장을 일컫는 것으로서 회사가 위임장과 함께 인감증명서, 참석장 등을 제출하도록 요구하는 것은 대리인의 자격을 보다 확실하게 확인하기 위하여 요구하는 것일 뿐, 이러한 서류 등을 지참하지 아니하였다 하더라도 주주 또는 대리인이 다른 방법으로 위임장의 진정성 내지 위임의 사실을 증명할 수 있다면 회사는 그 대리권을 부정할 수 없다. 한편, 회사가 주주 본인에 대하여 주주총회 참석장을 지참할 것을

요구하는 것 역시 주주 본인임을 보다 확실하게 확인하기 위한 방편에 불과하므로, 다른 방법으로 주주 본인임을 확인할 수 있는 경우에는 회사는 주주 본인의 의결권 행사를 거부할 수 없다.

■ 서울남부지방법원 2015. 9. 3. 선고 2015가합2776 판결 [관리단지위부존재]

4. 피고 관리단에 대한 청구에 관한 판단

가. 이 사건 위임장에 의한 의결권 대리행사 가부

1) 앞서 인정한 바와 같이 이 사건 관리단의 관리규약이 설정되지 않으므로, 관리단총회 의결권은 집합건물법에 의하여 행사할 수 있다. 그런데 집합건물법 제38조 제2항에서 '의결권은 서면이나 전자적 방법으로 또는 대리인을 통하여 행사할 수 있다.'고 규정하고, 위법 시행령 제15조에서 '대리인은 의결권을 행사하기 전에 의장에게 대리권을 증명하는 서면을 제출하여야 한다.'고 규정한 외에, 대리권 증명의 방법을 구체적으로 제한하는 규정은 없다.

그렇다면 이 사건 관리단의 관리인이 이 사건 총회 전 위임장에 신분증이나 임대차계약서 사본을 첨부하여야 한다고 공고하였더라도 이는 결국 위임인의 진정한 의사를 확인하여 대리권을 증명하기 위한 방법 중 하나를 명시한 것에 불과하다고 보아야 하고, 위임장의 기재 자체 등 다른 방법에 의하더라도 위임자의 진정한 위임의사가 확인된다면, 위와 같이 공고된 요건을 갖추지 않은 경우에도 의결권의 대리행사를 허용함이 타당하다.

그러나 한편, 위 법 시행령 제15조의 내용에 비추어보면, 의결권 행사 전, 즉, 관리단총회 현장에서 의장에게 제출한 서면을 통하여 대리권이 증명된 경우에만 의결권을 대리행사할 수 있다고 봄이 상당하다.

2) 앞서 든 각 증거, 갑 제19, 20, 22 내지 24, 26호증의 각 기재 및 변론 전체의 취지를 종합하면, 원고를 비롯한 이 사건 총회 참석자들이 총회 당시 피고 C에게 이 사건 위임장을 제출하였으나, 이 사건 위임장에는 위임인의 이름, 서명, 구분소유자 또는 점유자인지 여부, 주소(동, 호수)만이 기재되어 있었던 점, 원고가 이

사건 위임장을 작성하였던 구분소유자 89명으로부터 위임장을 진정한 의사로 직접 작성하였다는 확인서를 받아 이 법원에 제출한 것은 이 사건 소 제기 이후 사후적으로 이루어진 것에 불과한 점 등이 인정되는바, 이러한 사정에 비추어보면 적어도 이 사건 총회 당시에는 제출된 이 사건 위임장의 기재만으로 참석자들의 의결권 행사 대리권이 적절하게 증명되었다고 볼 수 없다.

■ **수원지방법원 여주지원 2022. 4. 27. 선고 2021가합11113 판결 [관리단집회 결의취소]**

2) 제5—2주장에 관한 판단
살피건대, 을 제7호증의 기재에 의하면, 피고가 이 사건 소집통지를 하면서 의결권 대리행사의 경우 증빙서류로 의결권 대리 위임장과 신분증 사본을 제출하도록 하는 내용을 기재한 사실을 인정할 수 있다.
그러나 집합건물법 또는 이 사건 오피스텔 관리규약에서 신분증 사본 등 본인확인서류를 제출하도록 강제하는 규정을 두고 있지 않은바, 이 사건 소집통지의 위와 같은 내용은 본인의 위임의사를 확인하기 위한 여러 방법들 중 하나의 의미를 가질 뿐 그 제출이 강제되는 것으로 볼 수 없고, 위임장의 다른 기재 등에 의하여 본인의 위임의 사가 진정한 것임이 확인되는 이상 신분증 사본 등 본인확인서류가 첨부되어 있지 않다고 하여 그 위임장에 의한 의결권 대리행사를 무효로 볼 수 없는바, 이와 다른 전제에 선 원고들의 주장은 받아들이지 않는다(다만, 개별적인 위임장이 구분소유자 내지 점유자 본인의 진정한 위임의사를 반영한 것인지에 관하여는 아래 각 주장에 관한 판단에서 살펴본다).

8.

재위임

대리권을 수여받은 대리인이 다시 제3자에게 재위임하는 것이 위임인의 의사에 반하는지 문제된다. **서울서부지방법원 2016카합50381 결정**은 위임장을 받은 사람이 위임인의 의사와 무관하게 제3자에게 재위임하는 경우, 위임인이 이를 허용하는 것으로 보기 어렵다고 하였다. 다만 이러한 하자는 취소사유의 하자로 보았다.

■ 서울서부지방법원 2016. 12. 15.자 2016카합50381 결정 [직무집행정지및직무대행자선임가처분]

위 기초사실과 제출된 자료에 비추어 인정되는 아래와 같은 사정들을 종합하면, 채무자를 이 사건 관리단의 관리인으로 선임한 결의에는 <u>취소사유의 하자</u>가 있으므로 채권자들이 채무자에 대하여 이 사건 관리단의 관리인으로서의 직무집행의 정지를 구할 피보전권리 및 보전의 필요성은 소명된다고 할 것이다.

1) 이 사건 결의에 찬성한 105명은 모두 위임장을 통해 대리인이 결의를 하였고, 총 105개의 위임장 중 78개는 ㅇㅇㅇ, 22개는 ㅇ, 5개는 정기총회 의장을 각 위

임받는 사람으로 기재되어 있다.

그런데, ① 해당 위임장들을 실제 누가 징구하였는지 알 수 없고, ② 위임장에 위임받는 사람(○○○, ○○○)으로 기재된 필체는 대부분 위임인의 필체와 다른 반면, ③ 각 위임받는 사람 별로 그 필체가 동일하고, ④ 위임받을 사람 항목을 공란으로 두었다는 사실확인서 등에 비추어 볼 때, 해당 위임장들은 실제 위임장을 징구한 사람이 모두 위임인의 표시 없이 받은 다음, 위임받을 사람 란에 일괄적으로 ○○○ 내지 ○○○를 기재하는 방법으로 작성된 것으로 보인다(채무자도 이 부분에 대하여 직접적으로 다투고 있지는 않고 있다). 이는 <u>실질적으로 위임장을 징구한 사람이 위임인의 의사와 무관하게 제3자에게 재위임한 것과 다르지 않다고 할 것인데, 위임장을 작성한 사람들이 이러한 방식의 위임까지 허용하였다고 보기는 어렵다.</u>

9.

위임장 재사용

집회에서 의결권을 행사하였으나 안건이 부결된 위임장, 서면결의서를 재차 동일 안건으로 하는 다른 집회에 재사용할 수 있는지 문제된다.

서울남부지방법원 2020카합39 결정은 서면결의서와 관련하여, 관리단집회 결의를 위해서 제출받은 서면결의서는 원칙적으로 당해 집회의 결의에 한정하여 사용되어야 하고, 서면결의서 작성자의 명시적 동의가 있다는 등의 특별한 사정이 없는 한 제출받은 서면결의서를 재사용하는 것은 허용되지 않는다고 보았다.

다만, **서울중앙지방법원 2018가합582963 판결**은 위임장과 관련하여, 관리단집회에서 임시의장을 선출하는 안건의 경우 실질적으로 위임장에 기재된 다른 안건을 찬성으로 의결하기 위한 전제에 불과하므로, 위임장에 기재된 다른 안건이 전부 찬성으로 의결되기 전에는 위임장의 효력이 유지된다고 보았다. 이에 따라 종전 관리단집회에서 임시의장을 선출하는 결의가 이루어졌다고 하더라도, 위임장에 기재된 안건 중 찬성으로 의결된 것이 없는 이상, 그 후에 개최된 관리단집회에서 다시 위임장을 근거로 의결권을 대리행사하여 임시의장을 선출하는 결의를 할 수 있다고 판시하였다.

서면결의서나 위임장의 효력이 어느 범위까지 미치는지는 서면결의 또는 위임의 취지, 서면결의서 또는 위임장의 기재 내용 등을 통해 구체적인 사안에 따라 판단되어야 한다. 서면결의서 또는 위임장에 재사용이나 서면결의 효력 유지, 위임의사 유지에 관한 명시적인 의사표시가 없는 한 이들의 재사용이나 다른 집회에서 효력 유지 여부는 제한적이고, 신중하게 판단되어야 한다.

> ■ 서울남부지방법원 2020. 10. 14. 선고 2020카합39 판결 [관리인해임결의효력정지가처분]
>
> ③ 관리단집회 결의를 위해서 제출받은 서면결의서는 원칙적으로 당해 집회의 결의를 위해서만 사용되어야 하고, 서면결의서 제출자의 명시적 동의가 있다는 등의 특별한 사정이 없는 한 이를 재사용하는 것은 허용되지 않는다고 할 것이다. 그런데 이 사건 기록에 의하여 알 수 있는 다음과 같은 사정, 즉 2019. 10. 25. 소집공고되어 2019. 11. 5. 열린 임시 관리단집회에서도 채권자를 해임하는 안건이 상정되었으나, 의결정족수를 충족하지 못하여 부결된 점, 이에 채무자는 2019. 11. 6. 채권자에 대한 해임 등을 안건으로 하는 이 사건 관리단집회의 소집을 공고한 점, 이 사건 동의서의 작성일자나 카카오톡 메시지 전송 일자가 대부분 2019. 11. 5. 이전인 점, 채무자가 2019. 11. 5. 이후에 추가로 동의서를 징구하였다고 주장하거나 이에 대한 소명자료를 제출하고 있지 못하는 점 등에 비추어 보면,

이 사건 동의서의 대부분이 2019. 11. 5. 열린 관리단집회에서 이미 사용된 것으로 보인다. 따라서 이 사건 동의서의 작성자들이 명시적으로 재사용에 동의하였다는 등의 특별한 사정이 없는 이상 이 사건 동의서는 이 사건 관리단집회에서 다시 사용될 수 없다고 할 것이다.

■ 서울중앙지방법원 2019. 7. 11. 선고 2018가합582963 판결 [집회결의무효확인]

나. 이 사건 위임장의 재사용으로 인한 하자 주장에 관한 판단

(1) 원고의 주장

N, O은 종전 관리단집회에서 이 사건 위임장에 의하여 N 위임자들, O 위임자들의 의결권을 대리행사하였으므로, 이 사건 위임장은 그 효력이 없어졌음에도 이 사건 관리단집회에서 이 사건 위임장을 재사용하여 N 위임자들, O 위임자들의 의결권을 대리행사하였으므로, 이 사건 결의에는 절차상 중대한 하자가 있어 무효 또는 취소되어야 한다.

(2) 판단

먼저 종전 관리단집회는 M이 소집하였는데, 이후 M을 관리인으로 연임한 결의가 무효라는 화해권고결정이 확정된 사실은 앞에서 인정한 바와 같고, 한편 N, O 등은 위와 같이 M의 관리인 연임결의가 무효가 확정되자 M이 소집한 종전 관리단집회에서 이루어진 결의도 무효인 것으로 판단하고 이 사건 관리단집회를 소집한 것으로 보이는데, 이 사건 위임장은 거기에 위임한 안건이 적법, 유효하게 결의될 것을 전제로 의결권을 위임한 것이라고 할 것이므로, 이 사건 위임장은 종전 관리단집회의 결의에도 불구하고 이 사건 관리단집회 당시까지 여전히 그 효력을 유지하고 있었다고 보아야 할 것이다.

설령 그렇지 않다고 하더라도, 관리단집회에서 임시의장을 선출하는 안건의 경우 실질적으로 이 사건 위임장에 기재된 다른 안건을 찬성으로 의결하기 위한 전제에 불과하므로, 이 사건 위임장에 기재된 다른 안건이 전부 찬성으로 의결되기 전에는 이 사건 위임장의 효력이 유지된다고 봄이 타당하다고 할 것인데, 종전 관리단집회에서 임시의장을 선출하는 결의가 이루어졌다고 하더라도, 이 사건 위임장에 기재된 안건 중 관리인 M을 해임하는 안건 외에는 찬성으로 의결된 것이 없는 이상, N, O은 그 후에 개최된 이 사건 관리단집회에서 다시 이 사건 위임장을 근거로 의결권을 대리행사하여 임시의장을 선출하는 결의를 할 수 있다고 할 것이다.

그리고 N, O을 공동관리인으로 선출하는 안건의 경우에도, 앞에서 살펴본 바와 같이 종전 관리단집회에서 이 사건 위임장의 위임 범위를 벗어나 N을 단독 관리인으로 선임하는 결의가 이루어진 이상 그 결의는 효력이 없고, 따라서 그 안건에 관하여 의결권이 행사되었다고 볼 수 없으므로, N, O은 이 사건 관리단집회에서 이 사건 위임장을 근거로 의결권을 대리행사하여 N, O을 공동관리인으로 선출하는 결의를 할 수 있다고 할 것이다.

원고들의 이 부분 주장도 어느 모로 보나 받아들일 수 없다.

10.

수임인 특정 · 특정 위임장 양식

(1) 수임인이 특정된 위임장의 효력

관리인이 되고자 집회를 주최하는 자가 중립적인 입장에 있거나 관리인 선임에 크게 관심이 없는 자의 의결권을 자신에게 유리하게 확보하기 위하여 수임인을 자신이나 측근으로 특정한 위임장을 첨부하여 소집통지서를 발송하는 사례가 있다.

인천지방법원 2021카합10265 결정은 집회소집통지서에 변호사에게 의결권 행사를 포괄위임한다는 내용의 위임장 양식만을 제공하였을 뿐, 변호사 외의 다른 대리인에게 의결권 행사를 위임할 수 있음을 밝히거나 대리인란이 공란인 위임장 양식을 제공하지 않은 경우 위법하다고 판단하였다. 소집통지 당시 구분소유자들에게 중립적인 지위에 있지 않은 자를 대리인으로 지정한 위임장 양식만을 제공한다면 이는 의결권자의 의결권 행사의 자유를 침해하여 구분소유자들의 총의가 왜곡시키기 때문이다. 따라서 소집통지서에 첨부하는 공식적인 위임장 양식에는 수임란을 특정인으로 기재해 두고자 한다면, 공란을 추가로 두어 제3자를 기재할 수 있도록 해야 한다.

(2) 반드시 소집통지서에 첨부된 위임장만을 사용해야 하는지

관리인이 되고자 하는 자가 집회를 주최하면서 자신이나 측근을 수임인으로 특정한 위임장 양식을 첨부하여 소집통지서를 발송하는 경우, 이에 반대하는 자는 별도의 위임장 양식을 사용하여 위임장을 징수할 것이다. 이 때문에 집회 현장에서는 집회소집통지서에 첨부된 위임장 양식만을 유효로 처리하고 그 이외의 위임장 양식은 무효로 처리하여 위임장 양식에 관한 다툼과 혼란이 종종 발생한다.

위임장에서 중요한 것은 위임인의 진정한 의사가 위임장에 표시되어 있는지 여부이므로 그 형식은 중요하지 않다. 집합건물법상 의결권 위임 시 반드시 관리단집회 소집통지서와 함께 송달된 위임장 양식을 사용해야 한다고 해석할 근거는 없다(**부산지방법원 동부지원 2016가합101708 판결, 서울중앙지방법원 2019가합502605 판결**).

■ **인천지방법원 2021. 8. 30.자 2021카합10265 결정 [업무방해금지가처분]**

채무자는 이 사건 집회에 관한 소집통지서에 변호사 ○○○에게 의결권 행사를 포괄위임한다는 내용의 위임장 양식만을 제공하였을 뿐, ○○○ 외에 다른 대리인에게 의결권 행사를 위임할 수 있음을 밝히거나 대리인란이 공란인 위임장 양식을 제공하지 않았다. 이로 인하여 이 사건 집회에 위임장을 제출한 구분소유자들 약 ○○○명 전원이 변호사 ○○○에게 의결권 행사를 포괄위임하는 위임장을 제출하였다. 변호사 ○○○의 복위임을 받은 ○○○은 임시의장으로서 이 사건 집회를 진행하고 각 안건들에 대하여 찬성의사를 표시함으로써 집회 참석자 213명 전원의 찬성으로 각 안건들이 모두 가결되었다.

채무자는 이 사건 집회에 대한 소집통지 당시 구분소유자들에게 중립적인 지위에 있지 않은 자를 대리인으로 지정한 위임장 양식만을 제공하여 구분소유자들의 총의가 왜곡되었다고 볼 여지가 크다.

■ **부산지방법원 동부지원 2016. 10. 20. 선고 2016가합101708 판결 [관리단집회결의취소청구의소]**

① 소집통지와 함께 발송한 위임장이 아니고 H가 관리위원 자격 및 관리단 명의를 모용하여 작성한 부적법한 호소문에 따른 것이어서 효력이 없다는 주장에 관하여 본다. 집합건물법상 의결권 위임 시 반드시 관리단집회 소집통지서와 함께 송달된 위임장을 사용해야 한다고 해석할 근거는 없고, 이 사건 건물 구분소유자들은 위임장 양식과 동봉된 호소문을 통하여 무엇을 위한 관리단집회이고 어떠한 안건에 관한 의사표시를 위임하는지를 인식한 상태에서 위임장을 작성, 제출하였던 것으로 보이므로, 관리단집회 소집통지 전에 의결권을 위임하였다 하여 그 위임장의 효력이 없다고 할 수는 없다. 한편, 동봉된 호소문의 내용에 비추어 볼 때, 위임장을 제출한 사람들은 시행사로부터 독립된 관리단 운영 및 임원 선출의 필요성에 동의하고 이를 위한 관리단집회에 참여한다는 뜻으로 위임장을 제출한 것으로 보이므로, 위임장 양식을 발송한 사람의 자격에 관한 착오가 위임장 제출 여부의 결정에 영향을 주었다고 보이지는 않는다.

(5) 제5주장에 대하여

(가) 관리인 선임을 위한 구분소유자의 의결권 행사는 대리인에 의하여 할 수 있는데, 집합건물법은 대리인에 의한 의결권 행사의 방법 등에 아무런 제한을 두고 있지 않으므로 이러한 의결권의 위임이나 대리권의 수여가 반드시 개별적·구체적으로 이루어져야만 하는 것은 아니며, 묵시적으로 이루어지는 것도 가능하다(대법원 2015. 10. 15. 선고 2013다207255 판결 등 참조). 위 법리에 기초하여 을 제7호증의 1 내지 13의 각 기재에 변론 전체의 취지를 보태어 보면, 이 사건 결의를 위한 위임장은 구분소유자 또는 점유자들이 2018. 10.경부터 작성한 것으로서 수임인인 N, P, O과 피고 C에게 관리인 선임에 관한 의결권한을 위임한다는 취지가 기재되어 있는 사실을 인정할 수 있고, 이러한 위임장은 관리인 선임을 위한 적법한 위임장이라고 봄이 옳다. 반면 원고의 주장처럼 이 사건 결의를 위한 위임장이 소집동의 위임장과는 별개의 위임장이어야 한다거나 반드시 소집통지서에 첨부된 위임장 또는 소집통지 이후에 작성된 위임장이어야 한다고 볼 만한 근거는 없다.

11.

수 개의 안건,
일괄 의사표시 서면결의서 효력

수 개의 안건에 대하여 찬·반란이 각 안건별로 구분되어 있지 아니하고 하나의 의사표시만 하도록 한 개의 공란만이 있는 서면결의서의 효력이 문제된다.

서울고등법원 2014나2026017 판결은 서면동의서에 A, B, C 세 건의 안건에 관하여 날인을 하여 동의의 의사표시를 하도록 되어 있는데, 날인란이 각 안건별로 구분되어 있지 아니하고 일괄하여 한 개의 공란으로 되어 있는 서면동의서의 효력은 무효라 하였다.

수원지방법원 2021카합10225 결정은 '관리인' 선임과 '관리위원회 위원 선임'이라는 관련성 없는 두 개의 안건을 하나의 안건으로 상정하였고, '8인'의 관리인 및 관리위원회 위원들에 대하여 각 개인에 대하여 그 찬반 여부를 묻지 않고 일괄하여 하나의 의사표시를 하도록 작성된 서면결의서의 효력은 무효라 하였다.

다수의 안건에 관하여 하나의 의사표시만을 하도록 하는 것은 그 의사를 정확하게 표시할 수 없게 되어 의결권자의 의사가 왜곡되고, 각 안건에 대한 구성원의 의결권 행사를 사실상 박탈 내지 부당하게 제한하는 것으로 무효라 할 것이다(**수원지방법원 2021카합10225 결정**).

■ **서울고등법원 2015. 5. 1. 선고 2014나2026017 판결 [입주자대표회의대표자 지위확인의소]**

을14, 16호증(가지번호가 있는 경우 가지번호를 포함한다, 아래 같다)의 각 기재에 변론 전체의 취지를 종합하면, 이 사건 서면결의 당시의 서면동의서에는 '이 사건 건물의 관리규약 변경 및 추가 동의', '이 사건 임원 선출의 추인 동의', '피고의 정기예금배분 관련 동의' 등 세 건의 안건에 관하여 날인을 하여 동의의 의사를 표시하도록 되어 있는데, 날인란이 각 안건별로 구분되어 있지 아니하고 일괄하여 한 개의 공란으로 되어 있는 사실, 실제로 이 사건 건물의 구분소유자 67명은 위 서면동의서를 제출함에 있어 위 날인란에 안건별로 구분하지 아니하고 한 개의 날인 또는 서명만을 한 사실,

— 중략 —

위 인정사실에 의하면, 서로 관련성이 없는 다수의 안건에 관한 결의를 하면서 각 안건에 대하여 구분하지 아니하고 일괄하여 하나의 의사표시만을 하도록 하는 것은 각 안건에 대한 구성원의 의결권 행사를 사실상 박탈 내지 부당하게 제한하는 것으로서 그와 같은 방식에 의한 의결권 행사는 효력이 없다고 보아야 하므로, 이 사건 서면결의 당시 제출된 서면동의서는 위와 같은 부당한 방식에 의한 것으로서 효력이 없다.
따라서 위와 같이 효력이 없는 서면동의서에 의한 이 사건 서면결의 역시 무효이다.

■ **수원지방법원 2021. 7. 16.자 2021카합10225 결정 [방해금지등가처분]**

이 사건 서면결의서는 제3안에서 관리단 내의 별개 기관인 '관리인' 선임과 '관리위원회 위원' 선임이라는 관련성 없는 두 개의 안건을 하나의 안건으로 상정하였을 뿐만 아니라, '8인'의 관리인 및 관리위원회 위원들에 대하여 각 개인에 대하여 그 찬반 여부를 묻지 않고 일괄하여 하나의 의사를 표시하도록 하였다. 위 서면결의서는 관리인 선임에는 동의하나 관리위원회 위원 선임은 부동의하거나, 관리위원회 위원 8인 중 일부에 대해서만 부동의하는 의사 등을 가진 구분소유자들이 그 의사를 정확하게 표시할 수 없게 되어 의결에 참가한 구분소유자들의 의사가 왜곡되고, 각 안건에 대한 의결권 행사가 사실상 박탈 또는 부당하게 제한되는 것이므로, 이러한 방식의 의결권 행사는 적법한 의결방식이라고 볼 수 없는바, 이 사건 서면결의서에 의한 이 사건 의결은 부당한 방식에 의한 것으로서 무효이다.

12.

양식

[양식 5—1] 관리단집회 위임장

관리단집회 위임장

본인은 2023년 ○○○ 관리단집회에서 아래 대리인에게 아래 사항에 대한 의결권 행사를 전적으로 위임하고, 이 위임장의 제출로 대리의결권 행사를 통지합니다.

가. 위임하는 사람(* 소유자 또는 점유자)

성명	소유자☐ 점유자☐	(호실 :　　　　　)
생년월일		
주소		
연락처	010—	

☞ 여러 명이 공동소유 또는 공동점유하는 경우 전체 명의로 위임해야 합니다.
☞ 법인인 경우 법인명과 대표자명, 법인직인을 날인해주십시오.
☞ 점유자는 임대차계약의 명의자로 기재하여 주십시오.

나. 위임사항 (*구체적 결의내용 대리인에게 포괄위임)
　　1) 관리규약 제정에 관한 의결권한
　　2) 관리인 선임에 관한 의결권한
　　3) 기타 집회 상정안건에 관한 일체의 의결권한

다. 위임받는 사람(대리인)

	성명:	생년월일:
대리인	주소:	
	연락처:	

▶ 위 관리단집회가 의결정족수 미달 등으로 연기 또는 유회, 안건결의가 부결되었을 경우, 다시 집회를 개최한 경우에도 동일한 위임 사항에 대해 의결권을 행사하는 데 동의하고 위 사람에게 다시 위임합니다. 또한, 이 위임장 이외의 위임장은 본인의 최종 의사에 기한 것이 아니므로 철회하고 무효임을 확인합니다.

2024. 3. 1.
위임인　　　　　　　(인 또는 서명)

○ ○ ○ 관리단 귀중

관리단집회 위임장

1. 위임인 표시

성 명 소유자 □ 점유자 □	(인 또는 서명)	호 수	
생년월일		연락처	
주 소			

☞ 여러 명이 공동소유 또는 공동점유하는 경우 전체 명의를 기재해야 합니다.

☞ 법인인 경우 법인명과 대표자명, 법인직인을 날인해주십시오.

☞ 점유자는 임대차계약의 명의자로 기재하여 주십시오.

▲ 본인은 '○○○ 집합건물'의 소유자(또는 점유자)로서 아래 안건들의 의결을 위하여 아래 대리인에게 아래 위임사항에 대한 의결권의 대리행사(참석대리투표, 서면결의서 대리투표, 찬성, 반대 등 의사표시)권한을 전적으로 위임하고, 대리인의 재위임 또한 승낙합니다.

2. 수임인(대리인) 표시 (■ 표시에 1인 체크 또는 '기타'란 기재. 미체크시 아래 대리인 중 1인이 대리행사함에 동의함)

■ 대리인 (준비위원)	성명: 홍 길 동	생년월일: 75.01.01
	주소: 서울 서초구 서초대로 1, 101동 101호	
■ 대리인	성명:	생년월일:
	주소:	

3. 안건 및 위임사항

1) 관리규약 제정의 건

2) 관리인 선임의 건

3) 임시의장의 선임 및 기타 집회상정안건에 관한 일체의 의결권한

▲ 관리단집회가 의결정족수 미달 또는 안건부결, 법원판결 등의 사유로 집회가 연기, 재소집 또는 무효가 되어 다시 소집하는 경우에도 동일한 안건으로 집회소집에 동의하고, 위임사항에 대한 의결권을 별도 철회시까지 계속 위임합니다. 위임장 및 소집동의서 중복으로 인한 혼란을 방지하기 위해 본 위임장 및 소집동의서가 본인의 최종 의사에 기한 것임을 확인하고, 대리 의결권 행사는 본 위임장의 대리인을 통해서만 유효함을 확인합니다.

▲ 본 서류를 작성하여 ① **문자나 카톡 사진 전송 :**   / ② 메일: /
③ 팩스: / ④ 우편: **①~④ 방법중 선택하시어 본 서류를 회신**하여 주시기 바랍니다.

2024. 3. 1.

○ ○ ○ 관리단 귀중

관리단집회 서면결의서

본인은 2023년 00월 00일 개최예정인 '○○○ 관리단집회'에 상정된 아래의 결의사항에 대해 내용을 충분히 숙지 및 검토하여 서면결의서 제출로 의결권을 행사합니다.

■ 의결권 행사자 (□표시에 체크)

성 명 소유자□ 점유자□	(서명 또는 인)	전화번호	
호수		호	생년월일
주소			

☞ 여러 명이 **공동소유 또는 공동점유하는 경우 전체 명의자를 기재요망.**
☞ 법인인 경우 법인명과 대표자명, 법인직인을 날인해주시고, 점유자는 임대차계약의 명의자로 기재 요망

■ 결의사항
☞ 기표 란에 ○, √ 등으로 표시하여 주시기 바랍니다.

안건	내용			기표란
1호	관리인 선출 (※ 1명 기표)	기호 1	홍길동 (1층 1호)	
		기호 2	김갑동 (1층 2호)	
2호	대표위원 선출 (※ 5명까지 기표)	기호 1	강일성 (1층 3호)	
		기호 2	곽이갑 (1층 4호)	
		기호 3	권삼원 (1층 5호)	
		기호 4	김사선 (1층 6호)	
		기호 5	이오아 (1층 7호)	
		기호 6	이육현 (1층 8호)	
3호	관리규약 개정의 건		찬성	반대

▶ 금번 관리단집회가 의결정족수 미달 등으로 연기 또는 유회, 안건결의가 부결, 무효화되어 집회가 재 개최 되거나 동일한 안건의 다른 집회가 중복되어 개최되는 경우에도 본 서면결의서 제출로 의결권 행사를 대신합니다. 또한, 본 서면결의서 이외의 서면결의서는 본인의 진정한 의사나 최종적인 의사 가 아니므로 철회하고, 무효임을 확인합니다.

2024. 3. 1.

○○○ 관리단 귀중

관리단집회 위임 및 서면결의 철회서

■ 철회자

성 명	소유자☐ 점유자☐	호수	호
생년월일		연락처	
주 소			

▶ 상기인은 2023년 ○○○ 집합건물 관리단집회와 관련하여 수임인 홍길동(75. 1. 1.)에게 작성 및 교부한 관리단집회 소집동의 및 위임, 집회의결권 위임장, 서면결의서 등 모든 동의와 위임, 서면결의서를 철회하고 무효임을 확인합니다.

▶ 본 철회서의 제출로 관리단집회에서 철회 의사표시를 하고, 필요시 수임인 홍길동에게 철회의사표시 및 서면통지 등 관련 업무 일체를 위임합니다.

2024. 3. 1.

철회자   (인 또는 서명)

○ ○ ○ 관리단 귀중

제6장

의결권 행사자

1.

구분소유자

　관리단은 어떠한 조직행위를 거쳐야 비로소 성립되는 단체가 아니라 구분소유관계가 성립하는 건물이 있는 경우 당연히 그 구분소유자 전원을 구성원으로 하여 성립되고, 그 의결권도 구분소유자 전원이 행사한다. 여기서 구분소유자란 통상 등기부상 구분소유권자로 등기되어 있는 자를 뜻한다. 다만 수분양자로서 분양대금을 완납하였음에도 분양자 측의 사정으로 소유권이전등기를 경료받지 못한 경우와 같은 특별한 사정이 있는 경우에는 이러한 수분양자도 구분소유자에 준하는 것으로 보아 관리단의 구성원이 되어 의결권을 행사할 수 있을 것이다(**대법원 2004 마515 판결**).

■ 대법원 2005. 12. 16. 선고 2004마515 판결 [영업금지가처분]

[1] 건물의 영업제한에 관한 규약을 설정하거나 변경할 수 있는 관리단은 어떠한 조직행위를 거쳐야 비로소 성립되는 단체가 아니라 구분소유관계가 성립하는 건물이 있는 경우 당연히 그 구분소유자 전원을 구성원으로 하여 성립되고, 그 의결권도 구분소유자 전원이 행사한다고 할 것이며, 여기서 구분소유자라 함은 일반적으로 구분소유권을 취득한 자(등기부상 구분소유권자로 등기되어 있는 자)를 지칭하는 것이나, 다만 수분양자로서 분양대금을 완납하였음에도 분양자 측의 사정으로 소유권이전등기를 경료받지 못한 경우와 같은 특별한 사정이 있는 경우에는 이러한 수분양자도 구분소유자에 준하는 것으로 보아 관리단의 구성원이 되어 의결권을 행사할 수 있다.

[2] 상가의 업종 제한에 관한 상가번영회칙의 제·개정에 있어 의결권을 행사한 자 중 일부가 구분소유권의 미취득자 및 분양대금을 완납하지 아니한 수분양자인 경우, 이들이 상가의 구분소유자로부터 관리단 규약 설정에 관한 적법한 권한을 위임받았다고 볼 수 없는 한 의결정족수에 미달한 위 회칙은 관리단 규약으로서의 효력이 없다고 한 사례.

2.

점유자

집합건물법

제16조(공용부분의 관리) ② 구분소유자의 승낙을 받아 전유부분을 점유하는 자는 제1항 본문에 따른 집회에 참석하여 그 구분소유자의 의결권을 행사할 수 있다. 다만, 구분소유자와 점유자가 달리 정하여 관리단에 통지한 경우에는 그러하지 아니하며, 구분소유자의 권리·의무에 특별한 영향을 미치는 사항을 결정하기 위한 집회인 경우에는 점유자는 사전에 구분소유자에게 의결권 행사에 대한 동의를 받아야 한다.

제24조(관리인의 선임 등) ④ 구분소유자의 승낙을 받아 전유부분을 점유하는 자는 제3항 본문에 따른 관리단집회에 참석하여 그 구분소유자의 의결권을 행사할 수 있다. 다만, 구분소유자와 점유자가 달리 정하여 관리단에 통지하거나 구분소유자가 집회 이전에 직접 의결권을 행사할 것을 관리단에 통지한 경우에는 그러하지 아니하다.

제26조의2(회계감사) ① 전유부분이 150개 이상으로서 대통령령으로 정하는 건

물의 관리인은 주식회사 등의 외부감사에 관한 법률 제2조제7호에 따른 감사인(이하 이 조에서 "감사인"이라 한다)의 회계감사를 매년 1회 이상 받아야 한다. 다만, 관리단집회에서 구분소유자의 3분의 2 이상 및 의결권의 3분의 2 이상이 회계감사를 받지 아니하기로 결의한 연도에는 그러하지 아니하다.

② 구분소유자의 승낙을 받아 전유부분을 점유하는 자는 제1항 단서에 따른 관리단집회에 참석하여 그 구분소유자의 의결권을 행사할 수 있다. 다만, 구분소유자와 점유자가 달리 정하여 관리단에 통지하거나 구분소유자가 집회 이전에 직접 의결권을 행사할 것을 관리단에 통지한 경우에는 그러하지 아니하다.

제26조의4(관리위원회의 구성 및 운영) ⑤ 구분소유자의 승낙을 받아 전유부분을 점유하는 자는 제1항 본문에 따른 관리단집회에 참석하여 그 구분소유자의 의결권을 행사할 수 있다. 다만, 구분소유자와 점유자가 달리 정하여 관리단에 통지하거나 구분소유자가 집회 이전에 직접 의결권을 행사할 것을 관리단에 통지한 경우에는 그러하지 아니하다.

(1) 점유자의 권리

집합건물법은 집합건물의 소유와 관리에 관한 내용을 규율하나 그 중심은 소유권이고, 집합건물법에 규정된 권리도 대부분이 구분소유자를 대상으로 하고 있다. 그러나 집합건물 입주자의 상당수는 전세권자·임차인 등 점유자가 다수로 구성되어 있고, 점유자들이 관리비를 납부하고 있어, 관리에 관한 현실적인 이해관계는 구분소유자들보다 깊다고 할 것이다. 집합건물법도 이러한 점유자들의 이해관계를 고려하여 공용부분의 관리, 관리인 선임 등, 회계감사, 관리위원회의 구성 및 운영에 관하여는 점유자의 의결권을 인정하고 있다.

<표 6—1> 조문상 구분소유자 및 점유자의 의결권 규정

집합건물법	구분소유자의 의결권	점유자의 의결권
14조	• 일부공용부분의 관리	
15조	• 공용부분의 변경	
15조의2	• 권리변동 있는 공용부분의 변동	
16조	• 공용부분의 관리	○
24조	• 관리인의 선임 등	○
26조의2	• 회계감사	○
26조의4	• 관리 원회의 구성 및 운영	○
29조	• 규약의 설정 · 변경 · 폐지	
41조	• 서면 또는 전자적 방법에 의한 결의 등	
44조	• 사용금지의 청구	
45조	• 구분소유권의 경매	
46조	• 전유부분의 점유자에 대한 인도청구	
47조	• 재건축 결의	
50조	• 건물이 일부 멸실된 경우의 복구	
51조	• 단지관리단	

이러한 점유자의 의결권한 규정은 강행규정으로 관리규약 등으로 점유자의 의결권을 부당히 제한하거나 박탈한 경우에는 결의방법이 법령을 위반한 하자가 있다고 판시하고 있다(**서울고등법원 2020. 7. 23. 선고 2019나2028735 판결, 수원지방법원 성남지원 2018가합409854 판결**).

■ 서울고등법원 2020. 7. 23. 선고 2019나2028735 판결 [관리단집회결의취소]

나. 다음과 같은 사정들에 비추어 보면, 점유자가 행사하는 구분소유자의 의결권은 구분소유자의 대리인으로서 행사하는 것이 아니라, 구분소유자가 가진 의결권 비율만큼 점유자가 이를 직접 행사할 수 있는 것으로 봄이 타당하다.

1) 2012. 12. 18.자 집합건물법 개정으로 관리단집회에서 공용부분의 관리, 관리인 선임, 관리위원회 위원 선출 등의 안건과 관련하여 점유자의 의결권 행사를 인정하는 조항(제16조 제2항, 제24조 제4항, 제26조의3 제2항)이 신설되었다. 위개정 전에는 집합건물법에 집회의 목적사항에 관하여 이해관계가 있는 점유자에게 집회에 출석하여 의견을 진술할 수 있도록 하는 조항은 있었지만 점유자의 의결권에 관한 조항은 존재하지 않았다.

2) 위와 같은 조항들을 신설한 입법 취지는, 종전에는 집합건물의 소유자가 아닌 임차인이나 전세입자 등에게 집합건물 관리에 필요한 의사결정 과정에 참여할 수 있는 권한이 주어지지 않았고, 그것이 집합건물 관리 부실의 원인이 되고 있음을 감안하여 임차인 등 점유자도 원칙적으로 공용부분의 관리, 관리인 또는 관리위원의 선임에 관한 관리단집회에 참석하여 구분소유자를 대신하여 의결권을 행사할 수 있도록 함으로써 집합건물에 실제 거주하거나 점포를 운영하는 임차인 등의 권익을 증진하고 집합건물의 관리를 건실하게 하기 위함이었다.

3) 집합건물법 제24조 제4항 단서가 "구분소유자와 점유자가 달리 정하여 관리단에 통지하거나 구분소유자가 집회 이전에 직접 의결권을 행사할 것을 관리단에 통지"한 경우에는 점유자가 의결권을 행사할 수 없는 것으로 정하고 있음은 앞서 살핀 것과 같다. 그러나 위 단서의 내용을 감안하더라도, 집합건물법 제24조 제4항은 점유자가 구분소유자의 위임을 받아야만 비로소 의결권을 행사할 수 있다는 것이 아니라, 원칙적으로 점유자가 독자적으로 자신의 의결권을 행사할 수 있지만, 구분소유자가 직접 의결권을 행사할 경우 구분소유자의 의결권 행사가 우선한다는 취

지로 해석할 수 있을 뿐이다. 관리단집회에서 문제되는 여러 안건들 중에 공용부분 관리, 관리인 또는 관리위원의 선임과 관련하여 특별히 점유자의 의결권을 인정하는 명문의 규정을 두었다는 것은 적어도 위 안건들과 관련하여서는 점유자의 의결권 행사를 특별히 보호하겠다는 입법자의 의사가 있었던 것으로 볼 수도 있다.

다. 1) 위 '나.'항 기재와 같은 집합건물법 제24조 제4항의 신설 경과, 입법 취지, 해석 방향 등 제반사정들을 종합해 보면 집합건물법 제24조 제4항은 관리인 선임에 관한 점유자의 의결권 행사를 보장하기 위한 강행법규라고 봄이 타당하다. 따라서 점유자의 의결권 행사 요건을 위 법 규정보다 더 가중하거나 의결권 행사와 관련하여 점유자에게 구분소유자의 대리인으로서의 지위만을 부여하는 관리규약은 강행법규 위반으로 무효인 것으로 보아야 한다.

2) 이 사건 관리규약 제43조 제1항은 관리인 선임에 관한 점유자의 의결권 행사를 규율하는 강행법규인 집합건물법 제24조 제4항에서 정한 요건을 가중하여 구분소유자의 위임을 받아야만 의결권을 행사할 수 있는 것으로 함으로써 의결권 행사와 관련하여 점유자에게 구분소유자의 대리인으로서의 지위만을 부여하고 있으므로, 강행법규에 반하여 무효이다. 더구나 피고는 위 관리규약 조항을 근거로 이 사건 총회에서 의결권을 행사하고자 하는 점유자에게 구분소유자의 인감도장이 날인된 위임장과 인감증명서 제출을 요구하였던바, 이는 점유자의 지위를 사실상 구분소유자의 대리인의 지위로 격하시키는 것일 뿐만 아니라, 구분소유자가 해외 또는 지방에 거주하는 경우 해당 전유부분에 거주하는 점유자의 의결권 행사를 현저히 어렵게 만드는 것으로서 이러한 조치 또한 집합건물법 제24조 제4항의 취지에 반하는 것으로 볼 수 있다.

라. 이처럼 이 사건 총회는 무효인 관리규약 조항에 근거하였을 뿐 아니라, 집합건물법 제24조 제4항에 반하는 방식으로 진행되었고, 그로 인하여 이 사건 결의는 점유자들의 의결권 행사가 현저하게 제한된 상태에서 이루어진 것으로 평가할 수 있다. 결국 이 사건 결의에는 그 결의가 있었던 관리단집회의 소집절차나 결의방법이 법령을 위반한 하자가 존재하므로, 위 결의는 집합건물법 제42조의2에 따라 취소되어야 한다.

(2) 점유자의 범위

 현행 집합건물법에 따라 점유자의 보충적 의결권이 인정된다 하더라도 의결권을 행사할 수 있는 '구분소유자의 승낙을 받아 전유부분을 점유하는 자'의 의미가 문제된다(법 16조, 24조, 26조의2, 26조의4).

 점유자란 전유부분을 점유하는 자로서 구분소유자가 아닌 자를 뜻한다(법 5조 4항). 점유자를 구분소유자와 임대차 계약을 체결한 임차인에 한정하는 경우, 임차인의 배우자나 가족 등의 의결권 행사가 배제되어 이들을 상대로 동의서나 위임장을 징수할 경우 무효표가 다수 발생한다. 점유자의 해석과 관련하여 법무부는 점유자는 구분소유자와 임대차 계약을 체결한 당사자로 한정되고 임차인의 배우자나 직계존비속 등과 같은 제3자까지 포함하는 것은 아니라고 판단한다[2].

 <u>판례는 점유자를 임대차 계약을 체결한 임차인으로 보면서도 가족, 친인척, 공유자 등의 묵시적 동의 내지 추인을 인정하는 판례와 부정하는 판례로 나뉜다.</u>

① 묵시적 동의 내지 추인을 인정하는 판례

 서울남부지방법원 2016가합100417 판결은 임대차계약상의 임차인의 배우자, 가족이 함께 거주하고, 임차인 배우자, 가족 등의 의결권 행사에

---

2) 법무부, 2014, 〈집합건물법〉 해석사례집.

관하여 이의를 제기하지 않았다면 의결권의 묵시적 위임을 인정하여 임차인의 배우자, 가족 등의 의결권 행사를 유효로 보았다. **인천지방법원 2020카합10564 결정**은 공유자 중 1인이 위임장을 작성한 경우, 공유자 사이에 위임장 작성자를 의결권 행사자로 지정하는 묵시적 합의가 있었다고 보았다.

② 묵시적 동의 내지 추인을 부정하는 판례

광주지방법원 2012가합52405 판결은 누나, 자매, 처, 직원 남편, 형제자매 등이 의결권을 행사한 경우, 친인척관계라는 사정만으로는 묵시적 동의나 추인이 있다고 보기 어렵다고 보았다.

집합건물법 24조 4항의 점유자를 임대차 계약상 임차인만으로 제한하여 해석할 수 없는 점, 집합건물법은 대리인에 의한 의결권 행사의 방법 등에 아무런 제한을 두고 있지 않은 점, 민법상 법정대리인의 복임권이 폭넓게 인정되고 있는 점 등에 비추어 볼 때, 가족이 임대차 계약상 임차인과 함께 거주할 것, 임차인이 배우자, 가족 등의 의결권 행사에 이의를 제기하지 않을 것을 요건으로 하여 묵시적 위임은 인정된다 할 것이다.

나) 구분소유자 또는 임차인이 아닌 사람으로부터 위임받은 하자가 있는지 여부

(1) ① 집합건물법 제5조 제4항은 '전유부분을 점유하는 자로서 구분소유자가 아닌 자'를 '점유자'로 정하고 있고, 집합건물법 제24조 제4항, 제38조 제2항은 '구분소유자의 승낙을 받아 전유부분을 점유하는 자'가 그 구분소유자의 의결권을 행사할 수 있다고 규정할 뿐, 그 점유자를 '임차인'으로 제한하고 있지는 않은 점, ② 집합건물법 제37조 제3항은 '구분소유자의 승낙을 받아 동일한 전유부분을 점유하는 자가 여럿인 경우에는 해당 구분소유자의 의결권을 행사할 1인을 정하여야 한다'고 규정할 뿐, 의결권을 행사하는 사람을 정하는 방법 등에 아무런 제한을 두고 있지 않은 점, ③ 집합건물법 제38조 제2항에 의하면 의결권 행사는 대리인에 의하여 할 수 있는바, 집합건물법은 대리인에 의한 의결권 행사의 방법 등에 아무런 제한을 두고 있지 않으므로 이러한 의결권의 위임이나 대리권의 수여가 반드시 개별적·구체적으로 이루어져야만 하는 것은 아니며, 묵시적으로 이루어지는 것도 가능한 점(대법원 2015. 3. 26. 선고 2014다73602 판결 등 참조) 등을 종합하면, 집합건물법 제24조 제4항의 '구분소유자의 승낙을 받아 전유부분을 점유하는 자'를 임대차 계약상 임차인만으로 제한하여 해석할 수 없고, 임차인의 배우자나 가족 등 구분소유자가 전유부분의 사용을 승낙한 것으로 볼 수 있는 점유자도 구분소유자의 의결권을 행사할 수 있다고 보아야 한다.

(2) 뿐만 아니라 임대차 계약상의 임차인은 집합건물법 제24조 제4항에 따라 구분소유자의 의결권을 행사할 수 있음이 명백한데, 앞서 본 바와 같이 집합건물법은 대리인에 의한 의결권 행사의 방법 등에 아무런 제한을 두고 있지 않고 있는 점, 민법상 법정대리인의 복임권이 폭넓게 인정되고 있는 점 등을 종합적으로 고려할 때, 임차인이 의결권을 행사함에 있어서 반드시 직접 행사할 필요는 없고,

대리인을 통한 방법으로도 의결권 행사가 가능하다고 봄이 타당하다. 이 경우 임대차계약상의 임차인의 배우자 또는 가족이면서 그 전유부분에 함께 거주하고 있다거나 임차인이 그 배우자 또는 가족 등의 의결권 행사에 관하여 이의를 제기하지 않고 있다는 등의 사정이 있는 경우에는 임차인으로부터 의결권을 묵시적으로 위임받았다고 볼 여지가 크다고 할 것이다.

■ **인천지방법원 2021. 1. 13.자 2020카합10564 결정 [가처분이의]**

또한 과반수 지분 보유자가 아닌 공유자가 작성한 위임장 중 10세대(○○○호, ○○○호, ○○○호, ○○○호, ○○○호, ○○○호, ○○○호, ○○○호, ○○○호, ○○○호)의 경우에는 나머지 공유자들이 명시적으로 위임에 대한 반대의사를 표시하였으므로 무효라는 취지로 채무자는 주장한다. 그러나 제출된 사실확인서, 탄원서 등의 작성시기와 그 내용에 비추어 볼 때, 채무자가 제출한 자료만으로는 이 사건 관리단집회에서 의결권 행사가 종료되기 전까지 위 공유자들 사이에 의결권 행사자의 지정을 둘러싼 다툼이 있었다거나, 위 공유자들이 묵시적으로 의결권 행사자를 지정하였던 의사를 철회하였다고 보기에 부족하고, 달리 이에 관한 소명 자료가 없다. 따라서 채무자의 위 주장 역시 이유 없다.

■ **광주지방법원 2013. 6. 27. 선고 2012가합52405 판결 [서면결의부존재확인]**

① 이 사건 집합건물 102호(의결권 0.74%)의 동의서 서명자는 그 구분소유자인 주식회사 ○○의 대표이사 A의 누나인 B이고, ② 116호는 자매간인 C, D의 공유(의결권 각 0.3%)인데 동의서 서명자는 C뿐이며, ③ 131호(의결권 0.45%)의 동의서 서명자는 그 소유자인 E의 처인 F이고, ④ 155호는 자매간인 G, H의 공유(의결권 각 0.19%)인데 동의서 서명자는 G뿐이며, ⑤ 202—4호(의결권 0.37%) 및 306—2호(의결권 0.22%)의 동의서에 그 구분소유자인 I의 서명이 있으나 ○○○ 아울렛의 직원 J이 서명하였고, ⑥ 216호(의결권 0.35%)의 동의서 서명자

는 그 구분소유자인 K의 남편인 L이며, ⑦ 234호는 형제자매 간인 M, N, O의 공유(의결권 각 0.15%)인데 동의서 서명자는 M뿐인 사실, ⑧ 위 동의서 서명자들이 위 구분소유자들의 위임장을 첨부하거나 그 대리인으로 관리단에 신고된 바 없는 사실이 인정되고, 을 제10호증의 기재만으로는 이를 뒤집기에 부족하다. 이에 의하면 위 81.22% 중 최소한 위 의결권 합계 2.92%는 당시 구분소유자의 서면동의가 있었다고 볼 수 없으므로 {집합건물법 제37조 제2항에 의하면 전유부분이 수인의 공유에 속하는 경우에는 공유자는 관리단집회에서 의결권을 행사할 1인을 정하여야 하는바, 공유자 사이에서 협의가 이루어지지 않을 경우 전유부분 지분의 과반수를 가진 자가 의결권 행사자가 되고 만일 지분이 동등하여 의결권 행사자를 정하지 못할 경우에는 그 전유부분의 공유자는 의결권을 행사할 수 없고 지분비율로 개별적으로 의결권을 행사할 수도 없으므로(대법원 2008. 3. 27.자 2007마1734 결정 등 참조), 위와 같이 공유자 중 전유부분 지분의 과반수를 가지지 못한 유정복 등의 경우는 자신의 지분비율에 따른 의결권 행사도 무효라고 할 것이다}, 결국 이 사건 서면결의는 78.30%(= 81.22% ― 2.92%)의 동의를 받는데 그쳤다고 보아야 하고, 피고 주장처럼 동의서 서명자가 그 구분소유자와 친인척관계에 있었다는 등의 사정만으로는 그 구분소유자에 의한 묵시적 동의나 추인이 되었다고 보기 어렵다. 따라서 특별한 사정이 없는 한, 이 사건 서면결의는 집합건물법 제41조 제1항에서 정한 의결정족수를 충족하지 못하였으므로 무효이다.

3.

신탁회사

(1) 신탁자와 수탁자 중 누가 의결권자인지

신탁법상의 신탁은 위탁자가 수탁자에게 특정의 재산권을 이전하거나 기타의 처분을 하여 수탁자로 하여금 신탁 목적을 따라 그 재산권을 관리하거나 처분하게 하는 것이다. 부동산의 신탁에 있어서 수탁자 앞으로 소유권이전등기를 마치게 되면 대내외적으로 소유권이 수탁자에게 완전히 이전되고, 위탁자와의 내부관계에 있어서도 소유권이 위탁자에게 유보되는 것이 아니다(**대법원 2000다70460 판결, 대법원 2007다54276 판결**).

대전지방법원 2017카합50463 결정은 원칙적으로 관리단집회 소집통지는 의결권을 가진 구성원, 즉 등기부상 구분소유권자로 등기되어 있는 사람에게 하여야 한다고 보았다. 그러나 위탁자가 직접적인 이해당사자로서 의결권을 행사할 지위에 있다고 보았다. 설령 신탁회사가 의결권을 가진다 하더라도 위탁자가 신탁회사로부터 의결권을 포괄적, 묵시적으로 위임받았고, 이에 따라 소집통지를 수령할 권한도 가진다고 보아 소집통지 절차에 하자가 없다고 판단하였다.

대법원 2014다73602 판결은 신탁사가 위탁자에게 의결권 행사를 묵시적으로 위임하였다고 보아 위탁자의 의결권 행사를 유효로 보았다. **서울중앙지방법원 2019가합502605 판결**은 신탁계약에 따라 신탁부동산을 점유, 사용하면서 관리하는 자는 독자적 또는 수탁자의 승낙을 받아 관리인 선임 의결권을 행사할 수 있다고 보았다.

판례는 대체로 신탁자의 의결권 행사를 인정하면서 그 근거로 직접적인 이해당사자, 독자적 권리, 신탁회사로부터의 의결권의 포괄적·묵시적 위임, 수탁자의 승낙 등을 다양하게 제시하고 있다. 부동산 신탁의 경우 대부분 신탁계약의 내용에 따라 신탁자가 점유·사용하며 관리권을 가지게 되는 점, 신탁자를 점유자로 본다면 점유자 고유의 의결권 행사가 인정되어야 하는 점에서 신탁자의 의결권 행사는 유효하다 할 것이다.

■ 대법원 2002. 4. 12. 선고 2000다70460 판결 [임대차보증금반환]

[2] 신탁법상의 신탁은 위탁자가 수탁자에게 특정의 재산권을 이전하거나 기타의 처분을 하여 수탁자로 하여금 신탁 목적을 위하여 그 재산권을 관리·처분하게 하는 것이므로(신탁법 제1조 제2항), 부동산의 신탁에 있어서 수탁자 앞으로 소유권이전등기를 마치게 되면 대내외적으로 소유권이 수탁자에게 완전히 이전되고, 위탁자와의 내부관계에 있어서 소유권이 위탁자에게 유보되어 있는 것은 아니라 할 것이며, 이와 같이 신탁의 효력으로서 신탁재산의 소유권이 수탁자에게 이전되는 결과 수탁자는 대내외적으로 신탁재산에 대한 관리권을 갖는 것이고, 다만, 수탁자는 신탁의 목적 범위 내에서 신탁계약에 정하여진 바에 따라 신탁재산을 관리하여야 하는 제한을 부담함에 불과하다.

■ 대법원 2008. 3. 13. 선고 2007다54276 판결 [건물철거등]

신탁법상의 신탁은 신탁설정자(위탁자)와 신탁을 인수하는 자(수탁자)의 특별한 신임관계에 기하여 위탁자가 특정의 재산권을 수탁자에게 이전하거나 기타의 처분을 하고 수탁자로 하여금 일정한 자(수익자)의 이익을 위하여 또는 특정의 목적을 위하여 그 재산권을 관리, 처분하게 하는 법률관계를 말하고, 신탁계약에 의하여 재산권이 수탁자에게 이전된 경우 그 신탁재산은 수탁자에게 절대적으로 이전하므로, 이 사건 신탁계약을 체결하면서 수탁자인 원고가 위탁자 겸 수익자와의 사이에 "수탁자의 권한은 등기부상 소유권 관리 및 보전에 한정되므로 그 이외의 실질적인 관리, 보전 업무 일체는 우선수익자의 책임하에 수익자가 주관하여 관리한다"고 특약하였다고 하더라도, 원고는 우선수익자나 수익자에 대한 관계에서 위와 같은 특약에 따른 제한을 부담할 뿐이고 제3자인 피고에 대한 관계에서는 완전한 소유권을 행사할 수 있다.

■ 대전지방법원 2018. 3. 22.자 2017카합50463 결정 [방해금지가처분]

나) 살피건대, 원칙적으로 관리단집회의 소집통지는 의결권을 가진 구성원, 즉 등기부상 구분소유권자로 등기되어 있는 사람에게 하여야 한다. 그러나 다음과 같은 사정에 비추어 보면, 이 부분 각 호실에 관하여는 제일세종과 수분양자가 직접적인 이해당사자로서 의결권을 행사할 지위에 있었다고 봄이 타당하다(설령 여전히 생보부동산신탁이 의결권을 가진다고 보더라도, 제일세종과 수분양자가 생보부동산신탁으로부터 이 부분 각 호실 관련 의결권을 포괄적, 묵시적으로 위임받았고, 이에 따라 소집통지를 수령할 권한도 가진다고 봄이 타당하다). 따라서 소집통지 절차에 하자가 있다고 볼 수 없다.

■ 대법원 2015. 3. 26. 선고 2014다73602 판결 [관리비]

피고는 이 사건 건물 분양사업 시행사로서 점포 분양이 모두 완료될 때까지 자신의 책임 아래 건물을 관리하는 것이 필요했던 것으로 보이는 점, 피고가 케이비부동산신탁 등과 체결한 담보신탁계약에서 피고는 신탁한 점포들에 대한 실질적인 관리행위를 하기로 하고 그에 따른 일체의 비용도 전적으로 부담하기로 한 점, 이 사건 소 제기 전까지는 피고나 케이비부동산신탁 등이 이 사건 총회 결의의 효력을 문제 삼은 적이 없었던 점 등의 사정을 앞서 본 법리에 비추어 살펴보면, 케이비부동산신탁과 대한토지신탁은 신탁된 점포들에 관한 이 사건 총회에서의 의결권 행사를 피고에게 묵시적으로 위임하였다고 볼 여지가 충분하다.

■ 서울중앙지방법원 2020. 8. 20. 선고 2019가합502605 판결 [결의무효등확인]

2. 본안전 항변에 대한 판단

가. 본안전 항변

(1) 집합건물법상 관리단집회의 의결권자는 등기부상 구분소유자인데, 원고는 이 사건 건물 중 제4, 5층의 구분소유자가 아니라 신탁자의 지위에 있으므로 이 사건 결의의 무효확인 또는 취소를 구할 원고적격이 없다.

나. 판단

(1) 먼저 원고에게 이 사건 결의의 무효확인 또는 취소를 구할 원고적격이 있는지 여부에 관하여 본다. 위 증거들과 변론 전체의 취지를 보태어 보면, 원고와 D 사이의 신탁계약에서 원고가 신탁부동산인 이 사건 건물의 제4, 5층을 계속 점유, 사용하면서 실질적인 보존과 일체의 관리행위 및 그에 따른 비용 일체를 부담하는 것으로 정하고 있는 것으로 보이고, 이와 같은 신탁계약에 따라 신탁부동산을 점유, 사용하면서 관리하는 원고는 독자적으로 또는 수탁자인 D의 승낙을 받아 이 사건 건물의 관리인 선임에 관한 의결권을 행사할 수 있는 지위에 있다고 봄이 옳다. 또한 실제로 원고 또는 원고 측 H(이 사건 관리단집회 이후 2019. 9.경 원고의 감사로 취임한 사람이다)이 이 사건 관리단집회에 앞서 수탁자인 D으로부터 의결권을 위임받아 이 사건 관리단집회에 참석하여 의결권을 행사한 것으로 보인다(을 제5호증의 제9쪽 참조). 따라서 원고에게 이 사건 관리단집회의 의결권이 없음을 전제로 한 피고들의 위 본안전 항변은 받아들이지 아니한다.

4.

공유자

집합건물법

제12조(공유자의 지분권) ① 각 공유자의 지분은 그가 가지는 전유부분의 면적 비율에 따른다.

② 제1항의 경우 일부공용부분으로서 면적이 있는 것은 그 공용부분을 공용하는 구분소유자의 전유부분의 면적 비율에 따라 배분하여 그 면적을 각 구분소유자의 전유부분 면적에 포함한다.

제37조(의결권) ① 각 구분소유자의 의결권은 규약에 특별한 규정이 없으면 제12조에 규정된 지분비율에 따른다.

② 전유부분을 여럿이 공유하는 경우에는 공유자는 관리단집회에서 의결권을 행사할 1인을 정한다.

③ 구분소유자의 승낙을 받아 동일한 전유부분을 점유하는 자가 여럿인 경우에는 제16조제2항, 제24조제4항, 제26조의2제2항 또는 제26조의4제5항에 따라 해당 구분소유자의 의결권을 행사할 1인을 정하여야 한다.

전유부분이 수인의 공유에 속하는 경우에는 공유자는 관리단집회에서 의결권을 행사할 1인을 정해야 한다. 이러한 규정은 관리단집회의 의결에 있어서 구분소유자의 수가 문제되는 경우 전유부분이 수인의 공유에 속하는 때라도 그 공유자 전원을 하나의 구분소유자로 계산하도록 하는 강행규정이다. 따라서 전유부분의 공유자는 서로 협의하여 공유자 중 1인을 관리단집회에서 의결권을 행사할 자로 정하여야 하고, 협의가 이루어지지 않을 경우 전유부분 지분의 과반수로써 의결권 행사자를 정하여야 한다(또는 공유자 중 전유부분 지분의 과반수를 가진 자가 의결권 행사자가 된다). 의결권 행사자가 의결권을 행사한 경우 구분소유자의 수는 1명으로 계산된다. 한편 지분이 동등하여 의결권 행사자를 정하지 못할 경우에는 그 전유부분의 공유자는 의결권을 행사할 수 없으며, 의결권 행사자가 아닌 공유자들이 지분비율로 개별적으로 의결권을 행사할 수도 없다(**대법원 2007마1734 판결**).

판례는 과반수 지분에 미치지 못하는 공유자가 의결권을 행사할 1인을 정하지 아니하고 의결권을 행사한 경우 이를 의결권에서 제외한다. 이에 대하여 묵시적 동의를 주장할 수 있으나 이는 묵시적 동의를 주장하는 자가 입증을 해야 하고, 이에 대한 증거가 없다면 인정되지 아니한다(의정부지방법원 고양지원 2018카합5014 결정, 수원지방법원 2019가합20774 판결, 서울동부지방법원 2020가합115895 판결). 다만 **서울중앙지방법원 2018카합21056 판결**은 공유자들이 서면으로 의결권 행사자를 정한 것으로 보이지 않으나, 공유자 대부분이 가족, 친인척, 동업 내지 업체관계자들로 밀접한 관계에 있는 경우 묵시적 동의 내지 협의를 인정하였다.

■ **대법원 2008. 3. 27. 선고 2007마1734 판결 [가처분이의]**

[1] 집합건물의 소유 및 관리에 관한 법률(이하 '집합건물법'이라고 한다) 제37조 제2항은 "전유부분이 수인의 공유에 속하는 경우에는 공유자는 관리단집회에서 의결권을 행사할 1인을 정한다"고 규정하고 있는바, 이 규정은 집합건물법이 구분소유자들 간의 법률관계를 합리적으로 규율하기 위한 법으로서, 같은 법 제28조 제1항이 "건물과 대지 또는 부속시설의 관리 또는 사용에 관한 구분소유자 상호 간의 사항 중 이 법에서 규정하지 아니한 사항은 규약으로써 정할 수 있다"고 규정하고 있는 점에 비추어, 관리단집회의 의결에 있어서 구분소유자의 수가 문제되는 경우 전유부분이 수인의 공유에 속하는 때라도 그 공유자 전원을 하나의 구분소유자로 계산하도록 하는 강행규정이다. 따라서 전유부분의 공유자는 서로 협의하여 공유자 중 1인을 관리단집회에서 의결권을 행사할 자로 정하여야 하고, 협의가 이루어지지 않을 경우 공유물의 관리에 관한 민법 제265조에 따라 전유부분 지분의 과반수로써 의결권 행사자를 정하여야 하며(또는 공유자 중 전유부분 지분의 과반수를 가진 자가 의결권 행사자가 된다), 의결권 행사자가 의결권을 행사한 경우 집합건물법 제38조 제1항에 의하여 당해 구분소유자의 수는 1개로 계산되지만 의결권에 대하여는 집합건물법 제37조 제1항에 따라 규약에 특별한 규정이 없는 경우에는 같은 법 제12조에 의하여 당해 전유부분의 면적 전부의 비율에 의한다고 할 것이고, 한편 지분이 동등하여 의결권 행사자를 정하지 못할 경

우에는 그 전유부분의 공유자는 의결권을 행사할 수 없으며, 의결권 행사자가 아닌 공유자들이 지분비율로 개별적으로 의결권을 행사할 수도 없다.

[2] 임시 관리단집회의 결의 당시 건물 내 전유부분의 공유자로서 전유부분 지분의 과반수를 가지지 못한 자들이 의결권 행사자를 정하지 아니하고 집회에 참석하여 각 공유자의 지분비율에 해당하는 전유부분 면적에 따른 의결권을 행사한 경우, 위 의결권 행사는 집합건물의 소유 및 관리에 관한 법률 제37조 제2항에 위배되어 무효라고 한 사례.

■ **의정부지방법원 고양지원 2018. 6. 7.자 2018카합5014 결정 [업무방해금지 등가처분]**

마) B—256호의 공유자 구분소유자 N, O의 위임장에 관한 판단

이 사건 기록 및 심문 전체의 취지에 의하면, B—256호의 공유자인 구분소유자 N, O은 그들이 각 단독소유하고 있는 점포에 대한 의결권 위임장은 제출하였으나 공유하고 있는 점포에 대한 의결권 위임장은 제출하지 아니한 사실, 공유자 중 관리단집회에서 의결권을 행사할 1인을 정하지도 아니한 사실이 각 소명되는바, 결국 위 B—256호에 관하여서는 어떠한 정당한 위임장이 제출된 바가 없음에도 채권자가 이를 O의 단독소유로 보고 집계에 포함시킨 위 공유점포 부분에 관한 의결권 부분(의결권 148.57㎡)은 찬성 의결권에서 제외되어야 한다.

■ **수원지방법원 2020. 5. 13. 선고 2019가합20774 판결 [업무방해금지등청구의소]**

가) 위 법리에 비추어 이 사건을 보건대, 을 제1 내지 3호증의 각 기재에 변론 전체의 취지를 종합하면, 이 사건 동의서가 제출된 이 사건 집합건물 점포 중 아래 각호의 경우 해당 구분소유자들이 각 1/2 지분을 보유하고 있는 사실 및 위 각 점포의 전유면적은 아래 표에 기재된 바와 같은 사실이 인정된다.

나) 이처럼 위 각 공유자들이 이 사건 집합건물의 각 해당 점포를 공유하고 있으
므로, 집합건물법 제37조 제2항에 따라 위 각 공유자들은 의결권을 행사할 1인
을 정하여야 했는데, 위 각 공유자들이 1인의 의결권 행사자를 지정하였음을 인
정할 만한 증거가 없으므로, 결국 이 사건 집합건물의 위 각 점포의 전유부분 면
적 합계 1,984.51㎡는 이 사건 선임결의에 찬성한 구분소유자의 전유부분 면적
에서 제외되어야 한다.

이에 대하여 원고는, 위 각 공유자들이 이 사건 동의서를 작성·제출하면서 위 동
의서에 대하여 의결권을 행사할 1인을 묵시적으로 지정한 것이라는 취지로 주장
하나, 원고가 주장하는 사정 및 갑 제12호증만으로는 위 각 공유자들 사이에 묵
시적으로 의결권 행사자를 지정하였음을 인정하기 어렵고 달리 이를 인정할 만
한 증거가 없다. 따라서 원고의 이 부분 주장은 받아들이지 아니한다.

■ **서울동부지방법원 2023. 4. 27. 선고 2020가합115895 판결 [관리인선임결의
무효확인]**

나) 의결권 행사 관련 하자 인정 여부

(1) 의결권 행사자의 미지정

집합건물법 제37조 제2항은 "전유부분을 여럿이 공유하는 경우에는 공유자는 관
리단집회에서 의결권을 행사할 1인을 정한다."라고 정하고 있는데, 피고의 관리
규약 제10조 제6항 또한 위 규정을 받아들여 "전유부분이 수인의 공유에 속할 경
우 공유자는 의결권을 행사할 자 1인을 정하여 집회 전일까지 관리위원회에 신
고하여야 한다."라고 정하고 있는 사실은 앞서 본 바와 같다.

살피건대, 을 제272, 292, 294, 365, 387, 406, 461, 528호증의 각 기재 및 변론
전체의 취지를 종합하면 이 사건 집합건물 중 Ⓐ 제지1층 L호의 공유자인 M, N,
Ⓑ 제지1층 O호 및 P호의 공유자인 Q, R, Ⓒ 제지1층 S호의 공유자인 T, U, Ⓓ 제
1층 V호의 공유자인 W, X, Ⓔ 제1층 Y호의 공유자인 Z, AA, Ⓕ 제2층 AB호의 공
유자인 AC, AD, Ⓖ 제5층 AE호의 공유자인 AF, AG의 경우 전유부분을 공유하고

있음에도 의결권을 행사할 1인을 지정하지 않고 각자 서면결의서를 제출하거나 전자적 방법으로 의결권을 행사하였음을 인정할 수 있으므로, 위 인정사실에 의하면 위와 같은 의결권 행사는 집합건물법 제37조 제2항 및 피고의 관리규약 제10조 제6항에 반하여 효력이 없다고 봄이 상당하다.

■ 서울중앙지방법원 2019. 4. 5.자 2018카합21056 결정[업무방행금지가처분]

집합건물법 제37조에서는 '전유부분을 여럿이 공유하는 경우에는 공유자는 관리단집회에서 의결권을 행사할 1인을 정하고, 점유자가 여럿인 경우에는 관리인 선임을 위한 집회에서 해당 구분소유자의 의결권을 행사할 1인을 정하여야 한다'는 취지로 규정하고 있으므로, 전유부분의 공유자 내지 공동점유자들은 협의하여 그중 1인을 관리단집회에서 의결권을 행사할 자로 정하여야 하고, 협의가 이루어지지 않을 경우 공유물의 관리에 관한 민법 제265조에 따라 전유부분 지분의 과반수로써 의결권 행사자를 정하여야 하며(또는 공유자 중 전유부분 지분의 과반수를 가진 자가 의결권 행사자가 된다), 의결권 행사자가 아닌 자가 행사한 의결권은 무효가 된다 할 것이나, 한편, 의결권 행사자를 정하는 협의는 반드시 서면에 의하여야 하는 것은 아니고 공유자 내지 공동점유자들의 구두협의 내지 묵시적 협의에 의하여서도 가능하다고 할 것이다.
비록 이 사건 결의 당시 비록 공유자 내지 공동점유자들이 서면으로 의결권 행사자를 정한 것으로는 보이지 않으나, 이 사건 결의에 있어 각 구분건물 당 여러 개의 의결권이 행사된 바 없고 각 구분건물당 하나의 의결권만 행사된 점, 이 사건 건물의 구분건물당 공유자들 내지 공동점유자들은 대부분 가족, 친인적, 동업 내지 업체관계자들로서 서로 밀접한 관계에 있는 자들로 보이는 점 등 기록 및 심문 전체의 취지에 비추어 알 수 있는 제반사정을 고려할 때 이들의 의결권 행사에 특별한 하자가 있다고 보기는 어렵다.

제7장

집회 절차

1.

후보자등록

집합건물법에는 후보자등록에 관한 규정이 없다. 관리인 선출 시 후보등록절차를 거치지 않은 관리단집회 결의의 효력이 문제된다. 집합건물법에는 관리인은 관리단집회의 결의로 선임, 해임된다고만 규정되어 있고 후보등록절차에 관하여는 규정이 없다. 이에 대하여 관리인 선출 시 후보등록절차를 거치지 않은 관리단집회 결의는 유효라는 판례와 무효라는 판례가 있다.

⑴ 관리인 선출 시 후보등록절차를 거치지 않더라도 관리단집회 결의는 유효라는 판례

관리인 선출 시 후보등록절차를 거치지 않더라도 관리단집회 결의는 유효라는 판례는 집합건물법에 후보등록 규정이 없음을 근거로 든다. **서울중앙지방법원 2019가합502605 판결**은 집합건물법에는 관리단집회에서 관리인 선임 시 후보자등록 등에 관한 규정이 없어 관리인 선임에 앞서 선거관리위원회가 구성되어야 한다거나 후보자등록을 위한 별도의 기회가 제공되어야 한다고 볼 근거가 없다고 판시하였다.

인천지방법원 부천지원 2019가합103699판결은 집합건물법 24조에는 입후보 절차 규정이 없는 점, 관리단집회 소집통지서에 이사 후보 명단이 기재되어 입후보자를 어느 정도 예상할 수 있었고, 실제로 후보 명단 기재 임원들이 그대로 선출된 점, 다른 사람들의 입후보를 막았다고 볼 만한 사정도 없는 점 등 근거로 입후보 절차의 부존재는 구분소유권자들의 피선거권 침해 사유는 아니라고 보았다.

■ **서울중앙지방법원 2020. 08. 20. 선고 2019가합502605 판결 [결의무효등확인]**

집합건물법에는 관리인을 선임하는 경우 후보자등록 등에 관하여 규정하는 내용이 없고 이러한 내용을 정한 관리규약도 없으며, 달리 원고의 주장처럼 관리인 선임에 앞서 선거관리를 위한 선거관리위원회가 구성되어야 한다거나 후보자등록을 위한 별도의 기회가 제공되어야 한다고 볼 만한 근거가 없다. 또한 앞서 본 바와 같이 관리인 선임을 위한 집회 안내문이 이미 2018. 10.경 구분소유자들에게 송달된 것으로 보이는데도 이 사건 관리단집회 이전에 피고 C 이외에는 다른 관리인 입후보자가 없었던 것으로 보이고, 관리인이 되고자 하는 사람이 이 사건 관리단집회일에 관리인 후보로 나서는 것이 불가능하였다고 보이지도 아니한다. 따라서 제3주장도 받아들이지 아니한다.

■ **인천지방법원 부천지원 2020. 7. 10. 선고 2019가합103699 판결 [관리인지위부존재확인등]**

2) 입후보등록절차를 진행하지 않은 하자가 있다는 주장에 관하여

---

① 집합건물법 제24조의 관리인의 선임 등에 관한 조항에는 입후보 절차에 관한 별도의 규정이 없는 점, ② C 측은 2020. 5. 22.자 관리단집회 소집통지서에 C을 비롯한 이사 후보 명단을 기재하여 구분소유자들과 점유자들이 입후보자를 어느 정도 예상할 수 있었고, 실제로 C을 비롯한 임원들이 그대로 선출된 점, ③ C 측이 다른 사람들의 입후보를 막았다고 볼 만한 사정도 없는 점 등을 종합하여 보면, 입후보 절차가 부존재하여 구분소유권자들의 피선거권이 침해되었다고 보기 어렵다. 원고의 이 부분 주장도 이유 없다.

무효인 선행 결의를 추인하는 결의를 할 때에도 재차 후보등록절차를 거쳐야 하는지 문제된다.

이에 대하여 대법원은 최초의 관리단집회에서 임원선임결의를 한 후 다시 개최된 관리단집회에서 이전 결의를 그대로 인준하거나 재차 임원선임결의를 한 경우, 후보등록절차를 거치지 않은 채 무효인 선행 결의를 추인하는 결의의 유효성을 인정하는 태도를 취하고 있다(**대법원 2011다69220 판결, 대법원 2018다273981 판결).**

(2) 관리인 선출 시 후보등록절차를 거치지 않은 관리단집회 결의는 무효라는 판례

관리인 선출 시 후보등록절차를 거치지 않은 관리단집회 결의는 무효라는 판례는 후보자등록절차를 선거권, 피선거권 보장을 위한 중요한 절차라고 본다. **수원지방법원 2019카합10498 결정**은 후보자등록절차를 거치지 않은 경우 구분소유자로서의 관리인 선임권, 피선임권 침해로 보았다. 그 근거로 관리단집회 소집통지 전 관리인 입후보등록절차가 마련되어 있지 않았던 점, 후보자등록을 원하는 자가 없는 것이 명백하지 않았던 점, 집회 개최를 주도한 A를 관리인으로 선임하는 내용의 안건이 상정되었을 뿐인 점, 소집통지서에는 A를 관리인으로 선임하는 안에 대하여 찬반투표하는 형식의 서면결의서가 첨부되어 있었던 점을 들었다.

서울동부지방법원 2019카합10412 결정은 관리인 입후보 절차 없이 특정인에 대한 찬반투표만을 안건으로 상정한 후 관리인으로 선출된 사안에서, 구분소유자들의 피선거권을 사실상 박탈한 것으로, 관리인 선임절차에 중대한 하자가 있는 경우에 해당한다고 판시하였다. 해당 사안의 경우에는 집회 개최를 주도한 자를 관리인으로 선임하는 안건만이 상정되었고, 안건에 대한 서면결의서 양식에는 찬반 의사를 표시할 수 있는 란이 없고 동의한다는 서명만 가능하였으며, 의사정족수 충족 여부를 확인하는 단계에서 서면결의서 제출자의 수를 사전에 집계하여 공표하였다. 재판부는 집회 개최를 주도한 자를 관리인으로 선임하는 안건에 대하여 찬성하는 서면결의서만 제출할 수 있었던 관계로 투표 전에 찬성표의 수를 미리 알려 주는 결과가 되었다고 보았다.

집합건물 관리단의 관리인 선임권 및 피선임권은 집합건물 관리단의 운영, 임원 구성 등과 관련된 구분소유자들의 중요한 권리이다. 관리단의 관리인 선임을 위하여 사전에 이루어지는 입후보등록절차는 구분소유자들의 관리인 선임권 및 피선임권을 보장할 수 있는 중요한 절차 중

하나라 할 것이다(**수원지방법원 2019카합10498 결정).**

대의민주제의 기초인 선거는 공정하게 진행되어야 한다. 선거운동의
과열로 인한 사회경제적 손실과 부작용을 최소화하고 구분소유자의 진
정한 의사를 반영하려면 공정한 선거가 진행되어야 한다. 진정한 선거
의 자유는 선거의 공정이 있을 때에 보장되므로 공정한 선거를 위하여
는 선거운동에 어느 정도의 규제는 불가피하다(**헌법재판소 98헌마141
결정).** 따라서 집합건물법에 규정이 없다는 이유만으로는 후보등록절차
를 거칠 필요가 없다고 할 수 없다. 후보자등록절차를 거치지 않아 선거
의 기본이념인 공정성과 중립성을 현저히 훼손한 사정이 있다면 후보자
등록절차를 거치지 않은 관리단집회 결의는 무효로 볼 것이다.

■ **대법원 2012. 1. 27. 선고 2011다69220 판결 [임시집회무효확인]**

[1] 구 집합건물의 소유 및 관리에 관한 법률(2010. 3. 31. 법률 제10204호로 개
정되기 전의 것) 제23조에 의하여 설립된 관리단의 관리단집회에서 임원선임결
의가 있은 후 다시 개최된 관리단집회에서 종전 결의를 그대로 인준하거나 재차
임원선임결의를 한 경우에는, 설령 당초의 임원선임결의가 무효라고 할지라도
다시 개최된 관리단집회 결의가 하자로 인하여 무효라고 인정되는 등의 특별한
사정이 없는 한, 종전 임원선임결의의 무효확인을 구하는 것은 과거의 법률관계
내지 권리관계의 확인을 구하는 것에 불과하여 권리보호의 요건을 결여한 것이
다. 이 경우 새로운 관리단집회가 무효인 당초의 관리단집회 결의 후 새로 소집권
한을 부여받은 관리인에 의하여 소집된 것이어서 무권리자에 의하여 소집된 관
리단집회라는 사유는 원칙적으로 독립된 무효사유로 볼 수 없다. 만일 이를 무효
사유로 본다면 당초 임원선임결의의 무효로 인하여 연쇄적으로 그 후의 결의가

모두 무효로 되는 결과가 되어 법률관계의 혼란을 초래하고 법적 안정성을 현저히 해하게 되기 때문이다.

[2] 집합건물 관리단의 임시집회 및 대표위원회에서 이루어진 결의의 무효확인을 구하는 사안에서, 임시집회에서 한 대표위원 선출 승인 결의 등은 소집절차상 하자와 의사정족수 및 의결정족수 미달로 인하여 무효이므로 관리단 대표위원회에서 갑을 대표위원회 회장으로 선임하는 결의도 무효이나, 그 후 개최된 정기집회 및 대표위원회에서 임시집회 및 대표위원회의 각 결의 절차를 다시 진행하거나 그 내용을 재확인하는 결의를 하였으므로, 정기집회 결의가 당초의 임시집회 결의 후 새로 소집권한을 부여받은 갑에 의하여 소집된 것이어서 무권리자에 의하여 소집된 집회라는 하자는 독립된 무효사유라고 볼 수 없고, 그 외 정기집회가 다른 절차상·내용상 하자로 인하여 부존재 또는 무효라고 인정되지 않는 이상 임시집회 및 대표위원회에서 이루어진 결의의 무효확인을 구하는 것은 과거의 법률관계 내지 권리관계의 확인을 구하는 것에 불과하여 권리보호의 이익이 없다고 본 원심판단을 정당하다고 한 사례.

■ 대법원 2021. 1. 14. 선고 2018다273981 판결 [관리비]

집합건물의 소유 및 관리에 관한 법률 제23조에 의하여 설립된 관리단의 관리단집회에서 임원선임결의가 있은 후 다시 개최된 관리단집회에서 종전 결의를 그대로 인준하거나 재차 임원선임결의를 한 경우, 새로운 관리단집회가 무권리자에 의하여 소집된 관리단집회라는 사유를 독립된 무효사유로 볼 수 있는지 여부 (원칙적 소극)

■ 수원지방법원 2019. 12. 20.자 2019카합10498 결정 [관리단집회개최금지]

집합건물 관리단의 관리인 선임권 및 피선임권은 집합건물 관리단의 운영, 임원 구성 등과 관련된 구분소유자들의 중요한 권리이고, 관리단의 관리인 선임을 위하여 사전에 이루어지는 입후보등록 절차는 구분소유자들의 위와 같은 관리인 선임권 및 피선임권을 보장할 수 있는 중요한 절차 중 하나라 할 것이다. 더구나 이 사건 관리단의 관리인 선임 등을 두고 수년간 심한 분쟁이 계속되고 있고, 이와 관련하여 이 사건 관리단 또는 위 관리단의 구분소유자들이 서로 수개의 민사사건, 가처분사건 등을 제기하여 다투어 왔는바, 이러한 상황에서 채무자 등으로서는 새로운 관리인 선임을 위한 후보자등록 및 접수를 거쳐 입후보자등을 정하는 절차를 선행하는 등으로 이 사건 임시 관리단집회 소집절차를 더욱 신중하고 공정하게 진행하였어야 한다. 그런데 기록 및 심문 전체의 취지를 종합하면, 이 사건 임시 관리단집회 소집통지 전 구분소유자들이 관리인에 입후보할 수 있는 절차 등이 전혀 마련되어 있지 않았고, 이 사건 관리단 관리인 후보자등록을 원하는 자가 없는 것이 명백하지도 않은 상황에서, 집회 개최를 주도한 채무자 측 H을 관리인으로 선임하는 내용의 안건이 상정되었을 뿐이었던 사실이 소명된다(이 사건 소집통지서에는 H을 관리인으로 선임하는 안에 대하여 찬반투표하는 형식의 서면결의서가 첨부되어 있다). 사정이 이와 같다면, 이 사건 임시 관리단집회가 개최될 경우 채권자들의 구분소유자로서의 관리인 선임권, 피선임권 등의 권리가 침해될 것이 명백해 보이므로, 채권자들의 나머지 주장에 대하여 더 나아가 살펴볼 필요 없이 이 사건 임시 관리단집회의 개최금지를 구할 피보전권리가 인정된다. 나아가 이 사건 임시 관리단집회가 그대로 개최될 경우 소모적인 분쟁과 혼란이 초래될 우려가 있는 점 등 기록에 나타난 제반사정에 비추어 그 보전의 필요성도 소명되고, 집행관에 의한 공시를 함께 명할 필요성도 소명된다.

■서울동부지방법원 2019. 11. 11.자 2019카합10412 결정 [직무집행정지가처분]

가. 이 사건 건물의 규약 제9조에는 구분소유자 등의 권리로 '관리단 대표회의 임원 선거권 및 피선거권'이 규정되어 있고, 이는 집합건물 관리단의 운영, 임원 구성 등과 관련된 구분소유자들의 중요한 권리 중 하나이다.

집합건물 관리단집회 성공법칙

그런데 이 사건 기록 및 심문 전체의 취지에 의하면, 이 사건 집회 개최 전 <u>구분소</u><u>유자들이 관리인에 입후보할 수 있는 절차 등이 전혀 마련되어 있지 않았고</u>, 단지 집회 개최를 주도한 채무자를 관리인으로 선임하는 내용의 안건이 상정되었을 뿐이었던 사실이 소명된다. 이는 구분소유자들의 피선거권을 사실상 박탈한 것으로, 관리인 선임절차에 중대한 하자가 있는 경우에 해당한다.

(3) 관리인 후보자가 1인인 경우의 후보등록절차

관리단집회 소집통지 이전에 후보등록절차가 진행되거나, 관리인 후보자가 확정된 후에 이를 공고하지 않은 것이 구분소유자들의 관리인 피선임권을 침해하는 것일까? 또한 관리단집회 소집통지서에 첨부된 서면결의서에 단순히 관리인 1인 후보에 대한 찬반란이 없는 경우, 이러한 사정만으로 관리인 선임권을 침해하는 것으로 볼 수 있을까?

수원지방법원 2022비합53 결정은 아래와 같은 점 등을 근거로 A를 관리인으로 선임한 이 관리단집회 결의가 무효라고 보기 어려우므로, 집합건물법 제24조의2 제1항의 '관리인이 없는 경우'에 해당하지 않는다고 보아 임시 관리인 선임 신청을 기각하였다.

- 서면에 의한 의결권 행사를 하는 데 필요한 자료를 제공하기 위해 집회소집통지 전에 관리인 입후보등록절차를 진행한 점

- 소집통지 시에 후보자등록 신청서를 발송하고, 건물 내에 입후보등

록 공고문을 게시한 점

• 관리인 후보자로 등록할 의사가 있었던 사람은 등록기간 내에 충분히 후보자로 등록할 수 있었던 점

• A의 방해행위로 부당하게 관리인 후보자로 등록되지 못한 사정이 없는 점

• 후보자등록기간 중에 입후보한 A를 기호 1번으로 기재하면서 그 옆에 다른 지지 후보자를 기입할 수 있도록 공란을 마련해 둔 점

• 기표란에 ○표 또는 지지하는 후보자 성명 기재 등과 같은 문구가 있어 A를 관리인으로 선임하는 데에 반대의사를 표시할 방법이 있었던 점

■ 수원지방법원 2023. 5. 23.자 2022비합53 결정 [임시관리인선임]

이 사건 기록 및 심문 전체의 취지에 의하여 소명되는 아래와 같은 사정에 비추어 보면, 제출된 자료만으로는 ○○○을 사건본인의 관리인으로 선임한 이 사건 관리단집회의 결의가 무효라고 보기 어려우므로, 사건본인은 집합건물의 소유 및 관리에 관한 법률(이하 '집합건물법'이라 한다) 제24조의2 제1항의 '관리인이 없는 경우'에 해당하지 않는다.

① 집합건물법은 관리인 입후보등록 절차의 수행주체를 비롯하여 관리인 후보자

등록기간이나 등록방법 등에 관하여 별다른 규정을 두고 있지 않은 점(이 사건 관리단집회 이전에 이 사건 건물에 관하여 제정된 관리규약은 없었다), 집합건물법 시행령 제14조 제1항에 의하면 관리단집회의 소집통지를 할 때에는 서면에 의하여 의결권을 행사하는 데 필요한 자료를 첨부하여야 하는데, 이 사건 관리단집회의 개최를 추진한 ○○○ 등은 관리단집회 소집통지를 하면서 '관리인 선임'에 관한 안건에 대하여 서면에 의한 의결권 행사를 하는 데 필요한 자료를 제공하기 위해 소집통지 전에 관리인 입후보등록질사를 진행한 것으로 보이는 점, ○○○ 등은 2022. ○. ○○.경 이 사건 건물의 구분소유자들에게 관리인 입후보등록 안내가 적힌 관리단집회 안내문과 함께 '관리인후보자등록신청서'를 등기우편으로 발송하고, 이 사건 건물 내에도 입후보등록 공고문을 게시한 점, 위 관리단집회 안내문에는 관리인 입후보등록기간을 2022. ○. ○○.부터 2022. ○. ○○.까지로, 접수 방법을 '우편/방문(이 사건 건물 관리사무소), 이메일, 팩스, 문자, 카톡 사진 전송'으로 기재하고 있어 관리단집회 안내문의 송달에 걸리는 기간을 감안하더라도 관리인 후보자로 등록할 의사가 있었던 사람은 등록기간 내에 위와 같은 방법에 따라 충분히 관리인 후보자로 등록할 수 있었을 것으로 보이는 점, 관리인 후보자로 등록하려고 하였으나 ○○○ 등이 안내한 등록기간, 등록방법으로 인해 관리인 후보자로 등록하지 못하였다거나 ○○○ 등의 방해행위로 인하여 부당하게 관리인 후보자로 등록되지 못한 경우가 있다고 볼 만한 자료도 없는 점, 후보자로 등록한 ○○○에 대한 정보가 2022. ○○. ○.경 소집통지서와 함께 구분소유자들에게 통지되었고, 이 사건 건물의 게시판에도 공고된 점 등에 비추어 보면, 이 사건 관리단집회 개최 과정에 구분소유자들의 관리인 피선임권을 침해한 하자가 있다고 보기 어렵다.

② 이 사건 관리단집회 소집통지서에 첨부된 관리단집회 서면결의서는 후보자등록기간 중에 입후보한 ○○○을 기호 1번으로 기재하면서 그 열에 지지하는 다른 후보자를 직접 기입할 수 있도록 별도의 공란을 마련해 둔 점, 위 서면결의서의 '2. 결의사항' 부분에는 (기표란에 ○표 또는 V표 또는 지지하는 후보자의 성명을

기재하세요)와 같은 문구가 기재되어 있어, ○○○을 관리인으로 선임하는 데에 반대하는 의사를 표시할 방법이 원천적으로 차단된 것은 아닌 점(위와 같이 ○ 표 또는 V표를 표시하도록 안내한 것은 관리인 선임의 건을 제외한 나머지 안건에 대해서는 모두 '찬성란', '반대란' 중 해당란에 자신의 의사를 표시하도록 서면결의서가 작성되었기 때문인 것으로 보인다) 등에 비추어 보면, 위 소집통지서에 첨부된 서면결의서에 구분소유자들의 관리인 선임권을 침해할 정도로 중대한 하자가 있다고 보기 어렵다.

2.

선거관리위원회

(1) 선거관리위원회를 반드시 구성해야 하는지

관리단집회 결의 시 중립적인 선거관리위원회를 구성하지 않은 채 진행된 관리단집회 결의의 효력이 문제된다. 집합건물법에는 선거관리위원회를 포함하여 선거관리에 관한 규정이 없다. 판례는 대체로 선거관리위원회를 구성하지 않았다고 하여 이를 하자로 볼 수 없다는 입장이다.

부산고등법원 2018나54159 판결은 선거관리규정에 따른 선거관리위원회를 구성하지 않고, 입후보자에 대한 사전등록절차도 하지 않았으며 선거관리위원장이 아닌 사람이 의장이 되어 선거를 진행한 하자가 있다 하더라도 그 사정만으로는 임시총회결의가 무효라 단정하기 어렵다고 판시하였다.

서울중앙지방법원 2019가합502605 판결은 집합건물법에는 관리인 선임에 앞서 선거관리를 위한 선거관리위원회가 구성되어야 한다거나 후보자등록을 위한 별도의 기회가 제공되어야 한다고 볼 만한 근거가 없다고 판시하였다. 다만, **인천지방법원 2019가합62061 판결**은 선거의 공정성과 중립성을 유지하기 위하여 선거권이나 피선거권을 가진 후보자 당사자보다 선거와 이해관계가 없는 제3자가 선거관리 사무를 담당함이 바람직하다고 하였다. 해당 사안에서는 선거의 공정성이 결여되고, 투표권자의 참여가 부당하게 제한된 사정이 있어 선거의 자유와 공정을 현저히 침해하여 선거의 결과에 영향을 미칠 정도의 중대한 하자가 있다고 보았다.

현행 집합건물법에는 선거관리위원회의 구성을 강제하는 규정이 없어 선거관리위원회를 구성하지 않았다는 사정만으로 이를 하자로 볼 수는 없다 할 것이다. 다만 현재의 관리단집회가 관리인이 되고자 하는 자가 주도하여 집회를 소집하여 후보자로 등록하여 선거 개표 및 개표 결과까지 발표하는 형태인데, 이러한 구조하에서는 선거의 공정 및 중립이 훼손될 가능성이 매우 크다. 서울시 표준 관리규약에는 선거관리위원회에 관하여 기본 내용(선거관리위원회의 구성, 임기 및 자격상실, 업무, 운영, 해임 등)이 규정되어 있으나, 구속력이 없어 실제 선거관리위원회가 구성되어 관리단집회 결의가 되는 경우는 드물다.

공동주택관리법의 경우, 동별 대표자 등의 선출, 해임에 선거관리위원회의 구성이 필수적이다. 또한, 선거관리위원회의 구성 및 운영에 필요한 사항은 대통령령으로 정한다. 해당 소재지 관할 선거관리위원회에 투표 및 개표 관리 등 선거 지원을 요청할 수 있다(공동주택관리법 15조, 동법 시행령 15조). 공동주택관리법과 같이 선거관리위원회의 구성을 강제하는 규정이 없어 집회소집주체의 의사에 따라 관리인 선출 등 관리단집회의 효력이 좌우될 수 있다.

■ **부산고등법원 2018. 12. 6. 선고 2018나54159 판결 [용역계약해지무효확인]**

설령 이 사건 제2차 임시총회에 선거관리규정에 따른 선거관리위원회를 구성하지 않고, 입후보자에 대한 사전등록절차도 하지 않았으며 선거관리위원장이 아닌 사람이 의장이 되어 선거를 진행한 하자가 있다 하더라도 그 사정만으로는 이 사건 제2차 임시총회결의가 무효라고 단정하기 어렵고, 달리 위 총회결의가 무효라고 인정할 증거가 없으므로, 피고의 위 주장은 이유 없다.

■ **서울중앙지방법원 2020. 8. 20. 선고 2019가합502605 판결 [결의무효등확인]**

집합건물법에는 관리인을 선임하는 경우 후보자등록 등에 관하여 규정하는 내용이 없고 이러한 내용을 정한 관리규약도 없으며, 달리 원고의 주장처럼 관리인 선임에 앞서 선거관리를 위한 선거관리위원회가 구성되어야 한다거나 후보자등록을 위한 별도의 기회가 제공되어야 한다고 볼 만한 근거가 없다. 또한 앞서 본 바와 같이 관리인 선임을 위한 집회 안내문이 이미 2018. 10.경 구분소유자들에게 송달된 것으로 보이는데도 이 사건 관리단집회 이전에 피고 C 이외에는 다른 관리인 입후보자가 없었던 것으로 보이고, 관리인이 되고자 하는 사람이 이 사건 관리단집회일에 관리인 후보로 나서는 것이 불가능하였다고 보이지도 아니한다. 따라서 제3주장도 받아들이지 아니한다.

■ 인천지방법원 2020. 6. 25. 선고 2019가합62061 판결 [선거무효확인]

2) 이 사건 규약은 피고 회장 선거의 절차 및 선거관리의 주체 등에 관하여 구체적으로 규정하고 있지 않은 것으로 보인다. 다만 선거의 공정성과 중립성을 유지하기 위하여, 선거권이나 피선거권을 가진 피고 회원들보다는, 선거와 이해관계가 없는 제3자가 선거관리 사무를 담당함이 바람직하다 할 것인데, 이 사건 선거 초반에 이 사건 선거를 관리한 관리소장이나 관리실 직원들은 이에 해당된다고 볼 수 있다. 따라서 피고보조참가인 측 피고 회원들이 이 사건 선거 도중 위 관리실 직원들을 이 사건 선거 관리업무에서 배제하고 직접 투표 및 개표 전반의 관리를 주관한 것은 절차적으로 정당하다고 보기 어렵다(그렇게 하였어야 할 부득이한 사정이 있었던 것으로 보이지도 않는다).

3.

별도의 집회

관리단집회를 소집하려면 관리단집회일 1주일 전에 회의의 목적사항을 구체적으로 밝혀 각 구분소유자에게 통지하여야 한다(법 34조 1항). 이에 따라 집회소집권자는 집회소집통지 시에 집회의 일시, 장소, 안건, 의결권 행사방법 등을 자세히 적어 통지한다. 만약 집회의 일시, 장소 변경이 필요한 경우, 이를 새로운 집회로 보아 새로운 집회소집통지를 하여야 하는지, 아니면 별도의 집회소집통지를 할 필요 없이 일시, 장소 변경이 가능한지 문제된다.

(1) 집회 전에 집회장소를 변경하였다면

집회 개최예정일 5일 전에 장소를 A에서 B로 변경하였는데, 집회장소의 변경 내용이 각 구분소유자에게 개별적으로 통지되지 않았다면 집회 결의 하자에 해당될까?

서울남부지방법원 2023카합20249 결정은 집회 개최예정일 5일 전에 집회장소를 변경하였으나, 소집주체인 구분소유자들이 그 변경 내용이 기재된 공고문을 즉시 집합건물 내부에 게시하는 한편, 전체 구분소유자 중 80% 이상이 참여하고 있는 카카오톡 대화방에도 관련 내용을 수차례 공지하였다면(변경된 집회장소는 변경 전 집회장소 및 집합건물의 소재지 인근에 위치), 이와 같은 집회장소의 변경이 집회결의를 무효로 돌릴 정도의 중대한 절차상 하자라고 보기는 어렵다고 보았다.

서울고등법원 2018라21380 결정은 집회장소는 관리사무소(지하 2층)로 통지되었으나, 실제로 집회 개최 장소가 같은 건물 1층의 ○○주점으로 변경된 사안에서, 장소가 변경된 이유는 채무자가 관리사무소의 문을 잠그는 등 방해행위 때문이었고, 이에 추진위원회가 게시물 부착, 안내원 배치 등의 방법으로 장소 변경 사실을 안내하였으므로 추진위원회가 집회 당일 집회장소를 변경한 것에 하자는 없다고 판시하였다.

서울고등법원 2012나59055 판결은 소집권자의 폐회 선언에 따라 일부 참석자들이 집회장소에서 퇴장한 이후 집회장소가 아닌 집회장소와 같은 층에 다시 모여 관리인을 비롯하여 집회장소를 이미 빠져나간 일부 참석자들이 배제된 상태에서 별도의 회의를 개최하여 집회결의를 한 사안에서, 그 결의가 이루어진 회의의 소집절차 등 중대한 하자가 있어 무효라고 판시하였다.

적법한 소집통지 및 공고를 한 후에, 소집통지 한 소집장소에서 개회를 하여 소집장소를 변경하는 결의조차 할 수 없는 특별한 사정이 생긴 경우에는 소집권자가 별도의 소집절차를 거칠 필요 없이 소집장소를 변경할 수 있고, 이 경우 당초의 소집장소에 출석한 이들로 하여금 변경된 집회장소에 모이게 하기 위하여 상당한 방법으로 통지하고 필요한 이동조치를 다하였다면 소집장소는 적법하게 변경되었다고 볼 수 있다**(대법원 2001다45584 판결, 대법원 2016다201685 판결).** 판례의 태도와 같이 집회 일시, 장소를 변경할 부득이한 사유가 있고, 상당한 방법으로 필요한 조치를 다하였다면 별도의 집회소집통지를 할 필요 없이 집회의 일시, 장소 변경이 가능하다 할 것이다.

■ 서울남부지방법원 2023. 9. 12.자 2023카합20249 결정 [관리행위중지등가처분]

④ 이 사건 집회의 소집주체인 구분소유자들이 이 사건 집회 관련 소집통지 및 소집공고를 마친 후 집회 개최예정일 5일 전인 2023. 1. 7. 집회장소를 변경한 것으로 보이기는 하나, 위 소집주체인 구분소유자들은 그 변경 내용이 기재된 공고문을 즉시 이 사건 집합건물 내부에 게시하는 한편, 구분소유자 총 174명 중 143명이 참여하고 있는 카카오톡 대화방에도 관련 내용을 수차례 공지하였던 것으로 보이는바(변경된 집회장소는 변경 전 집회장소 및 이 사건 집합건물의 소재지 인근에 위치한 곳이기도 하다), 위와 같은 집회장소의 변경이 이 사건 결의를 무효로 돌릴 정도의 중대한 절차상 하자라고 보기는 어려운 점 등을 종합하면, 이 사건 결의와 관련하여 그 효력을 무효로 돌릴 정도의 중대한 절차상·실체상 하자가 존재한다고 보기는 어려우므로, 이와 다른 전제에 선채무자의 주장은 받아들이기 어렵다.

다) 당초의 소집장소가 아닌 곳에서 집회를 개최하고, 일부 구분소유자의 참석을 저지하였는지에 관하여 본다.

소집통지 및 공고가 적법하게 이루어진 이후에, 당초의 소집장소에서 개회를 하여 소집장소를 변경하기로 하는 결의조차 할 수 없는 부득이한 사정이 발생한 경우 소집권자가 새로운 소집절차를 거치지 아니하고 소집장소를 변경할 수 있고, 이 경우 당초의 소집장소에 출석한 이들로 하여금 변경된 장소에 모일 수 있도록 상당한 방법으로 알리고 이동에 필요한 조치를 다하였다면 적법하게 소집장소가 변경되었다고 볼 수 있다(대법원 2003. 7. 11. 선고 2001다45584 판결, 대법원 2016. 6. 10. 선고 2016다201685 판결 등 참조).

살피건대 이 사건 기록과 심문 전체의 취지를 종합하여 소명되는 다음과 같은 사실 및 사정, 즉 소집통지 시 이 사건 집회장소는 '관리사무소(지하 2층)'으로 통지되었으나(소갑 제10호증의 1), 실제로 집회가 개최된 곳은 이 사건 건물 1층의 'F'이라는 주점이었던 사실(소갑 제16호증), 위와 같이 장소가 변경된 이유는 채무자 B이 위 관리 사무소의 문을 잠그는 등 방해행위를 하였기 때문으로 보이는 점(소갑 제14호증의 1), 이에 이 사건 추진위원회는 게시물을 부착하고 안내원을 배치하는 등으로 위와 같이 장소가 변경된 사실을 안내하였던 사실(소갑 제15호증) 등을 모아보면, 기존의 소집통지서에 기재한 것과 다른 장소에서 관리단집회를 개최할 부득이한 사유가 인정되고, 출석한 이들이 변경된 장소에 모일 수 있도록 상당한 방법으로 알리고 이동에 필요한 조치를 다하였다고 인정할 수 있으므로, 이 사건 추진위원회가 이 사건 집회 당일 집회장소를 변경하였다고 하여 이 사건 집회의 소집절차가 법령이나 규약에 위반된다고 볼 수는 없다. 따라서 채무자들의 위 주장은 이유 없다.

■ 서울고등법원 20135. 3. 선고 2012나59055 판결 [정산금등]

그러므로 D 및 그를 지지하는 17명을 포함한 관리단집회의 참석자들 중 총 18명이 소집권자인 F에 의한 폐회 선언 등에 따라 일부 참석자들이 이 사건 집회장소에서 퇴장한 이후인 2012. 11. 16. 16:00경 이 사건 집회장소가 아닌 Q건물의 V에 다시 모여 관리인 F을 비롯하여 이 사건 집회장소를 이미 빠져나간 일부 참석자들이 배제된 상태에서 별도로 회의를 개최함으로써 이루어진 제3—2차 결의는, 위와 같은 요건을 갖추어 적법하게 변경된 소집장소가 아닌 곳에서 D을 비롯한 18명의 참석자들이 임의로 개최한 회의에서 이루어진 것이어서, 그 결의가 이루어진 회의의 소집절차 등에 중대한 하자가 있으므로 무효이다.

■ 대법원 2003. 7. 11. 선고 2001다45584 판결 [주식매수선택권부여결의등부존재확인]

[2] 주주총회의 개회시각이 부득이한 사정으로 당초 소집통지된 시각보다 지연되는 경우에도 사회통념에 비추어 볼 때 정각에 출석한 주주들의 입장에서 변경된 개회시각까지 기다려 참석하는 것이 곤란하지 않을 정도라면 절차상의 하자가 되지 아니할 것이나, 그 정도를 넘어 개회시각을 사실상 부정확하게 만들고 소집통지된 시각에 출석한 주주들의 참석을 기대하기 어려워 그들의 참석권을 침해하기에 이르렀다면 주주총회의 소집절차가 현저히 불공정하다고 하지 않을 수 없고, 또한 소집통지 및 공고가 적법하게 이루어진 이후에 당초의 소집장소에서 개회를 하여 소집장소를 변경하기로 하는 결의조차 할 수 없는 부득이한 사정이 발생한 경우, 소집권자가 대체 장소를 정한 다음 당초의 소집장소에 출석한 주주들로 하여금 변경된 장소에 모일 수 있도록 상당한 방법으로 알리고 이동에 필요한 조치를 다한 때에 한하여 적법하게 소집장소가 변경되었다고 볼 수 있다.

■ 대법원 2016. 6. 10. 선고 2016다201685 판결 [주주총회결의부존재확인등의소]

이러한 사실관계를 종합하면, 당시 노동조합원들의 방해로 인하여 주주들의 총회 장소 진입이 어려웠던 상황에 비추어 기존의 소집통지서에 기재한 것과 다른 장소에서 주주총회를 개최할 부득이한 사유가 인정된다고 할 수 있다.

그러나 앞서 본 법리에 비추어 보면, 피고 본사 앞에서 소집권자가 구두로 총회 장소의 변경을 선언하고 피고 본사 외벽에 주주총회 장소 변경 안내문을 붙이는 것을 시도한 사정 등만으로는 당초의 소집장소에 출석한 주주들로 하여금 변경된 장소에 모일 수 있도록 상당한 방법으로 알리고 이동에 필요한 조치를 다하였다고 인정하기는 어렵다고 할 것이다.

■ 서울고등법원 20135. 3. 선고 2012나59055 판결 [정산금등]

그러므로 D 및 그를 지지하는 17명을 포함한 관리단집회의 참석자들 중 총 18명이 소집권자인 F에 의한 폐회 선언 등에 따라 일부 참석자들이 이 사건 집회장소에서 퇴장한 이후인 2012. 11. 16. 16:00경 이 사건 집회장소가 아닌 Q건물의 V에 다시 모여 관리인 F을 비롯하여 이 사건 집회장소를 이미 빠져나간 일부 참석자들이 배제된 상태에서 별도로 회의를 개최함으로써 이루어진 제3―2차 결의는, 위와 같은 요건을 갖추어 적법하게 변경된 소집장소가 아닌 곳에서 D을 비롯한 18명의 참석자들이 임의로 개최한 회의에서 이루어진 것이어서, 그 결의가 이루어진 회의의 소집절차 등에 중대한 하자가 있으므로 무효이다.

■ 대법원 2003. 7. 11. 선고 2001다45584 판결 [주식매수선택권부여결의등부
   존재확인]

[2] 주주총회의 개회시각이 부득이한 사정으로 당초 소집통지된 시각보다 지연되는 경우에도 사회통념에 비추어 볼 때 정각에 출석한 주주들의 입장에서 변경

된 개회시각까지 기다려 참석하는 것이 곤란하지 않을 정도라면 절차상의 하자가 되지 아니할 것이나, 그 정도를 넘어 개회시각을 사실상 부정확하게 만들고 소집통지된 시각에 출석한 주주들의 참석을 기대하기 어려워 그들의 참석권을 침해하기에 이르렀다면 주주총회의 소집절차가 현저히 불공정하다고 하지 않을 수 없고, 또한 소집통지 및 공고가 적법하게 이루어진 이후에 당초의 소집장소에서 개회를 하여 소집장소를 변경하기로 하는 결의조차 할 수 없는 부득이한 사정이 발생한 경우, 소집권자가 대체 장소를 정한 다음 당초의 소집장소에 출석한 주주들로 하여금 변경된 장소에 모일 수 있도록 상당한 방법으로 알리고 이동에 필요한 조치를 다한 때에 한하여 적법하게 소집장소가 변경되었다고 볼 수 있다.

■ 대법원 2016. 6. 10. 선고 2016다201685 판결 [주주총회결의부존재확인등의소]

이러한 사실관계를 종합하면, 당시 노동조합원들의 방해로 인하여 주주들의 총회 장소 진입이 어려웠던 상황에 비추어 기존의 소집통지서에 기재한 것과 다른 장소에서 주주총회를 개최할 부득이한 사유가 인정된다고 할 수 있다.

그러나 앞서 본 법리에 비추어 보면, 피고 본사 앞에서 소집권자가 구두로 총회 장소의 변경을 선언하고 피고 본사 외벽에 주주총회 장소 변경 안내문을 붙이는 것을 시도한 사정 등만으로는 당초의 소집장소에 출석한 주주들로 하여금 변경된 장소에 모일 수 있도록 상당한 방법으로 알리고 이동에 필요한 조치를 다하였다고 인정하기는 어렵다고 할 것이다.

집회의 일시, 장소 변경이 필요한 경우, 새로운 집회로 보아 새로운 소집절차를 거치지 아니하고 변경이 가능한지 문제된다.

수원지방법원 여주지원 2021가합11113 사건의 원고는 관리단집회는 매우 외진 장소로 구분소유자들이 찾아오기 어려운 관리단집회에서 관리인 후보로 단독 출마한 자의 사업장에서, 구분소유자들이 출석을 꺼리는 일요일에 이루어졌는바, 구분소유자들의 출석을 의도적으로 차단하였다고 주장하였다.

수원지방법원 여주지원 2021가합11113 판결은 집합건물법 또는 해당 관리규약에서 관리단집회의 장소 및 일시에 관하여 특별히 제한하고 있지 않은 점, 이 사건 관리단집회가 개최된 장소가 이 사건 오피스텔로부터 자동차로 10분, 대중교통으로 25분 거리에 있는 점, 주말에 관리단집회를 개최하는 것이 오히려 구분소유자들의 참석률을 높일 수도 있을 것으로 보이는 점 등을 종합하면, 이 사건 관리단집회의 장소 및 일시 지정에 하자가 있다고 볼 수 없다고 판단하였다.

■ **수원지방법원 여주지원 2022. 4. 27. 선고 2021가합11113 판결 [관리단집회 결의취소]**

살피건대, 위 인정사실 및 변론 전체의 취지를 종합하여 인정할 수 있는 다음과 같은 사실 및 사정들, 즉 ① 집합건물법 또는 이 사건 오피스텔 관리규약에서 관리단집회의 장소 및 일시에 관하여 특별히 제한하고 있지 않은 점, ② 이 사건 관리단집회가 개최된 장소가 이 사건 오피스텔로부터 자동차로 10분, 대중교통으로 25분 거리에 있는 점, ③ 주말에 관리단집회를 개최하는 것이 오히려 이 사건 오피스텔 구분소유자들의 참석률을 높일 수도 있을 것으로 보이는 점 등을 종합하면, 이 사건 관리단집회의 장소 및 일시 지정에 하자가 있다고 볼 수 없다. 원고들의 위 주장은 받아들이지 않는다.

4.

양식

[양식 7—1] 관리단 임원 선출 입후보등록 공고

관리단 임원 선출 입후보등록 공고

관리단의 관리인, 관리위원 선출을 위해 다음과 같이 입후보등록을 공고하오니 입후보를 원하시는 분은 다음의 안내에 따라 후보등록을 하여 주시기 바랍니다.

— 다 음 —

1. 선출대상 : 관리인 (1인), 관리위원 (00인)
2. 임기 : 2년, 연임가능
3. 등록기간 : 2023. 8. 30. (수) ~ 2023. 9. 7 (목) 16시까지
4. 등록방법 : 후보자등록신청서 작성 후 아래 방법으로 접수
   ※ 접수 후 확인 연락 요망
   ▶우편:
   ▶팩스, 이메일:
   ▶문자, 카톡 사진전송:
   ▶후보자등록 절차안내 및 추가 후보자등록 문의 ☎ 010
5. 후보자등록 서류
   1) 후보자등록신청서 (반명함 사진 부착)
   2) 주민등록초본
6. 입후보자격
   1) 관리인 - 구분소유자 불문 / 관리위원 - 구분소유자
   2) 공통 제한요건— ① 미성년자, 피성년후견인, ② 파산선고를 받은 자로서 복권되지 않은 사람, ③ 금고 이상의 형을 선고받고 그 집행이 끝나거나 그 집행을 받지 않기로 확정된 후 5년이 지나지 않은 사람(과실범은 제외한다), ④ 금고 이상의 형을 선고받고 그 집행유예 기간이 끝난 날부터 2년이 지나지 않은 사람(과실범은 제외한다), ⑤ 집합건물의 관리와 관련하여 벌금 500만 원 이상의 형을 선고받은 후 5년이 지나지 않은 사람

2024. 3. 1.
○ ○ ○ 관리단

[양식 7—2] 후보자등록신청서

후보자등록신청서

입후보 구분 (*해당란에 체크)	관리인 ☐	관리위원 ☐	사 진
성 명			
주 소			
연 락 처		등기 호실	
생 년 월 일		직 업	
학 력 사 항			
경 력 사 항			
공 약 사 항			

상기 본인은 '○○○ 관리단' 집회에서 실시될 관리단 임원 선거에 입후보하고자 신청서를 제출합니다. 이 신청서를 후보자 홍보 목적으로 구분소유자와 입주자들에게 제공함에도 동의합니다.

2024. 3. 1.
신 청 인   (서명)

○ ○ ○ 관리단 귀중

제8장

의장 및 의사록

1.

관리인

집합건물법

제32조(정기 관리단집회) 관리인은 매년 회계연도 종료 후 3개월 이내에 정기 관리단집회를 소집하여야 한다.

제33조(임시 관리단집회) ① 관리인은 필요하다고 인정할 때에는 관리단집회를 소집할 수 있다.

② 구분소유자의 5분의 1 이상이 회의의 목적사항을 구체적으로 밝혀 관리단집회의 소집을 청구하면 관리인은 관리단집회를 소집하여야 한다. 이 정수(定數)는 규약으로 감경할 수 있다.

③ 제2항의 청구가 있은 후 1주일 내에 관리인이 청구일부터 2주일 이내의 날을 관리단집회일로 하는 소집통지 절차를 밟지 아니하면 소집을 청구한 구분소유자는 법원의 허가를 받아 관리단집회를 소집할 수 있다.

④ 관리인이 없는 경우에는 구분소유자의 5분의 1 이상은 관리단집회를 소집할 수 있다. 이 정수는 규약으로 감경할 수 있다.

제39조(집회의 의장과 의사록) ① 관리단집회의 의장은 관리인 또는 집회를 소집한 구분소유자 중 연장자가 된다. 다만, 규약에 특별한 규정이 있거나 관리단집회에서 다른 결의를 한 경우에는 그러하지 아니하다.

② 관리단집회의 의사에 관하여는 의사록을 작성하여야 한다.

③ 의사록에는 의사의 경과와 그 결과를 적고 의장과 구분소유자 2인 이상이 서명날인하여야 한다.

④ 의사록에 관하여는 제30조를 준용한다.

관리인은 매년 회계연도 종료 후 3개월 이내에 정기 관리단집회를 소집하여야 한다. 또한 관리인은 필요하다고 인정할 때에는 관리단집회를 소집할 수 있다. 구분소유자의 5분의 1 이상이 회의의 목적사항을 구체적으로 밝혀 관리인에게 관리단집회의 소집을 청구하면 관리인은 관리단집회를 소집하여야 한다. 이 경우 관리단집회의 의장은 관리인이 된다.

구분소유자의 5분의 1 이상이 회의의 목적사항을 구체적으로 밝혀 관리인에게 관리단집회의 소집을 청구하였음에도 관리인이 관리단집회를 소집하지 않는 경우에는 구분소유자는 법원의 허가를 받아 관리단집회를 소집할 수 있는데 이 경우에는 관리단집회 의장은 관리인이 아닌 집회를 소집한 구분소유자 중 연장자가 되거나 관리단집회의 결의에 따른다.

2.

임시의장 · 연장자

집합건물법

제39조(집회의 의장과 의사록) ① 관리단집회의 의장은 관리인 또는 집회를 소집한 구분소유자 중 연장자가 된다. 다만, 규약에 특별한 규정이 있거나 관리단집회에서 다른 결의를 한 경우에는 그러하지 아니하다.

관리단집회의 의장은 규약이나 집회결의가 없는 한 관리인이나 집회를 소집한 구분소유자 중 연장자가 된다. **여기에서 연장자란 가장 나이가 많은 최연장자만을 뜻하는 것인지, 단순히 나이가 많은 사람인 연장자를 의미하는지 문제된다. 또한 의장 선출결의도 없이 집회소집동의자 중 최연장자가 아닌 연장자나 연장자 아닌 자가 의장이 되어 집회를 진행한 경우의 효력도 문제된다.**

(1) 유효로 본 판례

판례는 대체로 연장자 아닌 자가 의장 권한을 행사한 경우 유효로 보거나 경미한 하자로 보아 집회 절차상 하자로 보지 않는다.

서울동부지방법원 2015카합10069 결정은 총회 당시 임시의장 선임 절차 없이 연장자가 의장 권한을 행사하고 연장자가 곧바로 변호사에게 권한을 대신 행사하도록 한 사안에서, 관리단집회의 소집절차나 의사진행 절차상 중대한 하자가 있었다고 볼 수 없다고 하면서 의결정족수는 전체 의결권 수의 과반수를 충족하여 관리단집회 결의는 적법·유효하다고 판단하였다.

서울동부지방법원 2017카합10365 결정은 연장자가 아님에도 집회에서 "선거관리위원인 제가 의장을 맡겠습니다. 동의해 주시겠습니까?"라고 말한 후 일부 구분소유자들이 "동의합니다."라고 말하여 의장으로 집회를 진행한 사안에서, 의장 선출에 하자가 없다고 보았다. 그 근거로 결과적으로 채무자가 다수의 의결권을 위임받아 결의가 이루어 점, 선거관리위원이 아닌 제3자가 의장으로서 집회를 진행하였다고 하더라도 결과는 마찬가지인 점, 선거관리위원이 의장이 되어 집회를 진행함으로 인하여 선거의 공정성이나 선거권자의 의사가 왜곡되었다고 볼 만한 사정이 없다는 점을 들었다.

수원지방법원 안산지원 2021카합50008 결정은 최연장자가 아닌 연장자가 의장이 되어 집회를 진행하였다는 사정이 그 집회결의가 무효라고 볼 정도로 중대한 하자에 해당하기 어렵다고 보았다. 판례는 집회결의가 유효하게 성립하고, 선거의 공정이나 선거권자의 의사가 왜곡된 사정이 없다면 대체로 임시의장 선출결의를 독자적 하자 사유로 보지 않고 유효로 판단한다.

대전고등법원 2020나13883 판결은 집회 의장은 집회를 소집한 구분소유자 중 연장자가 맡는 것이 원칙이나 집회에 참석한 구분소유자들의 상호 합의에 따라 의장을 정할 수 있다고 하였다. 이에 따라 집회에 참석한 다른 구분소유자들이 F의 의장 자격에 대해 이의를 제기함이 없이 원활하게 회의가 진행되었으므로, F가 임시의장이 되는 것에 대해 묵시적 동의 내지 추인이 있었다고 판단하였다. 설령 F가 최연장자가 아니어서 결의 진행방식에 어떠한 하자가 있다고 보더라도, 중대한 하자는 아니라고 보았다.

(2) 무효로 본 판례

수원지방법원 2018가합14987 판결은 집회를 소집한 구분소유자 중 연장자라거나, 규약에 특별한 규정이 있거나 이 사건 집회에서 다른 결의를 하였다고 볼 아무런 증거가 없음에도 집회 의장으로 집회를 진행한 경우, 권한 없는 의장이 진행한 중대하고 명백한 하자가 있어 관리단 집회 결의는 무효이며 설령 집회의 하자가 중대하고 명백하지 않아 무효에 이르지 않는다고 보더라도, 취소사유에 해당한다고 판시하였다.

서울남부지방법원 2020가합108258 판결은 관리인이 없고 관리단집회가 구분소유자들에 의해 소집되지 않은 상태에서 별도의 결의를 통하여 의장을 선출한 후 그 의장에 의하여 진행을 함이 상당함에도, 의장 없이 집회를 진행한 경우, 의장 없이 집회를 진행한 절차상 하자가 있어 선임결의는 무효라고 판시하였다.

연장자란 나이가 많은 사람을 뜻하고, 최연장자는 집단에서 나이가 가장 많은 사람을 뜻하며 이에 반대되는 단어로 연소자와 최연소자가 있다. 연장자의 의미가 가장 나이가 많은 사람을 뜻한다면 이는 사전적 의미와 맞지 않는다. 집합건물법상 연장자의 의미가 단순히 나이가 많은 사람을 뜻한다면 어느 정도 나이가 되어야 연장자로 볼 수 있는지 그 기준이 애매하다.

집회의장은 집회 안건에 대한 최종 선포권을 가지며, 집회 진행의 최종 주관자이기에 관리단집회 절차와 결의 효력에 대하여 어느 정도 지식을 가진 사람이 진행하는 것이 바람직하다. 단순히 연장자라는 이유로 집회 의장이 되었으나 집회 진행에 관한 판단을 제대로 하지 못하는 경우에는 오히려 혼란이 가중된다. 실제 집회를 진행할 때에는 연장자가 의사진행을 선포한 후에 곧바로 미리 내정된 자에게 의장 권한을 넘겨주거나, 현장 참석자의 박수, 거수로 미리 내정된 임시의장을 선출하여 문제가 된다.

위와 같은 문제는 관리단집회 의장을 선출할 경우 의결정족수가 전체 구분소유자인지 집회 참석자인지와도 연결된다. 관리단집회의 의장은 관리인 또는 집회를 소집한 구분소유자 중 연장자가 된다. 다만, 규약에 특별한 규정이 있거나 관리단집회에서 다른 결의를 한 경우에는 그러하지 아니하다(법 39조 1항). 관리단집회 의사는 집합건물법 또는 규약에 특별한 규정이 없으면 구분소유자의 과반수 및 의결권의 과반수로써 의결한다(법 38조 1항).

실제 집회에서는 참석자의 박수나 거수로 임시의장을 선출하는데 구분소유자의 수만을 정족수에 산입하고 의결권은 산입하지 않는다. 또한 참석 구분소유자의 수를 산입한다 하더라도 참석자에는 단순 참관인, 집회 진행 요원, 수인의 위임을 받은 대리인 등이 있어서 참석자의 과반수 산정이 제대로 이루어지지 않는다. 임시의장 선출결의의 하자를 독자적 위법 사유로 삼지 않고 집회결의의 유효성을 기준으로 판단하는 판례의 입장에는 일응 수긍하나, 원활하고 공정한 집회 진행을 위해서는 임시의장 선출에 관한 명확한 기준이 필요하다.

> ■ 서울동부지방법원 2016. 9. 12.자 2015카합10069 결정 [업무방해금지등]
>
> 나. 채무자의 주장
> 2) 이 사건 관리단총회의 의사진행절차상 하자
> 총회 당시 임시의장 선임절차 없이 연장자인 H에게 의장 권한을 행사하도록 하고 H가 곧바로 I 변호사에게 그 권한을 대신 행사하도록 하였으므로, 의장 자격이 없는 자에 의해 의사진행이 이루어졌다.

3. 판단

가. 살피건대, 위 기초사실, 기록 및 심문 전체의 취지에 의하여 인정되는 이 사건 관리단총회의 개최 경위 및 소집 과정, 의사진행 당시의 상황, 구분소유자 등의 위임장 제출 및 의결권 행사 경위 등 제반사정을 종합하면, 현재까지 채무자가 제출한 자료들만으로는 이 사건 관리단총회의 소집절차나 의사진행 절차상 중대한 하자가 있었다고 볼 수 없고,

■ 서울동부지방법원 2017. 12. 22.자 2017카합10365 결정 [직무집행정지가처분]

다. 의사진행절차에 관하여

1) 앞서 살펴본 바와 같이 관리규약이 이 사건 건물의 구분소유자들에게 효력을 미친다는 점이 소명되었다고 볼 수 없으므로, 관리규약 제17조 제1항이 이 사건 집회에 적용된다고 볼 수 없는바, 이 사건 집회의 의장은 집합건물법 제39조 제1항에 따라 정해져야 한다. 집합건물법 제39조 제1항 단서에 따르면, 관리단집회에서 다른 결의를 하여 관리인, 집회를 소집한 구분소유자 중 연장자가 아닌 자를 의장으로 정할 수 있는데, 이 사건 기록 및 심문 전체의 취지를 종합하면, 선거관리위원이었던 G가 이 사건 집회에서 "지금부터 D 임시 관리단집회를 진행하겠습니다. 오늘 D 임시 관리단집회의 의장을 맡게 된 G입니다. 관리규약 제17조에 의거 관리인이나 관리단위원 연장자 중에서 호선해야 하나, 현재 관리인이나 관리단위원이 없고, 선거관리위원장이 의장을 하여야 하나, 사업상 갑작스런 일정 때문에 선거관리위원인 제가 의장을 맡게 되었습니다. 동의해 주시겠습니까?"라고 말한 후 일부 구분소유자들이 "동의합니다."라고 말하자 의장으로서 집회를 진행한 사실이 소명되므로, G가 관리단집회의 결의 없이 의장으로서 이 사건 집회를 진행한 것으로 볼 수 있다. 그러나 아래에서 살펴보는 바와 같이 채무자를 관리인으로 선임하는 것에 동의하는 내용의 서면결의서가 다수 제출되었고, 채무자가 다수의 구분소유자들로부터 의결권 행사를 위임받아 이 사건 결의가 이루어진

점에 비추어 보면, G가 아닌 제3자가 의장으로서 집회를 진행하였다고 하더라도 채무자가 관리인으로 선임되었을 것으로 보이고, G가 의장이 되어 이 사건 집회를 진행함으로 인하여 선거의 공정성이나 선거권자의 의사가 왜곡되었다고 볼 만한 사정이 없다. 따라서 위와 같은 하자가 해당 집회에서 이루어진 결의의 효력을 부정할 정도의 중대한 하자라고 볼 수 없다.

2) 따라서 '이 사건 집회의 의사진행절차의 하자로 인하여 이 사건 결의의 효력이 없다'라는 채권자의 주장은 이유 없다.

■ **수원지방법원 안산지원 2021. 5. 6.자 2021카합50008 결정 [관리행위중지등 가처분]**

③ 최연장자가 아닌 F이 의장으로서 집회를 진행하였다는 사정이 그 집회결의가 무효라거나 존재하지 않는다고 볼 정도로 중대한 하자에 해당한다고 보기는 어려운 점, ④ 채무자가 제출한 자료들만으로는 구분소유자들이 C 등에게 의결권을 위임하여 행사하는 과정에서 C 등이 구분소유자들을 기망하였다거나, 구분소유자들의 진의가 왜곡되었다고 볼 만한 사정이 소명되었다고 보기는 어려운 점 등을 고려하면, 채권자의 2020. 12. 22.자 관리단집회 결의에 중대한 하자가 있어 효력이 없다고 볼 수는 없다.

■ **대전고등법원 2021. 8. 18. 선고 2020나13883 판결 [결의취소청구의소]**

② 위와 같은 집합건물법 및 피고의 관리규약을 종합하여 보면, 구분소유자들에 의해 소집된 이 사건 집회의 의장은 집회를 소집한 구분소유자 중 연장자가 맡는 것이 원칙이나 집회에 참석한 구분소유자들의 상호 합의에 따라 의장을 정할 수 있다고 할 것이다.

③ 이 사건 집회 당시 F이 의장이 되어 집회를 진행한 사실은 당사자 사이에 다툼이 없다. 이 사건 집회 당시 F이 의장이 되는 것에 대해 별도의 결의가 이루어지

지는 않은 것으로 보이나, 집회에 참석한 다른 구분소유자들이 F의 의장 자격에 대해 이의를 제기함이 없이 원활하게 회의가 진행되었으므로(갑 제5호증, 을 제24호증), F이 임시의장이 되어 회의를 진행하는 것에 대해 집회에 참석한 구분소유자들 사이에 묵시적 동의 내지 추인이 있었다고 봄이 상당하다. 따라서 F이 이 사건 집회의 의장이 되어 회의를 진행한 것을 들어 집합건물법 및 피고의 관리규약에서 정한 결의 진행방식을 위반한 하자가 있다고 보기는 어렵다.

④ 설령 F이 최연장자가 아니어서 결의 진행방식에 어떠한 하자가 있다고 보더라도, 그것이 이 사건 결의가 부존재하다고 볼만한 중대한 것이라고 할 수도 없다.

■ **수원지방법원 2018. 11. 21. 선고 2018가합14987 판결 [관리단집회결의무효확인등]**

3) E이 의장으로서 이 사건 집회를 진행한 하자

집합건물법 제39조는 관리단집회의 의장은 관리인 또는 집회를 소집한 구분소유자 중 연장자가 되고, 다만 규약에 특별한 규정이 있거나 관리단집회에서 다른 결의를 한 경우에는 그러하지 아니하다고 규정하고 있다.

앞서 든 증거들에 의하면, 이 사건 집회 의사록에는 E이 관리인인 원고의 위임을 받아 이 사건 집회를 진행하였다고 기재되어 있는데, 관리인인 원고가 E에게 의장 직무수행을 위임하지 않았다는 사실은 당사자 사이에 다툼이 없고(E은 원고를 관리인에서 해임하는 데 찬성하는 사람인데, 원고가 E에게 이 사건 집회를 진행할 권한을 위임할 이유도 없다), 달리 E이 이 사건 집회를 소집한 구분소유자 중 연장자라거나, 규약에 특별한 규정이 있거나 이 사건 집회에서 다른 결의를 하였다고 볼 아무런 증거가 없으므로, E은 이 사건 집회의 의장으로서 이 사건 집회를 진행할 권한이 없다.

다. 소결론

따라서 이 사건 집회는 집합건물법 및 같은 법 시행령을 위반하여 서면의결권을 행사할 수 있다는 내용과 방법 등을 알리지 않거나 권한 없는 의장이 진행한 중대하고 명백한 하자가 있으므로, 의결정족수 충족 여부에 관하여 나아가 살필 필요 없이 이 사건 결의는 무효이고, 피고가 이를 다투는 이상 원고는 그 확인을 구할 이익이 있다(앞서 본 각하하는 부분을 제외한 주위적 청구를 받아들이므로, 예비적 청구에 관해서는 따로 판단하지 않는다. 설령 이 사건 집회의 하자가 중대하고 명백하지 않아 무효에 이르지 않는다고 보더라도, 이 사건 집회소집절차나 결의방법이 법령을 위반한 것은 분명하므로 이 사건 결의는 집합건물법 제42조의2 제1호에 따라 취소되어야 한다).

■ **서울남부지방법원 2021. 11. 12. 선고 2020가합108258 판결 [관리인지위부존재등확인의소]**

2) 살피건대, 이 사건 관리단집회 당시 피고는 관리인이 없는 상태였고, 이 사건 관리단집회가 이 사건 건물 구분소유자들에 의해 소집되지 않았다는 점은 앞서 본 바와 같다. 그렇다면, 이 사건 관리단집회에서는 별도의 결의를 통하여 의장을 선출한 후 그 의장에 의하여 진행을 함이 상당함에도, 이 사건 관리단집회에서 의장을 선출하여 집회를 진행하였다고 인정할 아무런 증거가 없다. 오히려 갑 제15호증의 기재에 의하면 이 사건 관리단집회는 개시 직후 H에 의하여 회의가 진행된 사실이 인정될 뿐이다.

따라서 이 사건 관리단집회에는 의장 없이 집회를 진행한 절차상 하자가 있다.

바. 소결론

따라서 이 사건 선임결의는 위와 같은 소집절차 및 결의방법상의 중대한 하자로 인하여 무효이므로, 이 사건 선임결의에 의하여 피고의 관리인으로 선임된 H은 관리인 지위에, 피고의 위원장으로 선임된 I는 위원장 지위에, 피고의 임원으로 선임된 J은 임원 지위에 각 있지 아니하고, 피고가 이를 유효하다고 다투는 이상 원고들에게는 그 확인을 구할 법률상의 이익도 인정된다.

3.

의사록

집합건물법

제15조의2(권리변동 있는 공용부분의 변경) ① 제15조에도 불구하고 건물의 노후화 억제 또는 기능 향상 등을 위한 것으로 구분소유권 및 대지사용권의 범위나 내용에 변동을 일으키는 공용부분의 변경에 관한 사항은 관리단집회에서 구분소유자의 5분의 4 이상 및 의결권의 5분의 4 이상의 결의로써 결정한다. 다만, 관광진흥법 제3조제1항제2호나목에 따른 휴양 콘도미니엄업의 운영을 위한 휴양 콘도미니엄의 권리변동 있는 공용부분 변경에 관한 사항은 구분소유자의 3분의 2 이상 및 의결권의 3분의 2 이상의 결의로써 결정한다.
③ 제1항의 결의를 위한 관리단집회의 의사록에는 결의에 대한 각 구분소유자의 찬반 의사를 적어야 한다.

제30조(규약의 보관 및 열람) ① 규약은 관리인 또는 구분소유자나 그 대리인으로서 건물을 사용하고 있는 자 중 1인이 보관하여야 한다.
② 제1항에 따라 규약을 보관할 구분소유자나 그 대리인은 규약에 다른 규정이 없으면 관리단집회의 결의로써 정한다.

③ 이해관계인은 제1항에 따라 규약을 보관하는 자에게 규약의 열람을 청구하거나 자기 비용으로 등본의 발급을 청구할 수 있다.

제39조(집회의 의장과 의사록) ① 관리단집회의 의장은 관리인 또는 집회를 소집한 구분소유자 중 연장자가 된다. 다만, 규약에 특별한 규정이 있거나 관리단집회에서 다른 결의를 한 경우에는 그러하지 아니하다.

② 관리단집회의 의사에 관하여는 의사록을 작성하여야 한다.

③ 의사록에는 의사의 경과와 그 결과를 적고 의장과 구분소유자 2인 이상이 서명날인하여야 한다.

④ 의사록에 관하여는 제30조를 준용한다.

제47조(재건축 결의) ① 건물 건축 후 상당한 기간이 지나 건물이 훼손되거나 일부 멸실되거나 그 밖의 사정으로 건물 가격에 비하여 지나치게 많은 수리비·복구비나 관리비용이 드는 경우 또는 부근 토지의 이용상황의 변화나 그 밖의 사정으로 건물을 재건축하면 재건축에 드는 비용에 비하여 현저하게 효용이 증가하게 되는 경우에 관리단집회는 그 건물을 철거하여 그 대지를 구분소유권의 목적이 될 새 건물의 대지로 이용할 것을 결의할 수 있다. 다만, 재건축의 내용이 단지 내 다른 건물의 구분소유자에게 특별한 영향을 미칠 때에는 그 구분소유자의 승낙을 받아야 한다.

⑤ 제1항의 결의를 위한 관리단집회의 의사록에는 결의에 대한 각 구분소유자의 찬반 의사를 적어야 한다.

제66조(과태료) ③ 다음 각 호의 어느 하나에 해당하는 자에게는 200만 원 이하의 과태료를 부과한다.

5. 제30조제1항, 제39조제4항, 제41조제4항(이들 규정을 제52조에서 준용하는 경우를 포함한다)을 위반하여 규약, 의사록 또는 서면(전자적 방법으로 기록된 정보를 포함한다)을 보관하지 아니한 자

6. 제30조제3항, 제39조제4항, 제41조제4항(이들 규정을 제52조에서 준용하는 경우를 포함한다)을 위반하여 정당한 사유 없이 규약, 의사록 또는 서면(전자적 방법으로 기록된 정보를 포함한다)의 열람이나 등본의 발급청구를 거부한 자

7. 제39조제2항 및 제3항(이들 규정을 제52조에서 준용하는 경우를 포함한다)을 위반하여 의사록을 작성하지 아니하거나 의사록에 적어야 할 사항을 적지 아니하거나 거짓으로 적은 자

집합건물의 관리단집회 결의를 하면 관리단집회의 의사에 관하여는 의사록을 작성하여야 한다. 그 의사록에는 의사의 경과와 그 결과를 적고 의장과 구분소유자 2인 이상이 서명·날인하여야 한다.

(1) 집회 동영상과 의사록의 내용이 다르다면?

관리단집회를 진행하게 되면 대부분 집회 현장을 사진이나 동영상으로 촬영을 하게 된다. 만약에 집회 당시의 상황이 촬영되어 있는 현장 사진이 동영상과 집회의사록에 기재된 참석자의 수가 다르게 판단되는 경우에는 어떻게 판단해야 할까?

단체 측에서 의사의 경과, 요령 및 결과 등을 기재한 의사록을 제출하거나 이러한 의사의 경과 등을 담은 녹음·녹화자료 또는 녹취서 등을 제출한 때에는, 그러한 의사록 등이 사실과 다른 내용으로 작성되었다거나 부당하게 편집, 왜곡되어 증명력을 인정할 수 없다고 볼 만한 특별한 사정이 없는 한 의사정족수 등 절차적 요건의 충족 여부는 의사록 등

의 기재에 의하여 판단하여야 한다. 그리고 위와 같은 의사록 등의 증명력을 부인할 만한 특별한 사정에 관하여는 결의의 효력을 다투는 측에서 구체적으로 주장·증명하여야 한다**(대법원 2010다88682 판결)**.

따라서 의사정족수 등 절차적 요건의 충족 여부는 의사록 등의 기재에 의하여 판단하여야 하고, 의사록과 다른 사정이 있다는 의심만으로는 의사록의 내용을 부인할 수 없다. 이때에는 의사록의 효력을 다투는 측에서 구체적으로 의사록의 기재가 잘못되었다는 명확하고 객관적인 증거를 제출하여야 한다.

■ **대법원 2011. 10. 27. 선고 2010다88682 판결 [대의원회결의무효확인]**

[1] 민법상 사단법인 총회 등의 결의와 관련하여 당사자 사이에 의사정족수나 의결정족수 충족 여부가 다투어져 결의의 성립 여부나 절차상 흠의 유무가 문제되는 경우로서 사단법인 측에서 의사의 경과, 요령 및 결과 등을 기재한 의사록을 제출하거나 이러한 의사의 경과 등을 담은 녹음·녹화자료 또는 녹취서 등을 제출한 때에는, 그러한 의사록 등이 사실과 다른 내용으로 작성되었다거나 부당하게 편집, 왜곡되어 증명력을 인정할 수 없다고 볼 만한 특별한 사정이 없는 한 의사정족수 등 절차적 요건의 충족 여부는 의사록 등의 기재에 의하여 판단하여야 한다. 그리고 위와 같은 의사록 등의 증명력을 부인할 만한 특별한 사정에 관하여는 결의의 효력을 다투는 측에서 구체적으로 주장·증명하여야 한다.

4.

양식

[양식 8—1] 관리단집회 결과 공고

관리단집회 결과 공고

1. 집회 개요
　가. 일 시 :
　나. 장 소 :
　다. 안 건 :

2. 안건결의 결과

● 1호 관리인 선출의 건

후보	구분소유자 득표	의결권 면적 득표	결과
기호 1	명(　%)	㎡(　%)	당선
기호 2	명(　%)	㎡(　%)	

● 2호 관리위원 선출의 건

후보	구분소유자 득표	의결권 면적 득표	결과
기호 1.	명(　%)	㎡(　%)	당선
기호 2.	명(　%)	㎡(　%)	당선
기호 3	명(　%)	㎡(　%)	

2024. 3. 1.

○ ○ ○ 관리단

관리단집회 의사록

1. 집회 개요
　가. 일 시 :
　나. 장 소 :
　다. 안 건 :
　　1) 관리인 선출의 건
　　2) 관리위원 OO명 선출의 건

2. 국민의례 — 생략함.

3. 의장 인사 및 개회 선언
집합건물법에 따라 관리인(또는 집회소집동의자 중 연장자, 집회에서 의결로 선출된 자)이 의장으로 집회를 주관하기로 하고, 참석자들 이에 동의함. 의장이 개회를 선언함(의사봉 3타).
[사회자 지정] 집회 의장은 집합건물법에 따라 적법하고, 원활한 진행을 위해 OOO을 사회자로 지정하여 집회를 진행하도록 함. 사회자는 의결권 행사방법 및 집회 질서유지에 관한 안내를 함.

4. 참석 현황 보고
(단위: 명, ㎡, %)

구분	전체현황	출석현황	
		참석 · 서면 · 위임	비율
인원수	명	명	%
면적(㎡)	㎡	㎡	%

사회자는 의결권 행사자를 기준으로 참석자현황을 보고(10시 기준)하고, 이후 위와 같이 최종 참석현황을 정리함.

5. 의결권 행사방법 안내
사회자는 소유자 및 점유자 의결 방법, 서면결의서, 대리행사 의결 방법에 관하여 소집통지서에 기재된 의결권 행사방법을 설명하고, 투표용지에 투표방법을 설명함.
관련하여 질의응답을 받음.

6. 안건상정, 토의 및 표결
　가. 안건 상정 및 토의 절차 진행
　　- 각 안건에 대해 사회자가 안건을 설명하고, 모두 안건으로 상정함.
　　- 각 안건에 대한 질문과 토의 절차를 진행함. 이어서 관리인 및 관리위원 후보자 정견발표를 듣고 표결절차를 진행함.
　나. 표결 진행 및 표결 결과

서면결의서와 현장투표 용지를 통해 표결절차를 진행하고, 유효한 의결권을 기준으로 집계한 결과를 발표함.

1) 제1호 안건 : 관리인 선출의 건

후보	구분소유자 득표	의결권 면적 득표	결과
기호 1	명(%)	㎡(%)	당선
기호 2	명(%)	㎡(%)	

2) 제2호 안건 : 관리위원 00명 선출의 건

후보	구분소유자 득표	의결권 면적 득표	결과
기호 1.	명(%)	㎡(%)	당선
기호 2.	명(%)	㎡(%)	당선
기호 3	명(%)	㎡(%)	

재검표 결과를 반영하여 위와 같이 최종 집계함.

다. 의장은 안건에 대한 결과를 공포함 (의사봉 3타).

7. 폐회선언

의장은 상정 안건에 대한 심의 및 의결을 마치고 폐회를 선언함(의사봉 3타).
위 결의를 명확히 하기 위하여 본 회의록을 작성하고 의장과 구분소유자 2명이 다음과 같이 서명·날인함.

집회의장 (서명날인)

구분소유자(호실: 호) (서명날인)

구분소유자(호실: 호) (서명날인)

2024. 3. 1.

○ ○ ○ 관리단

제9장

서면결의

1.

서면결의 요건 및 절차

집합건물법

제41조(서면 또는 전자적 방법에 의한 결의 등) ① 이 법 또는 규약에 따라 관리단집회에서 결의할 것으로 정한 사항에 관하여 구분소유자의 4분의 3 이상 및 의결권의 4분의 3 이상이 서면이나 전자적 방법 또는 서면과 전자적 방법으로 합의하면 관리단집회를 소집하여 결의한 것으로 본다.

② 제1항에도 불구하고 다음 각 호의 경우에는 그 구분에 따른 의결정족수 요건을 갖추어 서면이나 전자적 방법 또는 서면과 전자적 방법으로 합의하면 관리단집회를 소집하여 결의한 것으로 본다.

1. 제15조제1항제2호의 경우: 구분소유자의 과반수 및 의결권의 과반수

2. 제15조의2제1항 본문, 제47조제2항 본문 및 제50조제4항의 경우: 구분소유자의 5분의 4 이상 및 의결권의 5분의 4 이상

3. 제15조의2제1항 단서 및 제47조제2항 단서의 경우: 구분소유자의 3분의 2 이상 및 의결권의 3분의 2 이상

③ 구분소유자들은 미리 그들 중 1인을 대리인으로 정하여 관리단에 신고한 경우에는 그 대리인은 그 구분소유자들을 대리하여 관리단집회에 참석하거나 서면 또는 전자적 방법으로 의결권을 행사할 수 있다.

④ 제1항 및 제2항의 서면 또는 전자적 방법으로 기록된 정보에 관하여는 제30조를 준용한다.

(1) 요건

서면결의는 구분소유자들이 결의 내용을 충분히 숙지한 상태에서 동의 혹은 부동의 의사를 표시할 수 있도록 결의 대상 내용이 상세하게 공지되어야 하고, 구분소유자의 이해관계 및 결의 의사에 변동이 없다고 판단되는 상당한 기간 내 결의가 이루어져야 한다(**서울중앙지방법원 2019가합509507 판결**).

이는 관리단집회 결의가 구분소유자들 사이의 토론과 의견 개진을 거치는 것과 달리, 서면결의는 그와 같은 절차가 생략된 채 주로 서면으로 주어진 정보에 의존하여 의사결정이 이루어질 수밖에 없기 때문이다. 또한 서면결의의 특성을 감안하더라도 지나치게 장기간에 걸친 결의를 인정하게 되면 의사결정의 기초가 되었던 사정에 변경이 생길 수 있고, 그에 따라 또는 그에 무관하게 구분소유자들의 이해관계 및 의사결정이 바뀔 가능성도 충분히 예상되기에 구분소유자들이 전체적으로 어떠한 의사결정을 하였는지를 정확하게 판단하기 어렵고 그 판단에 관한 신뢰도 담보되지 않기 때문이다(**인천지방법원 2020카합10564 결정**).

서울중앙지방법원 2019가합509507 판결은 최초 결의 시로부터 2년이 경과하여 구분소유자 중 다수가 변경되었는데 새로운 구분소유자 중 일부의 동의 의사를 확인하지 않았고, 2년 전 동의 의사를 표시하였던 구분소유자들의 의사가 유지되었는지도 확인하지 않았다면 서면결의의 요건을 갖추지 못한 것으로 무효라고 보았다.

인천지방법원 2020카합10564 결정은 서면결의서 작성 이전에 관리인 후보 입후보 절차나 후보자에 대한 안내 등이 충분히 이루어졌다거나 서면결의의 대상과 내용이 구분소유자들에게 상세히 공지되지 않은 점, 서면결의서가 약 5개월에 걸쳐 작성된 것인데, 여러 가지 사정을 고려할 때 위 기간은 구분소유자들의 의사결정에 변동이 없다고 볼 만한 상당한 기간이라고 볼 수 없는 점 등을 유효한 서면결의의 요건을 갖추지 못하여 무효라고 판시하였다.

(2) 소집절차

서면결의는 관리단집회가 열리지 않고도 관리단집회의 결의가 있은 것과 동일하게 취급하고자 하는 것이어서 서면결의를 함에 있어서 관리단집회가 소집·개최될 필요가 없다(**대법원 94마2377 판결, 대법원 2006다33340 판결**).

① 집회소집권한자만이 서면결의서를 받을 수 있을까?

의정부지방법원 2018. 8. 24.자 2018카합5221 결정은 구분소유자들로부터 서면결의를 받기 위한 주체가 반드시 집회를 소집할 권한이 있는 사람이어야 하는 것은 아니라고 하였다.

■ 서울중앙지방법원 2019. 7. 26. 선고 2019가합509507 판결 [관리단단장지위
   부존재확인 등의 소]

(2) 다만 관리단집회를 통한 경의의 경우 구분소유자들 간 토론과 의견 개진이 이
루어진 후 결의가 이루어지는 것과 달리, 서면결의에 의한 경우 위와 같은 토의
절차가 생략된 채 구분소유자들이 서면에 기재된 정보에만 의존하여 동의 혹은
부동의 의사를 표시할 수 있는 점을 고려하면, 서면결의를 함에 있어 구분소유자
들이 결의할 내용을 충분히 숙지한 상태에서 동의 혹은 부동의 의사를 표시할 수
있도록 결의 대상과 내용이 상세하게 공지되어야 하고, 구분소유자의 이해관계
및 결의의사에 변동이 없다고 판단되는 상당한 기간 내 결의가 이루어져야 한다.

― 중략 ―

(마) 설령 20○○. 7.경부터 20○○. ○. ○○까지 제출된 서면결의(동의서)를 하
나의 서면결의 절차에서의 의결권 행사로 보더라도, 최초 결의가 있었던 20○○.
7.경부터 2년의 시간이 경과하여 이 사건 상가의 구분소유자 중 다수가 변경되었
는데, 피고는 새로운 구분소유자들 중 일부의 동의 의사를 확인하지 않은 것으로
보인다. 또한 피고는 약 2년 전 동의 의사를 표시하였던 구분소유자들의 의사가
20○○. ○. ○○.자 서면결의 또는 20○○. ○. ○○.자 서면결의 시까지 유지되
었는지 여부도 확인하지 않았다. 실제로 구분소유자 중 일부는 20○○. 1.경 기존
동의 의사를 철회하기도 하였다(을 제6호증).

■ 인천지방법원 2021. 1. 13.자 2020카합10564 결정 [가처분이의]

다만 관리단집회를 통한 결의가 구분소유자들 사이의 토론과 의견 개진을 거치
는 것과 달리, 서면결의는 그와 같은 절차가 생략된 채 주로 서면으로 주어진 정
보에 의존하여 의사결정이 이루어질 수밖에 없는 점을 고려하면, 서면결의에서

는 구분소유자들의 결의 대상과 내용을 충분히 숙지한 상태에서 의사결정을 할 수 있도록 그 대상과 내용을 상세히 공지할 필요성이 더욱 크다. 또한 서면결의의 특성을 감안하더라도 지나치게 장기간에 걸친 결의를 인정하게 되면 의사결정의 기초가 되었던 사정에 변경이 생길 수 있고, 그에 따라 또는 그에 무관하게 구분소유자들의 이해관계 및 의사결정이 바뀔 가능성도 충분히 예상되기에 구분소유자들이 전체적으로 어떠한 의사결정을 하였는지를 정확히 판단하기 어렵고 그 판단에 관한 신뢰도 담보되지 않는다. 따라서 그들의 이해관계 및 결의의사에 변동이 없다고 판단되는 상당한 기간 내에 결의가 이루어져야 할 필요가 있다.

그런데 ① 위 서면결의는 사실상 관리인 선임에 관한 것임에도 입후보절차가 생략된 채 채무자에 대한 찬반투표 형식으로 이루어졌을 뿐만 아니라, 서면결의서 작성 이전에 관리인 후보 입후보 절차나 후보자에 대한 안내 등이 충분히 이루어졌다거나 서면결의의 대상과 내용이 구분소유자들에게 상세히 공지되었다는 점에 관한 자료가 없는 점, ② 제출된 서면결의서는 작성일이 기재되어 있지 않은 7장이 포함되어 있기는 하나, 채무자의 주장에 의하더라도 20○○. 8.부터 20○○. 1.경까지 약 5개월에 걸쳐 작성된 것인데, 위 기간은 구분소유자들의 소유권 변동 여부는 별론으로 하더라도 결의 대상 안건의 성질, 그에 대한 구분소유자들의 이해관계 불일치, 일반적인 단체의 의사결정 방식 등을 고려할 때 구분소유자들의 의사결정에 변동이 없다고 볼 만한 상당한 기간이라고 볼 수 없음이 분명한 점,

— 중략 —

채무자가 주장하는 서면결의는 집합건물법 제41조에 따른 유효한 서면결의의 요건을 갖추지 못한 것으로 무효이다.

■ 의정부지방법원 2018. 8. 24.자 2018카합5221 결정 [(일부결정)관리인직무집행정지가처분]

집합건물의 소유 및 관리에 관한 법률(이하 '집합건물법'이라고 한다) 제41조 제1항은 관리단집회에서 결의할 것으로 정해진 사항에 관하여 구분소유자 및 의결권의 각 5분의 4 이상의 서면에 의한 합의가 있는 때에는 관리단집회의 결의가 있는 것으로 본다고 규정하고 있고, 집합건물법 제24조 제3항에서는 관리인해임을 관리단집회에서 결의할 사항으로 정하고 있으므로 관리인해임 결의 역시 집합건물법 제41조 제1항에 의한 서면결의가 가능하다.

이러한 서면결의는 관리단집회가 열리지 않고도 관리단집회의 결의가 있는 것과 동일하게 취급하고자 하는 것이어서 그와 같은 서면결의를 함에 있어서는 관리단집회가 소집, 개최될 필요가 없고(대법원 2006. 12. 8. 선고 2006다33340 판결), <u>구분소유자들로부터 서면결의를 받기 위한 주체가 반드시 집회를 소집할 권한이 있는 사람이어야 하는 것도 아니다</u>(대법원 1995. 3. 10.자 94마2377 결정의 취지 참조).

■ 대법원 1995. 3. 10. 선고 94마2377 판결 [관리단집회회장등직무집행정지가처분]

집합건물의 소유 및 관리에 관한 법률 제41조 제1항에서 규정하고 있는 서면결의는 관리단집회가 열리지 않고도 관리단집회의 결의가 있은 것과 동일하게 취급하고자 하는 것이어서 서면결의를 함에 있어서 관리단집회가 소집·개최될 필요가 없음은 당연하다.

■ 대법원 2006. 12. 8. 선고 2006다33340 판결 [관리비등]

관리인선임결의 역시 집합건물법 제41조 제1항에 의한 서면결의가 가능하고, 이러한 서면결의는 관리단집회가 열리지 않고도 관리단집회의 결의가 있는 것과 동일하게 취급하고자 하는 것이어서 그와 같은 서면결의를 함에 있어서는 관리단집회가 소집, 개최될 필요가 없다고 할 것이다(대법원 1995. 3. 10.자 94마2377 결정, 2005. 4. 21. 선고 2003다4969 전원합의체 판결 등 참조).

2.

점유자의 서면결의

집합건물법

제41조(서면 또는 전자적 방법에 의한 결의 등) ① 이 법 또는 규약에 따라 관리단 집회에서 결의할 것으로 정한 사항에 관하여 구분소유자의 4분의 3 이상 및 의결권의 4분의 3 이상이 서면이나 전자적 방법 또는 서면과 전자적 방법으로 합의하면 관리단집회를 소집하여 결의한 것으로 본다.

---

(1) 점유자에게 집합건물법 제41조 제1항의 서면결의권이 인정되는지

점유자는 집회에 '참석'하여 구분소유자의 의결권을 행사할 수 있다 (법 16조 2항, 24조 4항, 26조의 4~5항). 구분소유자 및 의결권의 각 5분 의 4 이상이 서면으로 합의하면 관리단집회에서 결의한 것으로 본다(법 41조 1항). 이에 따르면 점유자는 집회에 '참석'하여서만 의결권 행사가 가능하고, 서면의결권은 구분소유자만이 가능한 것으로 보인다.

서면결의 제도의 취지는 관리단집회의 결의가 필요한 사항이 다양해지고 긴급을 요하는 경우가 늘어났으나, 대규모 집합건물의 등장으로 관리단집회의 개최·참석이 어려워진 것을 고려하여 관리단집회의 개최·참석 없이도 서면결의로 관리단집회 결의를 갈음할 수 있도록 한 것이다(**대법원 2021마6307 결정**).

점유자의 의결권 행사 제도의 취지를 강조하면 점유자에게 서면결의권을 인정해야 할 것이다. 그러나 2012년 개정 당시 서면결의권에 대한 개정은 이루어지지 않았다. 따라서 2012년 개정 시에 점유자의 서면결의권을 인정하지 않은 것이 입법자의 결단인지, 아니면 입법의 흠결로 점유자의 의결권 행사 제도의 도입 취지를 강조하여 해석상 점유자의 서면결의권을 인정할 수 있는지 문제된다.[3]

점유자의 서면결의권 인정 여부에 대하여 하급심 법원은 점유자의 서면결의권을 인정하는 판결, 부정하는 판결, 제한적으로 인정하는 판례로 나뉜다.

(2) 점유자의 서면결의권을 인정하는 판례[4]

점유자의 서면결의권을 인정하는 판례의 주요 논거는 다음과 같다.

---

[3] 한재범·김홍배, 2021, 〈집합건물 점유자의 서면결의권 인정에 관한 연구〉, 집합건물법학 40.—: 175—202.

[4] 서울중앙지방법원 2014가합25196 판결, 서울중앙지방법원 2015카합81472 결정, 서울고등법원 2016라20161 결정, 의정부지방법원 2019카합5023 결정, 수원지방법원 여주지원 2021가합11113 판결, 의정부지방법원 2018카합5221 결정, 대구지방법원 2021가합209380 판결, 수원지방법원 2015가단10185 판결.

첫째, 점유자의 의결권 행사 규정에는 점유자는 관리단집회에 참석하여 구분소유자의 의결권을 행사할 수 있다고 정하고 있을 뿐이다. 점유자의 의결권 행사방법에 관하여 별다른 제한규정을 두고 있지 않다.[5]

둘째, 의결권 행사방법에 관한 일반조항인 집합건물법 38조 2항은 서면, 전자적 방법, 대리인에 의한 의결권 행사방법을 규정하면서 의결권 행사의 주체를 구분소유자로 한정하고 있지 않다.[6]

셋째, 점유자의 의결권 행사 제도의 입법취지는 건물 부실화를 막고 집합건물 관리에 실거주자의 참여기회를 확대하기 위함이다. 이러한 입법취지를 고려하여 새로 인정된 점유자의 의결권 행사방법을 제한적으로 해석하는 것은 신중해야 한다.[7]

넷째, 문언상 점유자는 집회에 '참석'하여 구분소유자의 의결권을 행사할 수 있다. 그러나 입법과정상 논의를 보면 이는 점유자에게 의결권을 부여함에 초점을 맞춘 것으로 보일 뿐이다. 점유자는 직접 참석하는 경우에만 의결권을 행사할 수 있도록 그 의결권 행사방법을 제한하는 의도로는 보이지 않는다.[8]

---

5) 서울중앙지법 2014가합25196 판결, 서울중앙지방법원 2015카합81472 결정, 서울고등법원 2016라20161 결정.

6) 의정부지방법원 2019카합5023 결정, 서울중앙지법 2014가합25196 판결, 수원지방법원 여주지원 2021가합11113 판결.

7) 서울중앙지법 2014가합25196 판결, 서울고등법원 2016라20161 결정, 의정부지방법원 2019카합5023 결정, 수원지방법원 여주지원 2021가합11113 판결.

8) 의정부지방법원 2019카합5023 결정, 수원지방법원 여주지원 2021가합11113 판결.

다섯째, 서면결의 조항(법 41조 1항)은 관리단집회의 의결 방법에 대한 일반조항(법 38조 1항)과 마찬가지로 서면결의의 정족수를 규정하기 위한 표현에 불과하다. 41조 1항의 '구분소유자' 문언을 근거로 서면결의의 주체를 구분소유자로 한정하거나 서면결의에 대하여 점유자의 의결권 행사 규정의 적용이 배제된다고 해석하기는 어렵다.[9]

여섯째, 비록 점유자의 의결권이 고유의 의결권이 아니라 구분소유자의 의결권을 대신 행사하는 것이라고 하더라도, 이는 단순히 구분소유자의 대리인 역할을 하는 것이 아니라 임차인 등 점유자 본인의 권익 보호를 위하여 자신의 이름으로 의결권을 행사하는 것이므로, 그 의결권 행사방법에 있어 구분소유자와 점유자를 차별할 합리적 이유가 없다.[10]

일곱째, 집합건물법 제40조는 점유자의 의견진술권에 관하여, '구분소유자의 승낙을 받아 전유부분을 점유하는 자는 집회의 목적사항에 관하여 이해관계가 있는 경우에는 집회에 출석하여 의견을 진술할 수 있다'고 규정하고 있는바, 집합건물법상 '참석'은 직접 참석을 의미하는 '출석'과는 구분되는 개념이라 볼 수 있다.[11]

---

9) 의정부지방법원 2019카합5023 결정.
10) 수원지방법원 여주지원 2021가합11113 판결.
11) 수원지방법원 여주지원 2021가합11113 판결.

살피건대, 집합건물법 제24조 제4항에서는 구분소유자의 승낙을 받아 전유부분을 점유하는 자는 관리단집회에 참석하여 그 구분소유자의 의결권을 행사할 수 있다고 정하고 있을 뿐 전유부분을 점유하는 자의 의결권 행사방법에 관하여 별다른 제한규정을 두고 있지 않고, 단지 같은 법 제38조 제2항에서 의결권은 서면이나 전자적 방법으로 또는 대리인을 통하여 행사할 수 있다고 규정하고 있을 뿐이며, 구분소유자가 아닌 임차인이나 전세입자 등 전유부분을 점유하는 자가 집합건물의 관리에 필요한 의사결정 과정에 참여할 수 있는 권한이 주어지지 않아 집합건물의 관리가 부실해지는 원인을 해소하기 위하여 전유부분을 점유하는 자가 구분소유자를 대신하여 의결권을 행사할 수 있도록 하기 위하여 위 집합건물법 제24조 제4항이 신설된 입법취지 등에 비추어 보면, 원고의 주장과 같이 점유자의 경우 집회에 직접 참석하여 의결권을 행사할 수 있을 뿐이라고 위 규정을 제한적으로 해석해야 한다고 보기 어려울 뿐 아니라 C가 점유자들의 의사를 강요하여 점유자들로부터 위임장을 받았다고 인정할 만한 증거도 없으므로, 원고의 이 부분 주장도 이유 없다.

■ 서울중앙지방법원 2016. 1. 28.자 2015카합81472 결정 [직무집행정지및직무대행자선임가처분신청]

나) 살피건대, 집합건물법 제24조 제4항에서는 구분소유자의 승낙을 받아 전유부분을 점유하는 자는 관리단집회에 참석하여 그 구분소유자의 의결권을 행사할 수 있다고 정하고 있고, 전유부분을 점유하는 자의 의결권 행사방법에 관하여 별다른 제한규정을 두고 있지 않는 점 등에 비추어 보면 전유부분을 점유하는 자는 집합건물법 제41조 제1항에 따른 서면결의에도 의결권을 행사할 수 있다고 봄이 타당하다.

■ 서울고등법원 2016. 6. 15.자 2016라20161 결정 [직무집행정지및직무대행자
  선임가처분신청]

구분소유자의 승낙을 받아 전유부분을 점유하는 자는, 구분소유자와 점유자가
달리 정하여 관리단에 통지하거나 구분소유자가 집회 직접 의결권을 행사할 것
을 관리단에 통지한 경우를 제외하고는 관리인의 선임 또는 결의를 위한 관리단
집회에 참석하여 그 구분소유자의 의결권을 행사할 수 있다(집합건물법 제24조
제4항), 관리단집회에서 결의할 것으로 정한 사항에 관하여 구분소유자의 5분의
4 이상 및 의결권의 5분의 4 이상이 서면으로 합의하면 관리단집회에서 결의한
것으로 본다(집합건물법 제41조 제1항). 구분소유자의 승낙을 받아 전유부분을
점유하는 자에게 관리인의 선임을 위한 의결권을 행사할 수 있도록 정한 위 규정
의 취지와 점유자의 의결권 행사방법에 관하여 어떠한 제한규정을 두고 있지 않
은 점을 고려하여 보면, 관리단집회에 참석하여 구분소유자의 의결권을 행사할
수 있는 점유자는 집합건물법 제41조 제1항이 정하는 서면결의에 의한 구분소유
자의 의결권도 행사할 수 있다고 보아야 한다.

■ 의정부지방법원 2019. 5. 23.자 2019카합5023 결정 [직무집행방해금지등]

살피건대, 집합건물법상 관리단집회에서 점유자의 의결권 행사를 인정하는 조항
의 입법취지, 집합건물법의 규정 체계, 의결권 행사방법을 규정하는 다른 조항과
의 관계 등 다음과 같은 사정을 종합적으로 고려할 때, 관리단집회에 참석하여 구
분소유자의 의결권을 행사할 수 있는 점유자는 집합건물법 제41조 제1항이 정하
는 서면결의에 의한 구분소유자의 의결권도 행사할 수 있다고 봄이 타당하다. 따
라서 이와 다른 전제에 선 채무자의 주장은 이유 없다.
① 집합건물법 제24조 제4항 등 점유자의 의결권 행사에 대한 집합건물법상 신
설규정들의 입법취지는, 종전에는 집합건물의 소유자가 아닌 임차인이나 전세입

자 등에게 집합건물 관리에 필요한 의사결정 과정에 참여할 수 있는 권한이 주어지지 않아 집합건물의 관리가 부실해지는 원인이 되고 있음을 고려하여, 원칙적으로 임차인 등 점유자도 공용부분의 관리, 관리인이나 관리위원회 위원 선임에 관한 관리단집회에 참석하여 구분소유자를 대신하여 의결권을 행사할 수 있도록 함으로써 집합건물에 실제 거주하거나 점포를 운영하는 임차인 등의 권익을 증진하고 집합건물의 관리를 더욱 건실하게 하기 위한 것이므로, 위 신설조항에 의해 새로이 인정된 점유자의 의결권에 관하여 그 행사방법을 제한적으로 해석하는 것은 신중할 필요가 있다. 또한 위 조항의 문언상 "관리단집회에 참석하여 그 구분소유자의 의결권을 행사할 수 있다."라고 규정하고 있기는 하나, 그 입법과정에서의 논의를 보면 이는 점유자에게 관리단집회의 의결에 참여할 권리를 부여함에 초점을 맞춘 것으로 보일 뿐, 점유자의 경우 직접 참석하는 경우에만 의결권을 행사할 수 있도록 그 의결권 행사방법을 제한하고자 하는 의도로는 보이지 않는다.

② 의결권 행사방법에 관한 일반조항인 집합건물법 제38조 제2항은 '서면이나 전자적 방법 또는 대리인을 통한 방법으로도 의결권 행사가 가능하다'고 규정하면서 그러한 의결권 행사의 주체를 구분소유자로 한정하고 있지 않다.

③ 한편, 관리단집회의 의결로 볼 수 있는 서면결의에 대한 집합건물법 제41조 제1항은 '구분소유자의 5분의 4 이상 및 의결권의 5분의 4 이상이 서면으로 합의하면 관리단집회에서 결의한 것으로 본다'고 규정하고 있는바, 위 규정의 문언은 관리단집회의 의결 방법에 대한 일반조항인 집합건물법 제38조 제1항이 관리단집회의 의결 방법에 대하여 '구분소유자의 과반수 및 의결권의 과반수로써 의결한다'로 규정하고 있는 것과 마찬가지로 관리단집회의 결의를 대신하는 것으로 보는 서면결의의 정족수를 규정하기 위한 표현으로 보이므로, 제41조 제1항의 '구분소유자' 문언을 근거로 서면결의의 주체를 구분소유자로 한정하고 있다거나 서면결의에 대하여 제24조 제4항(단서 포함)의 적용이 배제된다고 해석하기는 어렵다.

■ **수원지방법원 여주지원 2022. 4. 27. 선고 2021가합11113 판결 [관리단집회 결의취소]**

9) 제5-13주장에 관한 판단

살피건대, 집합건물법상 관리단집회에서 점유자의 의결권 행사를 인정하는 조항의 입법취지, 의결권 행사방법을 규정하는 다른 조항과의 관계 등 아래에서 보는 사정을 종합적으로 고려할 때, 점유자가 집합건물법 제24조 제4항에 따라 관리단집회에서 의결권을 행사하는 경우 집회에 직접 참석하여 의결권을 행사하는 방법뿐 아니라 집합건물법 제38조 제2항이 규정하는 서면이나 전자적 방법 또는 대리인을 통한 방법 또는 의결권을 위임하는 방법으로도 의결권 행사가 가능하다고 봄이 타당하다. 이와 다른 전제에 선 원고들의 주장은 받아들이지 않는다.

① 2012. 12. 18. 집합건물법 개정으로 관리단집회에서 점유자의 의결권 행사를 인정하는 조항(제16조 제2항, 제24조 제4항, 제26조의4 제5항)이 신설된 취지는 종전에는 집합건물의 소유자가 아닌 임차인이나 전세입자 등에게 집합건물 관리에 필요한 의사결정 과정에 참여할 수 있는 권한이 주어지지 않아 집합건물의 관리가 부실해지는 원인이 되고 있음을 고려하여 원칙적으로 임차인 등 점유자도 공용부분의 관리, 관리인이나 관리위원회 위원 선임에 관한 관리단집회에 참석하여 구분소유자를 대신하여 의결권을 행사할 수 있도록 함으로써 집합건물에 실제 거주하거나 점포를 운영하는 임차인 등의 권익을 증진하고 집합건물의 관리를 더욱 건실하게 하기 위한 것인바(2012. 12. 18. 법률 제11555호로 개정된 집합건물법의 '개정이유' 참조), 위와 같은 입법취지에 비추어 위 신설 조항에 의해 새로이 인정된 점유자의 의결권에 관하여 그 행사방법을 제한적으로 해석하는 것은 신중할 필요가 있다.

② 점유자의 의결권 행사를 인정하는 위 조항들은 모두 그 문언상 '관리단집회에 참석하여 그 구분소유자의 의결권을 행사할 수 있다'고 규정하고 있기는 하나, 그 입법과정에서의 논의를 보면 이는 점유자에게 관리단집회의 의결에 참여할 권리

를 부여함에 초점을 맞춘 것으로 보일 뿐, 점유자의 경우 직접 참석하는 경우에만 의결권을 행사할 수 있도록 그 의결권 행사방법을 제한하고자 하는 의도로는 보이지 않는다.

③ 비록 점유자의 의결권이 고유의 의결권이 아니라 '그 구분소유자의 의결권'을 대신 행사하는 것이라고 하더라도, 이는 단순히 구분소유자의 대리인 역할을 하는 것이 아니라 임차인 등 점유자 본인의 권익 보호를 위하여 자신의 이름으로 의결권을 행사하는 것이므로, 그 의결권 행사방법 등에 있어서 구분소유자와 점유자를 굳이 차별할 만한 합리적 이유가 없다.

④ 관리단집회에서의 의결권 행사방법에 관한 일반조항인 집합건물법 제38조 제2항은 서면이나 전자적 방법 또는 대리인을 통한 방법으로도 의결권 행사가 가능하다고 규정하면서 그러한 의결권 행사의 주체를 구분소유자로 한정하고 있지 않다.

⑤ 집합건물법 제40조는 점유자의 의견진술권에 관하여 '구분소유자의 승낙을 받아 전유부분을 점유하는 자는 집회의 목적사항에 관하여 이해관계가 있는 경우에는 집회에 출석하여 의견을 진술할 수 있다'고 규정하고 있는바, 집합건물법상 '참석'은 직접 참석을 의미하는 '출석'과는 구분되는 개념이라고 볼 여지도 있다.

■ 의정부지방법원 2018. 8. 24.자 2018카합5221 결정 [(일부결정)관리인직무집행정지가처분]

살피건대, 구분소유자의 승낙을 받아 전유부분을 점유하는 자는, 구분소유자와 점유자가 달리 정하여 관리단에 통지하거나 구분소유자가 집회 이전에 직접 의결권을 행사할 것을 관리단에 통지한 경우를 제외하고는 관리인의 선임 또는 결의를 위한 관리단집회에 참석하여 그 구분소유자의 의결권을 행사할 수 있다(집합건물법 제24조 제4항). 승낙을 받아 전유부분을 점유하는 자에게 관리인의 해임을 위한 의결권을 행사할 수 있도록 정한 위 규정의 취지와 점유자의 의결권 행사방법에 관하여 어떠한 제한규정을 두고 있지 않은 점을 고려하여 보면, 관리단집회에 참석하여 구분소유자의 의결권을 행사할 수 있는 점유자는 집합건물법 제41조 제1항이 정하는 서면결의에 의한 구분소유자의 의결권도 행사할 수 있다고 봄이 타당하다.

■ 대구지방법원 2022. 10. 6. 선고 2021가합209380 판결 [관리인지위부존재확인]

위 법리에 비추어 보면, 집합건물의 점유자는 서면결의의 방법으로 구분소유자의 의결권을 행사할 수 있고, 각 의결권의 법적 의미는 동일하므로, 2021. 3. 11.자 관리단집회 회의록에 <u>구분소유자와 점유자를 구별하지 않고 이 사건 서면결의서 의결권 행사 내용을 집계한 것이 허위의 기재라거나 위법한 것이라고 볼 수 없다.</u> 따라서 이와 다른 전제에 선 원고의 위 주장은 이유 없다.

■ 수원지방법원 2016. 12. 1. 선고 2015가단10185 판결 [관리비]

2) 갑 제13, 14호증의 각 기제에 변론 전체의 취지를 종합하면, 이 사건 건물의 구분소유자인 D(B01), E(101호), 피고 B(301호, 401호, 501호, 601호, 701호, 801호)만이 2014. 10. 14. 개최된 임시총회에서 참석하였으나, 위 총회에서 의결정족수에 미달되자 그들은 위 총회에 참석하지 못한 이 사건 건물의 구분소유자 및 점유자들 [F(102호), G(104호), H(111호), I(107호), J(108호), K(110호), L(106호), M(106호), N(202호), O(111—1), P(112—1), Q(202호), R(203호), S(105호)]<u>로부터 서면결의를 받고,</u> 자신들도 위 서면에 서명·날인하는 방법으로 서면결의하였음을 인정할 수 있는바, 이로써 구분소유의 5분의 4 이상 및 의결권의 5분의 4 이상이 서면으로 합의하였음이 분명하여, <u>집합건물법 제41조 제1항에서 정한 서면결의의 방법으로 관리인선임결의를 한 것으로 봄</u>이 상당하다.

(3) 점유자의 서면결의권을 부정하는 판결[12]

점유자의 서면결의권을 부정하는 견해의 주요 근거는 다음과 같다. 첫째, 점유자의 의결권은 종래 구분소유자가 의결권 행사를 게을리할 경우 건물 관리에 대한 실질적인 이해당사자인 점유자가 구분소유자의 의결권을 보충적으로 행사할 수 있도록 하기 위함이다. 서면결의의 경우에도 이와 마찬가지로 구분소유자의 의결권이 점유자의 의결권에 우선한다고 보아야 한다.[13]

둘째, 구분소유자에게 서면결의의 실시, 안건 등이 통지되지 않은 상태에서 점유자가 서면결의권을 행사할 경우 구분소유자의 우선적 의결권이 박탈된다.[14]

셋째, 관리단집회 결의는 구분소유자들 사이에 충분한 토론과 의견 개진이 이루어진 후 결의가 이루어진다. 반면 서면결의는 토론 등의 절차가 생략된 채 서면에 기재된 정보에만 의존하여 의사를 표시하게 된다. 이 때문에 서면결의는 구분소유자들이 결의 안건을 충분히 숙지하고 결의할 수 있도록 결의 대상, 내용 등이 상세히 통지되어야 한다. 또한 구분소유자들의 이해관계, 결의의사에 변동이 없다고 판단되는 상당한 기간 내에 결의가 이루어져야 한다.[15]

---

12) 서울중앙지방법원 2019가합510569 판결, 서울고등법원 2016나2067036 판결.
13) 서울중앙지방법원 2019가합510569 판결.
14) 서울중앙지방법원 2019가합510569 판결.
15) 서울중앙지방법원 2019가합510569 판결.

넷째, 설령 구분소유자에게 사전에 결의 실시, 안건 등이 통지되더라도 관리단은 구분소유자 전원으로 구성되고(법 23조 1항), 서면결의의 주체는 구분소유자로 명시되어 있으며(법 41조 1항), 의결권도 전유부분의 면적 비율에 따른 구분소유자의 지분권에 의하므로(법 37조 1항, 12조 1항), 서면결의는 관리단의 구성원인 구분소유자만이 할 수 있다.[16]

다섯째, 점유자의 의결권 행사 규정이 신설되었지만, '참석하여'라는 부분이 시사하는 바와 같이 관리단집회란 관리단 구성원이 실제로 한자리에 모여 사전 통지된 안건을 논의하고 결의하는 것을 의미한다(법 34조, 35조, 38조).[17]

여섯째, 점유자의 의결권 행사 규정에는 관리단집회 시 구분소유자와 점유자의 의사가 다른 경우에 대비한 규정이 있다. 반면 서면결의 규정에는 구분소유자와 점유자의 의사에 우선순위를 부여하거나 의견을 조율하는 내용이 없다. 따라서 명문의 규정이 없는 이상 점유자에게는 보충적 의결권만 인정되고, 서면결의를 할 수는 없다.[18]

---

16)　서울중앙지방법원 2019가합510569 판결, 서울고등법원 2016나2067036 판결.
17)　서울중앙지방법원 2019가합510569 판결, 서울고등법원 2016나2067036 판결.
18)　서울중앙지방법원 2019가합510569 판결, 서울고등법원 2016나2067036 판결.

■ **서울중앙지방법원 2019. 11. 29. 선고 2019가합510569 판결 [업무방해금지 등청구]**

3) 그런데 이 사건 서면결의의 경우에는 그 실시는 물론, 안건 등에 관하여 사전에 이 사건 집합건물의 구분소유자들에게 통지 내지 공지가 이루어졌다고 인정할 만한 아무런 증거가 없으므로, 이 사건 서면결의 당시 작성·제출된 서면결의서들 중 적어도 점유자들이 작성·제출한 서면결의서들은 위와 같은 요건을 갖추지 못하여 구분소유자들의 의결권을 박탈 내지 배제하는 것이어서 유효한 의결권의 행사라고 볼 수 없다.

4) 설령, 이 사건 서면결의 당시 그 실시 및 안건 등에 관하여 사전에 이 사건 집합건물의 구분소유자들에게 통지 내지 공지가 이루어졌다고 하더라도, 관리단은 집합건물의 구분소유자 전원을 구성원으로 하는 것이고(집합건물법 제23조 제1항), 서면결의는 관리단집회의 결의를 대신하는 것으로서 서면결의의 주체를 구분소유자로 명시하고 있으며(집합건물법 제41조 제1항), 의결권도 전유부분의 면적 비율에 따른 구분소유자의 지분권에 의하므로(집합건물법 제37조 제1항, 제12조 제1항), 서면결의는 관리단의 구성원인 구분소유자만 할 수 있는 것으로 보아야 한다. 집합건물법이 2012. 12. 18. 법률 제11555호로 개정되면서 '구분소유자의 승낙을 받아 전유부분을 점유하는 자는 관리인 선임 또는 해임에 관한 관리단집회에 참석하여 그 구분소유자의 의결권을 행사할 수 있다. 다만, 구분소유자와 점유자가 달리 정하여 관리단에 통지하거나 구분소유자가 집회 이전에 직접 의결권을 행사할 것을 관리단에 통지한 경우에는 그러하지 아니하다.'라는 제24조 제4항이 신설되었지만, '참석하여'라는 부분이 시사하는 바와 같이 관리단집회란 소집 등의 절차를 통해 관리단의 구성원이 실제로 한자리에 모여 사전에 통지된 회의의 목적사항을 논의하고 결의하는 것을 의미하는 것이고(집합건물법 제34조, 제36조, 제38조 등), 집합건물법 제24조 제4항 단서에서 관리단집회 시 구분소유자와 점유자의 의사가 다른 경우에 대비한 규정을 마련한 것과는 달리 서면결의 시 구분소유자와 점유자의 의사에 우선순위를 부여하거나 의견을 조율

하는 내용이 전혀 없으므로, 명문의 규정이 없는 이상 구분소유자의 승낙을 받아 전유부분을 점유하는 자는 일정한 경우 관리인 선임에 관한 관리단집회에 참석하여 의결권을 행사할 수는 있어도 서면결의를 할 수는 없는 것으로 보아야 한다. 따라서 이와 같은 측면에서도 이 사건 <u>서면결의 당시 작성·제출된 서면결의서들 중 점유자들이 작성·제출한 서면결의서들은 유효한 의결권의 행사라고 볼 수 없다.</u>

■ 서울고등법원 2017. 7. 7. 선고 2016나2067036 판결 [임시관리단집회결의무 효확인]

3. 이 사건 서면결의의 효력

가. 집합건물법 제24조 제3항은 '관리인은 관리단집회의 결의로 선임되거나 해임된다.'라고 규정하고 있고, 집합건물법 제41조 제1항은 '이 법 또는 규약에 따라 관리단집회에서 결의할 것으로 정한 사항에 관하여 구분소유자의 5분의 4 이상 및 의결권의 5분의 4 이상이 서면이나 전자적 방법 또는 서면과 전자적 방법으로 합의하면 관리단집회에서 결의한 것으로 본다.'라고 규정하고 있으므로, 관리인선임결의 역시 집합건물법 제41조 제1항에 의한 서면결의가 가능하다(대법원 2006. 12. 8. 선고 2006다33340 판결 참조). 그러나 관리단은 집합건물의 구분소유자 전원을 구성원으로 하는 것이고(집합건물법 제23조 제1항), 서면결의는 관리단집회의 결의를 대신하는 것으로서 집합건물법 제41조 제1항에서 서면결의의 주체를 구분소유자로 명시하고 있고 의결권도 전유부분의 면적 비율에 따른 구분소유자의 지분권에 의하므로(집합건물법 제37조 제1항, 제12조 제1항), <u>서면결의는 관리단의 구성원인 구분소유자만 할 수 있는 것으로 보아야 한다.</u>

나. 집합건물법이 2012. 12. 18. 법률 제11555호로 개정되면서 "구분소유자의 승낙을 받아 전유부분을 점유하는 자는 관리인 선임 또는 해임에 관한 관리단집회에 참석하여 그 구분소유자의 의결권을 행사할 수 있다. 다만, 구분소유자와 점유자가 달리 정하여 관리단에 통지하거나 구분소유자가 집회 이전에 직접 의결권을 행사할 것을 관리단에 통지한 경우에는 그러하지 아니하다."라는 제24조 제

4항이 신설되었지만, '참석하여'라는 부분이 시사하는 바와 같이 관리단집회란 소집 등의 절차를 통해 관리단의 구성원이 실제로 한자리에 모여 사전에 통지된 회의의 목적사항을 논의하고 결의하는 것을 의미하는 것이고(집합건물법 제34조, 제36조, 제38조 등), 집합건물법 제24조 제4항 단서에서 관리단집회 시 구분소유자와 점유자의 의사가 다른 경우에 대비한 규정을 마련한 것과는 달리 서면결의 시 구분소유자와 점유자의 의사에 우선순위를 부여하거나 의견을 조율하는 내용이 전혀 없으므로, 명문의 규정이 없는 이상 구분소유자의 승낙을 받아 전유부분을 점유하는 자는 일정한 경우 관리인 선임에 관한 관리단집회에 참석하여 의결권을 행사할 수는 있어도 서면결의를 할 수는 없는 것으로 보아야 한다.

(4) 점유자의 서면결의권을 제한적으로 인정하는 판결

의정부지방법원 2019카합5273 결정은 원칙적으로 점유자의 서면결의는 유효하나 구분소유자의 의사에 반하는 점유자의 서면결의는 효력이 없다고 판단하였다. 그 주요 논거는 다음과 같다. 첫째, 집합건물법상 관리단집회에서 점유자의 의결권 행사를 인정하는 조항의 입법취지, 의결권 행사방법을 규정하고 있는 38조 2항과의 관계 등을 종합적으로 고려해야 한다.

둘째, 관리인·관리위원 선임은 관리단집회에서 결의가 가능하므로, 원칙적으로 임차인의 서면결의는 가능하다. 셋째, 구분소유자와 점유자가 달리 정하여 관리단에 통지하거나 구분소유자가 집회 이전에 직접 의결권을 행사할 것을 관리단에 통지한 경우에는 점유자가 그 구분소유자의 의결권을 행사할 수 없다(법 24조 4항 단서). 이는 관리인 선임·해임이 구분소유자의 권리와 의무에 영향을 줄 수 있기 때문에 구분소유자의 의사가 우선할 수 있도록 하는 취지이며, 이는 서면결의의 경우에도 마찬가지이다.

넷째, 구분소유자에게 서면결의에 대한 공지 없이 임차인에 의하여 일방적으로 이루어진 서면결의는 구분소유자의 의결권을 침해하여 그 절차는 부적법하고 서면결의는 효력이 없다. 의정부지방법원 2019가합5273 사건에서 재판부는 각 구분소유자들이 서면결의에 대하여 알지 못하는 상태에서 위 각 전유부분의 임차인들이 서면결의에 서명한 사실이 소명된다고 보아 점유자의 서면결의의 효력을 부정하였다.

■ 의정부지방법원 2019. 12. 4.자 2019카합5273 결정 [직무집행정지등]

2) 임차인들에 의한 서면결의서 효력에 대한 판단
가) 임차인들에 의한 서면결의가 가능한지 여부에 대한 판단

— 중략 —

위와 같이 집합건물법상 관리단집회에서 점유자의 의결권 행사를 인정하는 조항의 입법취지, 의결권 행사방법을 규정하고 있는 제38조 제2항과의 관계 등을 종합적으로 고려하며, 점유자는 집합건물법 제24조 제4항에 따라 관리단집회에서 의결권을 행사하는 경우 집회에 직접 참석하여 의결권을 행사하는 방법뿐 아니라 집합건물법 제38조 제2항이 규정하는 서면이나 전자적 방법 또는 대리인을 통한 방법으로도 의결권 행사가 가능하다고 봄이 타당하다.
관리인선임(집합건물법 제24조 제3항) 및 관리위원회 위원 선출(집합건물법 제

26조의 3 제1항)은 관리단집회에서 결의할 것으로 정한 사항에 해당하므로, 이들 결의에 대하여도 임차인들에 의한 집합건물법 제41조 제1항에 의한 서면결의가 가능하다고 봄이 상당하다.

나) 구분소유자 의사에 반하는 임차인들의 서면결의의 효력에 대한 판단

관리단집회를 통한 결의의 경우 구분소유자들 간 토론과 의견 개진이 이루어진 후 결의가 이루어지는 것과 달리, 서면결의에 의한 경우 위와 같은 토의 절차가 생략된 채 구분소유자들이 서면에 기재된 정보에만 의존하여 동의 혹은 부동의 의사를 표시할 수 있는 점을 고려하면, 서면결의를 함에 있어 구분소유자들이 결의할 내용을 충분히 숙지한 상태에서 동의 혹은 부동의 의사를 표시할 수 있도록 결의 대상과 내용이 상세하게 공지되어야 하고, 구분소유자의 이해관계 및 결의의사에 변동이 없다고 판단되는 상당한 기간 내 결의가 이루어져야 할 것이다. 나아가 집합건물법 제24조 제4항 단서에 의하면, 구분소유자와 점유자가 달리 정하여 관리단에 통지하거나 구분소유자가 집회 이전에 직접 의결권을 행사할 것을 관리단에 통지한 경우에는 점유자가 그 구분소유자의 의결권을 행사할 수 없는데, 이는 관리인 선임 및 해임이 구분소유자의 권리와 의무에 영향을 줄 수 있기 때문에 구분소유자의 의사가 우선할 수 있도록 하는 취지이며, 이는 서면결의의 경우에도 마찬가지라고 할 것이다. 기록에 의하면 이 사건 건물 ○호(구분소유자 채권자 A), P호, R호, S호, T호의 각 구분소유자들이 이 사건 서면결의에 대하여 알지 못하는 상태에서 위 각 전유부분의 임차인들이 서면결의서에 서명을 한 사실이 소명된다.

위 법리에 비추어 보면, 비록 점유자가 구분소유자들의 의사를 확인하여 결의에 참여하여야 하거나 의결권 행사에 대한 구분소유자의 승낙을 따로 받아야 하는 것은 아니라고 할지라도, 구분소유자들에 의하여 이 사건 서면결의에 대한 상세한 공지 없이 임차인들에 의하여 일방적으로 서면결의가 이루어진 것은 구분소유자들의 의결권을 침해하여 그 절차가 부적법하고, 위 각 전유부분에 대한 서면결의서는 효력이 없다고 봄이 상당하다(더욱이 ○호의 구분소유자는 채권자 A로 이 사건 서면결의 이전부터 채무자 C의 관리인 선임에 반대하고 있었다).

따라서 채권자들의 이 부분 주장은 이유 있다.

⑸ 대법원의 태도

대법원 2013두25955 판결은 집합건물법은 서면에 의한 합의의 절차, 합의서·결의서의 형식 및 내용 등에 관하여 아무런 제한을 두고 있지 않으므로, 구분소유자들이 서면 합의의 구체적 내용을 충분히 인식하고 합의에 이르렀다는 사정이 인정된다면 합의는 유효하다고 판시하였다.

대법원 2018마6179 결정은 구분소유자의 승낙을 받은 점유자는 서면 결의의 방법으로 구분소유자의 의결권을 행사할 수 있다고 보았다. 다만 해당 사건의 관리계약서의 내용에 비추어 보면 주차장 관리 사항은 구분소유자의 권리·의무에 특별한 영향을 미치는 사항이라고 볼 수 없으므로, 점유자가 의결권을 행사하기 전에 구분소유자의 동의를 받아야 하는 것은 아니라고 보았다.

대법원 2021마6307 결정은 점유자의 의결권 행사 제도를 도입한 취지는 대규모 집합건물의 등장으로 임차인의 비중이 높아짐에 따라 집합건물의 관리를 위한 구분소유자의 결의에 구분소유자의 참석이 저조하게 되어 집합건물의 관리상의 공백을 방지하고, 집합건물의 관리에 실제 건물 사용자인 점유자의 의사가 반영되지 못하는 등으로 효율적인 집합건물 관리가 이루어지지 못하는 점을 보완하려는 데에 있다고 하였다. 이에 따라 집합건물법상 서면결의의 의결정족수 충족 여부는 점유자가 행사한 구분소유자의 의결권도 포함하여 판단하여야 한다고 판시하며 대법원 2018마6179 결정을 인용하였다.

■ **대법원 2014. 9. 4. 선고 2013두25955 판결 [건축허가처분취소]**

[3] 집합건물의 소유 및 관리에 관한 법률(이하 '집합건물법'이라 한다) 제41조 제1항은 관리단집회에서 결의할 것으로 정해진 사항에 관하여 구분소유자 및 의결권의 각 5분의 4 이상의 서면이나 전자적 방법 등에 의한 합의가 있는 때에는 관리단집회의 결의가 있는 것으로 본다고 규정하고 있다. 그런데 집합건물법은 서면에 의한 합의의 절차, 합의서·결의서의 형식 및 내용 등에 관하여 아무런 제한을 두고 있지 않으므로, <u>구분소유자들이 서면에 의한 합의의 구체적 내용을 충분히 인식하고 합의에 이르렀다는 사정이 인정된다면 합의는 유효하다.</u>

■ **대법원 2021. 7. 13.자 2018마6179 결정 [방해금지가처분]**

집합건물법이 위와 같이 서면결의 제도를 둔 취지는 관리단집회의 결의가 필요한 사항이 다양해지고 긴급을 요하는 경우가 늘어난 데 반하여, 대규모 집합건물의 등장으로 관리단집회의 개최·참석이 어려워진 것을 고려하여 관리단집회의 개최·참석 없이도 서면결의로써 관리단집회 결의를 갈음할 수 있도록 한 것이다.

― 중략 ―

구 집합건물법이 위와 같이 관리단집회 결의사항 중 일부에 대해서 점유자의 의결권 행사 제도를 도입한 취지는 대규모 집합건물의 등장으로 임차인의 비중이 높아짐에 따라 집합건물의 관리를 위한 구분소유자의 결의에 구분소유자의 참석이 저조하게 되어 집합건물의 관리에 공백이 발생하는 점을 방지하고, 집합건물의 관리에 실제로 건물을 사용하고 있는 점유자의 의사가 반영되지 못하는 등으로 효율적인 집합건물의 관리가 이루어지지 못하는 점을 보완하려는 데에 있다.

위와 같은 집합건물법 규정의 체계 및 문언의 형식과 내용, 통상의 관리단집회 결의방법 외에 서면결의 방식을 둔 취지, 관리단집회 결의사항으로 정한 것 중 일부에 대해 점유자에 의한 구분소유자의 의결권 행사를 허용하면서 구분소유자의 의결권을 점유자 자신의 명의로 행사하도록 한 취지 등을 종합하면, 구분소유자의 승낙을 받아 전유부분을 점유하는 사람은 관리단집회의 결의사항에 해당하는 공용부분의 관리 등에 관한 사항에 대하여 관리단집회에 참석하여 구분소유자의 의결권을 행사할 수 있을 뿐만 아니라, 집합건물법 제41조 제1항에서 정한 서면결의의 방법으로도 구분소유자의 의결권을 행사할 수 있다고 봄이 타당하다. 따라서 <u>집합건물법 제41조 제1항에 의한 서면결의의 의결정족수 충족 여부는 점유자가 행사한 구분소유자의 의결권도 포함하여 판단하여야 한다.</u>

― 중략 ―

1) 이 사건 주차장 관리업무는 공용부분의 관리에 관한 사항으로서 집합건물법 제16조 제1항에 따라 관리단집회 결의사항이므로 집합건물법 제41조 제1항에 따른 서면결의의 대상이 된다. 또한 공용부분의 관리에 관한 사항에 대하여는 점유자가 구분소유자의 의결권을 행사할 수 있으므로 점유자도 주차장 관리업무에 대하여 서면결의의 방법으로 구분소유자의 의결권을 행사할 수 있다. 따라서 이 사건 주차장 관리에 관한 사항을 집합건물법 제41조 제1항에 의한 서면결의의 방식으로 정하는 경우 그 의결정족수 충족 여부는 점유자가 행사한 구분소유자의 의결권도 포함하여 판단하여야 한다. 한편 <u>이 사건 관리계약서의 내용에 비추어보면 주차장 관리에 관한 사항은 구분소유자의 권리·의무에 특별한 영향을 미치는 사항이라고 볼 수 없으므로, 점유자가 의결권을 행사하기 전에 구분소유자의 동의를 받아야 하는 것은 아니다.</u>

■ **대법원 2021. 12. 10.자 2021마6307 결정 [가처분이의]**

다. 그런데 원심 결정이유 및 기록에 의하면, 140개 호실 규모의 이 사건 건물의 구분소유자가 124명이고, 그중 구분소유자 4명 및 점유자 115명이 2019. 12.경 '채무자를 집합건물법이 규정한 관리인으로 동의한다'는 내용의 '관리규약 및 관리인 선임에 관한 동의서'(이하 '이 사건 동의서')를 작성하여 제출하였다는 것인 바, 그와 같은 사정을 앞서 본 법리에 비추어 살펴보면, 이 사건 동의서 중 점유자가 제출한 것 역시 채무자에 대한 관리인 선임과 관련하여 점유자가 행사한 구분소유자의 유효한 의결권 행사로 볼 여지가 적지 않다.

나아가, 이 사건 동의서가 제출됨으로써 채무자가 이 사건 건물의 관리인으로 선임되었고, 이 사건 집회 무렵에도 채무자가 관리인의 지위를 유지하고 있었다면, 당시 이 사건 건물의 관리인이 존재하지 않음을 전제로 집합건물법 제33조 제4항에 따라 소집되어 이루어진 이 사건 결의는 적법한 소집권자에 의하여 소집되지 않은 경우에 해당하여 효력이 없고(이 사건 결의가 적법하게 소집된 관리단집회에서 추인되었다는 등의 사정도 찾아볼 수 없다), 따라서 이 사건 가처분신청은 적법한 대표자에 의하여 이루어진 것이 아니어서 부적법하게 될 여지가 있다.

라. 그럼에도 원심은 구분소유자의 승낙을 받은 전유부분 점유자의 경우 관리단집회 결의를 대신하는 서면결의 권한을 행사할 수 없다고 잘못 판단한 나머지 이 사건 동의서 등에 의하여 채무자가 이 사건 건물의 관리인으로 선임되었는지, 이 사건 결의가 적법한 소집권자에 의하여 소집된 것인지 등에 관하여 구체적으로 심리하지 않은 채 이 사건 가처분신청이 적법한 대표자에 의하여 이루어진 것으로 보아 이 사건 가처분결정을 인가한 제1심 결정을 그대로 유지하였으니, 이러한 원심판단에는 집합건물법 제41조 제1항에서 규정하는 서면결의, 관리인 선임과 관련된 전유부분 점유자의 의결권 행사 등에 관한 법리를 오해하고, 필요한 심리를 다하지 아니함으로써 결정에 영향을 미친 잘못이 있다.

양식

[양식 9—1] 서면결의 의사록

서면결의 의사록

1. 서면결의 진행 개요

가. 서면결의 기간 : 2023년 11월 1일(수)~2023년 11월 11일(토) 오후 6시
나. 서면결의 보고일시 : 2023년 1월 11일(토) 오후 6시
다. 구분소유자 현황
　　호실 : 총 00호실/구분소유자 수 : 총 00명/의결권 면적 : 총 00㎡
라. 서면결의 안건 :
　　제1호 안건 : 관리인 선임의 건

2. 서면결의 진행 및 결의사항 보고 경과(집합건물법 제41조 제1항)

당 건물은 구분소유자 수가 00명으로 소수이고, 대면 집회가 어려운 점을 감안하여, 아래 안건에 관해 2023년 11월 1일(수)~2023년 11월 11일(토) 오후 6시까지 관리단집회에 갈음하여 서면결의 절차를 진행하였는바(집합건물법 제41조 1항), 2023년 11월 11일 현재 서면결의 의결정족수(구분소유자 수 4/5 이상과 의결권 면적 4/5 이상)를 충족하여 2023년 11월 11일(토) 오후 6시에 Zoom을 통한 화상으로 아래와 같이 구분소유자님들께 서면결의 결과를 보고함.

3. 서면결의 결과 보고

가. 제1호 안건 : 관리인 선임의 건을 상정하여 아래와 같이 ○○○님이 관리인으로 선임 되었음을 보고함.

번호	후보자	소유호수	역할	찬성인원	찬성면적	결과
1	○○○	○○호	관리인	0명/0%	0㎡/0%	당선

4. 관리단 임원 인사 및 서면결의 의사록 작성

- 관리단대표(관리인)로 다시 선출된 00호 소유자 ○○○가 등단하여 관리단 대표수락 인사를 하고 서면결의 보고를 마침 (오후 8시 40분)
- 의장(관리인) 및 구분소유자 2인이 서면결의 및 보고사항을 확인하기 위해 아래와 같이 각 기명날인함.

2024. 3. 1.

의　장 :　　　00호 ○○○ (관리인)　　　　　(서명날인)
구분소유자 :　　00호 ○○○ (감사)　　　　　(서명날인)
구분소유자 :　　00호 ○○○ (관리위원)　　　(서명날인)

○ ○ 관리단

별첨: #1)서면결의서 제출자명단 및 집계표, #2) 관리단 서면결의 안내문, #3) 서면결의서

집합건물 관리단집회
성공법칙

ⓒ 법무법인 제이앤(한재범 · 김건호 · 조정규 · 정경준 변호사) 지음, 2024

초판 1쇄 발행 2024년 2월 23일

지은이   법무법인 제이앤(한재범 · 김건호 · 조정규 · 정경준 변호사) 지음
펴낸이   이기봉
편집   좋은땅 편집팀
펴낸곳   도서출판 좋은땅
주소   서울특별시 마포구 양화로12길 26 지월드빌딩 (서교동 395-7)
전화   02)374-8616~7
팩스   02)374-8614
이메일   gworldbook@naver.com
홈페이지   www.g-world.co.kr

ISBN   979-11-388-2778-2 (03360)